신명기 강해

AN EXPOSITION ON THE FIFTH BOOK OF MOSES, CALLED DEUTERONOMY

〔3판〕

김효성
Hyosung Kim
Th.M., Ph.D.

옛신앙
oldfaith
2025

머리말

주 예수 그리스도(마 5:18; 요 10:35)와 사도 바울(갈 3:6; 딤후 3:16)의 증거대로, 성경은 하나님의 말씀이다. 성경이 하나님의 말씀이며 우리의 신앙과 행위에 있어서 정확무오한 유일의 법칙이라는 고백은 우리의 신앙생활에 있어서 매우 기본적이고 중요하다.

웨스트민스터 신앙고백에 진술된 대로(1:8), 우리는 성경의 원본이 하나님의 감동으로 오류가 없이 기록되었고 그 본문이 "그의 독특한 배려와 섭리로 모든 시대에 순수하게 보존되었다"고 믿는다. 이것은 교회의 전통적 견해이다. 그러므로 구약성경에서 전통적 히브리어 마소라 본문을 중요히 여기며 야곱 벤 카임에 의해 편집한 제2 랍비 성경(봄버그판)을 표준적 본문으로 간주해야 한다고 본다.

성경은 성도 개인의 신앙생활뿐 아니라, 교회의 모든 활동들에도 유일한 규범이다. 오늘날처럼 다양한 풍조와 운동이 많은 영적 혼란의 시대에, 우리는 성경으로 돌아가 성경이 무엇을 말하는지 묵상하기를 원하며 성경에 계시된 하나님의 모든 뜻을 알기를 원한다.

성경으로 설교할지라도 그것을 바르게 해석하고 적용하지 않으면, 말씀의 기근이 올 것이다(암 8:11). 오늘날 많은 설교들과 성경강해들이 있지만, 순수한 성경 지식과 입장은 더 흐려지고 있는 것 같다.

그러므로 오늘날 요구되는 성경강해는 성경 본문의 뜻을 명료하게 해석하고 적용하는 것일 것이다. 실상, 우리는 성경책 한 권으로 충분하다. 성도들은, 유일한 선생님이신 성령님의 지도를 구하며 성경을 읽어야 하고, 성경강해는 오직 작은 참고서로만 사용해야 할 것이다.

심히 부족한 종에게 지혜와 분별력과 간절함과 건강을 주시고 또 약한 남편을 위해 일평생 헌신한 아내를 주시고 또 많은 기도와 물질로 후원한 성도들과 합정동 교회를 주신 하나님께만 영광을 돌린다.

내용 목차

서론

신명기의 히브리어 **명칭**은 엘레 핫데바림 אֵלֶּה הַדְּבָרִים(이것들은 그 말씀들이다)이다. 신명기(Deuteronomy)라는 말은 헬라어 70인역의 명칭에서 왔는데, '두 번째 율법'이라는 뜻이다. 신명기는 출애굽기부터 민수기까지 나오는 율법들을 다시 강론하는 내용이다.

신명기의 **저자**는 모세이다(1:1-5; 31:9). 신명기의 모세 저작성에 관해 다음 몇 가지 점들을 말할 수 있다.

1. 신명기의 구조는 주전 2천년대(2000년부터 1000년까지) 후반 헷 족속이 피지배국 영주들과 맺은 영주권 조약(suzerainty treaty)의 형식과 같다. 그것은 신명기 구조와 같이 (1) 서문, (2) 역사적 서언, (3) 법 조항들, (4) 저주와 축복, 혹은 조약의 비준, (5) 조약 계승을 위한 조치 등의 형식을 가진다. 이러한 사실은 신명기가 모세 시대의 것임을 잘 증거한다.

2. 신명기에 자주 나오는 "너의 하나님 여호와"라는 표현은 주전 8세기나 그 후의 글들에서 자주 나오는 명칭들과는 구별된다. 또 신명기에는 포로 전후의 선지서들에서는 전혀 나타나지 않는 "너희 조상의 하나님 여호와"라는 표현도 나온다.

3. "요단 저편[이편]"(베에베르 하이야르덴 בְּעֵבֶר הַיַּרְדֵּן)이라는 표현은 요단 동쪽을 가리키는 경우가 여섯 번이고(1:1, 5; 4:41[두 번], 47, 49) 요단 서쪽을 가리키는 경우도 몇 번 나온다(3:20, 25; 11:30). '요단 저편[이편]'이라는 명칭이 요단 동쪽을 가리키는 경우, 그것은 고유명사와 같이 사용되었던 것으로 보인다. 여하튼, 이러한 표현은 이스라엘 자손들이 가나안 땅의 진입을 앞두고 모압 평지에 있었을 때에 모세가 그들에게 말한 상황에 맞다.

4. "오늘날과 같으니라"는 표현(2:30 등 여섯 번 나옴)은 모세 시대

이후 많은 기간이 지난 때를 가리키지 않고 광야 40년이 지나서 모압 평지에 도착한 때를 가리킨다고 볼 수 있다.

신명기의 **주요 내용**은 율법의 재강론과, 언약의 갱신이다. 1-4장은 광야 생활의 회고이다. 본서에는 '기억하라'는 말이 14회, '잊지 말라'는 말이 12회 나온다. 5-28장은 율법의 재강론이며, 29-34장은 언약의 재확인과 마지막 권면이다.

본서의 **특징적 진리**는 하나님께서 주신 율법에 순종하라는 것이다. 신명기 5:32-33, "그런즉 너희 하나님 여호와께서 너희에게 명령하신 대로 너희는 삼가 행하여 좌로나 우로나 치우치지 말고 너희 하나님 여호와께서 너희에게 명하신 모든 도를 행하라. 그리하면 너희가 삶을 얻고 복을 얻어서 너희의 얻은 땅에서 너희의 날이 장구하리라." 신명기 10:12-13, "이스라엘아, 네 하나님 여호와께서 네게 요구하시는 것이 무엇이냐? 곧 네 하나님 여호와를 경외하여 그 모든 도를 행하고 그를 사랑하며 마음을 다하고 성품을 다하여 네 하나님 여호와를 섬기고 내가 오늘날 네 행복을 위하여 네게 명하는 여호와의 명령과 규례를 지킬 것이 아니냐?"

본문 혹은 각주에 자주 사용된 약어

KJV	영어 King James Version
NASB	영어 New American Standard Version
NIV	영어 New International Version
LXX	고대 헬라어 70인역
Syr	고대 수리아어역
It	고대 라틴어역
Vg	고대 라틴어 Vulgate역
BDB	Brown-Driver-Briggs, *Hebrew Lexicon of the O. T.*
Poole	Matthew Poole, *A Commentary on the Holy Bible.*
TWOT	*Theological Wordbook of the O. T.* Moody Press, 1980.

1장: 호렙부터 가데스 바네아까지

〔1-5절〕 **이는 모세가 요단 저편**(베에베르 하이야르덴 בְּעֵבֶר הַיַּרְדֵּן)[이편](KJV)(신 4:41; 수 1:14 등도 그러했음) **숩**(지명인 듯)(NASB) **맞은편의 아라바 광야 곧 바란과 도벨과 라반과 하세롯과 디사합 사이에서 이스라엘 무리에게 선포한 말씀이니라. 호렙산에서 세일산을 지나**[세일산길로] **가데스 바네아에까지 열 하룻길이었더라. 제40년 11월 그 달 초1일에 모세가 이스라엘 자손에게 여호와께서 그들을 위하여 자기에게 주신 명령을 다 고하였으니** 때는 **모세가 헤스본에 거하는 아모리 왕 시혼을 쳐죽이고 에드레이에서 아스다롯에 거하는 바산 왕 옥을 쳐죽인 후라. 모세가 요단 저편**[이편](KJV) **모압 땅에서 이 율법 설명하기를 시작하였더라. 일렀으되**[말하되].

신명기는 모세가 요단 건너편에서 이스라엘 백성에게 선포한 말씀이다. 1절은 모세가 율법을 강론한 곳과 그 시점을 정확히 증거한다.

〔6-8절〕 **우리 하나님 여호와께서 호렙산에서 우리에게 말씀하여 이르시기를**[말씀하시기를] **너희가 이 산에 거한 지 오래니 방향을 돌려 진행하여 아모리 족속의 산지로 가고 그 근지(近地)**[가까운 곳] **곳곳으로 가고 아라바와 산지와 평지와 남방과 해변과 가나안 족속의 땅과 레바논과 큰 강 유브라데까지 가라 하셨나니 여호와께서 너희의 열조 아브라함과 이삭과 야곱에게 맹세하사 그들과 그 후손에게 주리라 하신 땅이 너희 앞에 있으니 들어가서 얻을지니라.**

이스라엘 백성은 애굽에서 나온 지 3월에 호렙산에 도착해 제2년 2월 20일에 출발했다(민 10:11). 약 1년간 그 곳에 머문 셈이었다.

〔9-18절〕 **그때에 내가 너희에게 말하여 이르기를**[말하기를] **나는 홀로 너희 짐을 질 수 없도다. 너희 하나님 여호와께서 너희를 번성케 하셨으므로 너희가 오늘날 하늘의 별같이 많거니와 너희 열조의 하나님 여호와께서 너희를 현재보다 천 배나 많게 하시며 너희에게 허락하신 것과 같이 너희에게 복 주시기를 원하노라. 그런즉 나 홀로 어찌 능히 너희의 괴로운 것과 너희의 무거운 짐과 너희의 다툼을 담당할 수 있으랴. 너희의 각 지파에서 지혜와 지식이 있는**(네보님 נְבֹנִים)[총명이 있는] **유명한**(예두임 וִידֻעִים)[경

험이 있는](BDB, NASB) **자를 택하라. 내가 그들을 세워 너희 두령**[지도자들] **을 삼으리라 한즉 너희가 대답하여 이르기를**[말하기를] **당신의 말씀대로 하는 것이 좋다 하기에 내가 너희 지파의 두령**[지도자들]**으로 지혜가 있는 유명한 자들을 취하여 너희의 어른을 삼되 곧 각 지파를 따라 천부장과 백부장과 오십부장과 십부장과 패장을 삼고 내가 그때에 너희 재판장들에게 명하여 이르기를**[말하기를] **너희가 너희 형제 중에 송사를 들을 때에 양방간에 공정히 판결할 것이며 그들 중의 타국인에게도 그리할 것이라. 재판은 하나님께 속한 것인즉 너희는 재판에 외모를 보지 말고 귀천을 일반으로 듣고 사람의 낯을 두려워 말 것이며 스스로 결단하기 어려운 일이거든 내게로 돌리라. 내가 들으리라 하였고 내가 너희의 행할 모든 일을 그때에 너희에게 다 명하였느니라.**

이스라엘 백성은 모세의 제안에 동의하였고 그래서 그는 각 지파를 따라 천부장과 백부장과 오십부장과 십부장 등을 뽑아 백성들의 송사를 판단하는 재판장들로 삼았다. 그는 그들에게 공정한 판결을 명하였다. 그는 "재판은 하나님께 속한 것인즉 너희는 재판에 외모를 보지 말고 귀천을 구별하지 말고 사람의 낯을 두려워 말라"고 말하고 판단하기 어려운 것이 있으면 자기에게로 돌리라고 말했다. 또 그는 그들 중의 타국인들에게도 공정한 재판을 시행하라고 했다.

〔19-25절〕 우리 하나님 여호와께서 우리에게 명하신 대로 우리가 호렙 산**에서 발행**[출발]**하여 너희의 본 바 크고 두려운 광야를 지나 아모리 족속의 산지 길로 가데스 바네아에 이른 때에 내가 너희에게 이르기를**[말하기를] **우리 하나님 여호와께서 우리에게 주신 아모리 족속의 산지에 너희가 이르렀나니 너희 하나님 여호와께서 이 땅을 너희 앞에 두셨은즉 너희 열조의 하나님 여호와께서 너희에게 이르신**[말씀하신] **대로 올라가서 얻으라. 두려워 말라. 주저하지 말라**(알 테카스 אַל־תֵּחָת)[당황하지 말라](BDB, NASB) **한즉 너희가 다 내 앞으로 나아와 말하기를 우리가 사람을 우리 앞서 보내어 우리를 위하여 그 땅을 정탐하고 어느 길로 올라가야 할 것과 어느 성읍으로 들어가야 할 것을 우리에게 회보**[보고]**케 하자 하기에 내가 그 말을 선히 여겨 너희 중에서 매 지파에 한 사람씩 열둘을 택하매 그들이 앞으로 가서 산지에 올라 에스골 골짜기에 이르러 그 곳을 정탐하고 그 땅의 과실을 손**

에 가지고 우리에게로 돌아와서 우리에게 회보[보고]**하여 이르되**[말하되] **우리의 하나님 여호와께서 우리에게 주시는 땅이 좋더라 하였느니라.**

〔26-33절〕 **그러나 너희가 올라가기를 즐겨 아니하고 너희 하나님 여호와의 명을 거역하여 장막 중에서 원망**[불평]**하여 이르기를**[말하기를] **여호와께서 우리를 미워하시는 고로 아모리 족속의 손에 붙여 멸하시려고 우리를 애굽 땅에서 인도하여 내셨도다. 우리가 어디로 갈꼬. 우리의 형제들이 우리로 낙심케 하여 말하기를 그 백성은 우리보다 장대(長大)하며**[더 강하고 더 키가 크며] **그 성읍은 크고 성곽은 하늘에 닿았으며 우리가 또 거기서 아낙 자손을 보았노라 하는도다 하기로 내가 너희에게 말하기를 그들을 무서워 말라. 두려워하지 말라. 너희 앞서 행하시는 너희 하나님 여호와께서 애굽에서 너희를 위하여 너희 목전에서 모든 일을 행하신 것같이 이제도 너희를 위하여 싸우실 것이며 광야에서도 너희가 당하였거니와 사람이 자기 아들을 안음같이 너희 하나님 여호와께서 너희의 행로 중에 너희를 안으사 이 곳까지 이르게 하셨느니라 하나 이 일에 너희가 너희 하나님 여호와를 믿지 아니하였도다. 그는 너희 앞서 행하시며 장막 칠 곳을 찾으시고 밤에는 불로, 낮에는 구름으로 너희의 행할 길을 지시하신 자니라.**

〔34-40절〕 **여호와께서 너희의 말소리를 들으시고 노하사 맹세하여 가라사대**[말씀하시기를] **이 악한 세대 사람들 중에는 내가 그들의 열조에게 주기로 맹세한 좋은 땅을 볼 자가 하나도 없으리라. 오직 여분네의 아들 갈렙은 온전히 여호와를 순종하였은즉 그는 그것을 볼 것이요 그가 밟은 땅을 내가 그와 그의 자손에게 주리라 하시고 여호와께서 너희의 연고로 내게도 진노하사 가라사대**[말씀하시기를] **너도 그리로 들어가지 못하리라. 너의 종자 눈의 아들 여호수아는 그리로 들어갈 것이니 너는 그를 담대케 하라. 그가 이스라엘에게 그 땅을 기업으로 얻게 하리라. 또 너희가 사로잡히리라 하던 너희의 아이들과 당일에 선악을 분변치 못하던 너희 자녀들 그들은 그리로 들어갈 것이라. 내가 그 땅을 그들에게 주어 산업이 되게 하리라. 너희는 회정(回程)하여**[돌이켜] **홍해 길로 하여 광야로 들어갈지니라 하시매.**

모세는 가데스 바네아에서 열두 정탐꾼을 보낸 사건과 그들 중 열 명의 불신앙적 보고와 이스라엘 회중의 불신앙적 동요, 그리고 하나님의 징벌로 그들이 광야 생활을 시작하게 된 것 등을 회고하였다.

〔41-46절〕 너희가 대답하여 내게 이르기를[말하기를] **우리가 여호와께 범죄하였사오니 우리 하나님께서 우리에게 명하신 대로 우리가 올라가서 싸우리이다 하고 너희가 각각 병기를 띠고 경솔히 산지로 올라가려 할 때에 여호와께서 내게 이르시되**[말씀하시되] **너는 그들에게 이르기를**[말하기를] **너희는 올라가지 말라. 싸우지도 말라. 내가 너희 중에 있지 아니하니 너희가 대적에게 패할까 하노라 하셨다 하라 하시기로 내가 너희에게 고하였으나 너희가 듣지 아니하고 여호와의 명을 거역하고 천자(擅恣)히**[제멋대로] **산지로 올라가매 그 산지에 거하는 아모리 족속이 너희를 마주 나와서 벌떼 같이 너희를 쫓아 세일**산**에서 쳐서 호르마까지 미친지라. 너희가 돌아와서 여호와 앞에서 통곡하나 여호와께서 너희의 소리를 듣지 아니하시며 너희에게 귀를 기울이지 아니하셨으므로 너희가 가데스에 여러 날 동안 거하였었나니 곧 너희가 그 곳에 거하던 날 수대로니라.**

본장의 교훈을 정리해보자. 첫째로, 모세는 각 지파에 재판관들을 세워 의와 공평이 모든 사람의 삶에 실현되기를 원했다. 그것은 오늘날에도 하나님의 뜻이다. 하나님께서는 성경에 계시된 하나님의 모든 계명들과 교훈들이 구원 얻은 성도들의 삶의 모든 부분에서 그대로 행해지고 이루어지기를 원하신다. 우리는 의와 공평과 선을 실천해야 한다.

둘째로, 하나님께서는 이스라엘 백성에게 가나안 땅의 정복을 명하셨으나, 그들은 가나안 원주민들의 강대함을 보고 그 일이 불가능하다고 생각했다. 주께서 신약교회에 주신 가장 큰 명령은 세계복음화이다. 그 과제에는 크고 작은 난관들이 없지 않다. 그러나 우리는 이 죄악된 세상과 마귀의 세력들을 두려워하지 말고 싸워야 하고 고난과 핍박을 각오해야 하고 주님의 명하신 세계복음화의 사명을 완수해야 한다.

셋째로, 이스라엘 백성은 가데스 바네아에서 보인 불신앙과 불순종으로 인해 하나님의 징벌로 여러 해 동안 광야 생활의 훈련을 받아야 했다. 이 세상은 성도들이 고난의 훈련을 받으며 통과해야 하는 광야와 같다. 우리는 이 세상 사는 동안 하나님께서 주시는 고난의 훈련을 잘 받고 천국 소망을 굳게 붙들고 믿음과 인내와 순종으로 잘 살아야 한다.

2장: 가데스부터 헤스본까지

〔1-6절〕 **우리가 회정(回程)하여**[돌이켜] **여호와께서 내게 명하신 대로 홍해 길로 광야에 들어가서 여러 날 동안 세일산을 두루 행하더니 여호와께서 내게 고하여 이르시되**[말씀하시되] **너희가 이 산을 두루 행한 지 오래니 돌이켜 북으로 나아가라. 너는 또 백성에게 명하여 이르기를**[말하기를] **너희는 세일에 거하는 너희 동족 에서의 자손의 지경으로 지날진대 그들이 너희를 두려워하리니 너희는 깊이 스스로 삼가고 그들과 다투지 말라. 그들의 땅은 한 발자국도 너희에게 주지 아니하리니 이는 내가 세일산을 에서에게 기업으로 주었음이로라. 너희는 돈으로 그들에게서 양식을 사서 먹으며 돈으로 그들에게서 물을 사서 마시라.**

이스라엘 백성이 하나님의 징벌로 38년간(14절) 세일산 주위를 두루 행하였을 때, 하나님께서는 그들에게 북으로 나아가라고 말씀하셨다. 그러나 세일산을 에서 자손에게 기업으로 주셨으므로, 이스라엘 백성은 그 지역을 지날 때 그들과 다투지 말고 조심해야 했다.

〔7-12절〕 **네 하나님 여호와가 너의 하는 모든 일에 네게 복을 주고 네가 이 큰 광야에 두루 행함을 알고 네 하나님 여호와가 이 40년 동안을 너와 함께하였으므로 네게 부족함이 없었느니라 하셨다 하라 하시기로 우리가 세일산에 거하는 우리 동족 에서의 자손을 떠나서 아라바를 지나며 엘랏과 에시온 게벨 곁으로 지나 행하고 돌이켜 모압 광야 길로 진행할 때에**[우리가 엘랏과 에시온 게벨로부터 오는 광야의 길을 통해 세일산에 거하는 우리 동족 에서의 자손을 지났고(민 21:4) 또 돌이켜 모압 광야의 길로 지났더라](KJV, NASB). **여호와께서 내게 이르시되**[말씀하시되] **모압을 괴롭게 말라. 그와 싸우지도 말라. 그 땅을 내가 네게 기업으로 주지 아니하리니 이는 내가 롯 자손에게 아르를 기업으로 주었음이로라. (옛적에 엠 사람이 거기 거하여 강하고 많고 아낙 족속과 같이 키가 크므로 그들을 아낙 족속과 같이 르바임**(혹은 '거인들'(KJV))**이라 칭하였으나 모압 사람은 그들을 에밈이라 칭하였으며 호리 사람도 세일에 거하였더니 에서의 자손이 그들을 멸하고 대신하여 그 땅에 거하였으니 이스라엘이 여호와의 주신 기업의 땅에서 행한**

것과 일반이었느니라).

하나님의 징벌로 시작된 이스라엘 백성의 광야생활 중에서도 하나님께서는 그들에게 은혜를 베푸시고 좋은 것을 주셔서 그들과 함께 하셨고 먹을 것을 주셨고 의복과 건강을 지켜 주셨다. 여호와께서는 또 "모압을 괴롭게 말라. 그와 싸우지도 말라"고 말씀하셨다.

〔13-15절〕 이제 너희는 일어나서 세렛 시내(나칼 נַחַל)[골짜기]**를 건너가라 하시기로 우리가 세렛 시내를 건넜으니 가데스 바네아에서 떠나 세렛 시내를 건너기까지 38년 동안이라. 이때에는 그 시대의 모든 군인들이 여호와께서 그들에게 맹세하신 대로 진 중에서 다 멸절되었나니 여호와께서 손으로 그들을 치사 진 중에서 멸하신 고로 필경은 다 멸절되었느니라.**

세렛 시내는 동쪽에서 사해 맨 남쪽 끝으로 곧장 이어지는, 비가 올 때만 물이 흐르는 와디(wady) 골짜기이다. 세렛 시내는 에돔과 모압의 경계이다. 그들이 세렛 시내를 건널 때까지(민 21:12) 모든 군인들은 하나님께서 맹세하신 바대로 진 중에서 결국 다 죽었다.

〔16-25절〕 모든 군인이 사망하여 백성 중에서 진멸된 후에 여호와께서 내게 일러 가라사대[말씀하시기를] **네가 오늘 모압 변경 아르를 지나리니 암몬 족속에게 가까이 이르거든 그들을 괴롭게 말라. 그들과 다투지도 말라. 암몬 족속의 땅은 내가 네게 기업으로 주지 아니하리니 이는 내가 그것을 롯 자손에게 기업으로 주었음이로라. (이 곳도 르바임**(거인들)**의 땅이라 하였었나니 전에 르바임**(거인들)**이 거기 거하였었음이요 암몬 족속은 그들을 삼숨밈이라 일컬었었으며 그 백성은 강하고 많고 아낙 족속과 같이 키가 크나 여호와께서 암몬 족속 앞에서 그들을 멸하셨으므로 암몬 족속이 대신하여 그 땅에 거하였으니 마치 세일에 거한 에서 자손 앞에 호리 사람을 멸하심과 일반이라. 그들이 호리 사람을 쫓아내고 대신하여 오늘까지 거기 거하였으며 또 갑돌에서 나온 갑돌 사람이 가사까지 각 촌에 거하는 아위 사람을 멸하고 그들을 대신하여 거기 거하였었느니라.) 너희는 일어나 진행하여 아르논 골짜기**(나칼 נַחַל)**를 건너라**(민 21:13). **내가 헤스본 왕 아모리 사람 시혼과 그 땅을 네 손에 붙였은즉 비로소 더불어 싸워서 그 땅을 얻으라. 오늘부터 내가 천하 만민으로 너를 무서워하며 너를 두려워하게 하리니 그**

들이 네 명성을 듣고 떨며 너로 인하여 근심하리라 하셨느니라.

아르논 골짜기는 모압과 시혼의 땅의 경계가 되는 골짜기 즉 비가 오면 강이 되는 와디이다. 헤스본 왕 아모리 사람 시혼이 통치하는 땅이 거기서부터 시작된다. 하나님께서는 이스라엘 백성에게 이제 맨 처음으로 정복할 땅을 지시하셨다. 그는 그 땅을 이스라엘의 손에 붙이셨고 이스라엘 백성은 전쟁을 통해 그 땅을 얻어야 하였다.

[26-37절] 내가 그데못 광야에서 헤스본 왕 시혼에게 사자를 보내어 평화의 말로 이르기를[말하기를] **나를 네 땅으로 통과하게 하라. 내가 대로로만**[오직 길을 따라서만](BDB) **행하고 좌로나 우로나 치우치지 아니하리라. 너는 돈을 받고 양식을 팔아 나로 먹게 하고 돈을 받고 물을 주어 나로 마시게 하라. 나는 도보로 지날 뿐인즉 세일에 거하는 에서 자손과 아르에 거하는 모압 사람이 내게 행한 것같이 하라. 그리하면 내가 요단을 건너서 우리 하나님 여호와께서 우리에게 주시는 땅에 이르리라 하나 헤스본 왕 시혼이 우리의 통과하기를 허락지 아니하였으니 이는 너의 하나님 여호와께서 그를 네 손에 붙이시려고 그 성품을 완강케 하셨고 그 마음을 강퍅케 하셨음이라. 오늘날과 같으니라. 때에 여호와께서 내게 이르시되**[말씀하시되] **내가 비로소 시혼과 그 땅을 네게 붙이노니 너는 이제부터 그 땅을 얻어서 기업을 삼으라 하시더니 시혼이 그 모든 백성을 거느리고 나와서 우리를 대적하여 야하스에서 싸울 때에 우리 하나님 여호와께서 그를 우리에게 붙이시매 우리가 그와 그 아들들과 그 모든 백성을 쳤고 그때에 우리가 그 모든 성읍을 취하고 그 각 성읍을 그 남녀와 유아와 함께 하나도 남기지 아니하고 진멸하였고 오직 그 육축과 성읍에서 탈취한 것은 우리의 소유로 삼았으며 우리 하나님 여호와께서 그 모든** 땅을 **우리에게 붙이심으로 아르논 골짜기 가에 있는 아로엘과 골짜기 가운데 있는 성읍**[골짜기 가에 있는 성읍](KJV, 원문)**으로부터 길르앗에까지 우리가 모든 높은 성읍을 취하지 못한 것이 하나도 없었으나 오직 암몬 족속의 땅 얍복강 가와 산지에 있는 성읍들과 무릇 우리 하나님 여호와께서 우리의 가기를 금하신 곳은 네가 가까이 하지 못하였느니라.**

하나님께서는 헤스본 왕 시혼을 이스라엘 백성의 손에 붙이시려고 그 심령을 완고케 하셨고 시혼은 그들이 자기 땅을 통과하기를 허락하지 않았다. 그러므로 이스라엘 백성은 애굽에서 나온 후 처음으로 시혼의 모든 땅을 정복했고 그들의 소유로 삼았다(30, 31, 33, 36절).

본장의 교훈을 정리해보자. 첫째로, 하나님께서는 엄위하시고 공의로우시며 죄에 대해 진노하셨고 심판하셨다. 광야 40년 동안 애굽에서 나왔던 20세 이상의 군인들은 다 죽었고 다 멸절하였다(14, 15, 16절). 그것은 역사적 사실이었다. 그것은 하나님께 대한 불신앙과 불순종에 대한 징벌이었다. 모든 죄인은 하나님의 진노의 심판 아래 있다.

둘째로, 그러나 하나님께서는 징벌 중에서도 자기 백성을 아끼셨다. 하나님께서는 40년간의 징벌 중에서도 자기 백성을 아끼셨고 그들에게 은혜와 모든 좋은 것을 주셨다. 7절, "네 하나님 여호와가 이 40년 동안을 너와 함께하였으므로 네게 부족함이 없었느니라." 하나님께서는 그들을 버리지 않으셨고 지키셨고 먹을 것을 주셨고 마실 것을 주셨으며 옷이 해어지지 않게 하셨고 발이 부르트지 않게 하셨다(신 8:3-4).

이 세상은 광야와 같지만, 하나님께서는 은혜로 택한 백성들을 긍휼히 여기시고 부르시고 예수 그리스도의 대속으로 구원하신다. 또 예수 그리스도의 속죄로 구원 얻은 신약성도들은 이 세상 사는 동안 때때로 연약함과 실수 때문에 징계를 당할지라도 하나님께서는 그들을 긍휼히 여기시고 버리지 않으시고 지키시고 공급하시고 끝까지 구원하신다.

셋째로, 하나님께서는 계획하시고 약속하신 바를 이루기 시작하셨다. 40년이 끝나갈 때 하나님께서는 헤스본 왕 시혼과 그의 땅을 이스라엘 백성의 손에 붙이셔서 그들로 그 땅을 정복하고 소유로 삼게 하셨다. 그는 신약교회에 온 세상에 복음을 전하며 그가 만세 전에 택하시고 그들 손에 붙여주시는 자들을 구원하는 일을 계획하셨다. 택함 받은 자들은 다 회개하고 예수 그리스도를 믿고 구원 얻을 것이다. 우리는 가정과 지역에 복음을 전해야 하고 온 세계에 복음을 전해야 한다. 전도는 교회의 사명이다. 교회는 전도자를 파송하고 기도하고 후원해야 한다.

3장: 바산 왕 옥을 멸함

〔1-7절〕 우리가 돌이켜 바산으로 올라가매 바산 왕 옥이 그 모든 백성을 거느리고 나와서 우리를 대적하여 에드레이에서 싸우는지라. 여호와께서 내게 이르시되[말씀하시되] **그를 두려워 말라. 내가 그와 그 모든 백성과 그 땅을 네 손에 붙였으니 네가 헤스본에 거하던 아모리 족속의 왕 시혼에게 행한 것과 같이 그에게도 행할 것이니라 하시고 우리 하나님 여호와께서 바산 왕 옥과 그 모든 백성을 우리 손에 붙이시매 우리가 그들을 쳐서 한 사람도 남기지 아니하였느니라. 그때에 우리가 그들에게서 빼앗지 아니한 성읍이 하나도 없이 다 빼앗았는데 그 성읍이 60이니 곧 아르곱 온 지방이요 바산에 있는 옥의 나라이라. 그 모든 성읍에 높은 성벽이 둘려 있고 문과 빗장이 있어 견고하며 그 외에 성벽 없는 고을이 심히 많았느니라.**

이스라엘 백성이 바산 땅으로 올라갈 때 바산 왕 옥이 나와 그들을 대적하여 싸움을 걸어왔다. 그때 하나님께서는 그를 두려워 말라고 말씀하시며 그와 그의 모든 백성을 아모리 왕 시혼을 이스라엘의 손에 붙이셨듯이 붙이시겠다고 말씀하셨고 과연 그렇게 하셨다. 이스라엘 백성은 바산 왕 옥의 땅을 정복했고 그 성읍 60을 다 빼앗았다. 그 성들은 다 높은 성벽과 문과 빗장이 있는 견고한 성들이었다.

〔8-11절〕 우리가 헤스본 왕 시혼에게 행한 것과 같이 그 성읍들을 진멸하되 각 성읍의 남녀와 유아를 진멸하였으나 오직 모든 육축과 그 성읍들에서 탈취한 것은 우리의 소유로 삼았으며 그때에 우리가 요단강 이편 땅을 아르논 골짜기에서부터 헤르몬산에까지 아모리 족속의 두 왕(KJV, NASB, NIV)**에게서 취하였으니 (헤르몬**산**을 시돈 사람은 시룐이라 칭하고 아모리 족속은 스닐이라 칭하였느니라.) 우리의 취한 것은 평원의 모든 성읍과 길르앗 온 땅과 바산의 온 땅 곧 옥의 나라 바산의 성읍 살르가와 에드레이까지니라. (르바임**[거인] **족속의 남은 자는 바산 왕 옥뿐이었으며 그의 침상은 철 침상이라. 지금 오히려 암몬 족속의 랍바에 있지 아니하냐? 그것을 사람의 보통 규빗으로 재면 그 장이 아홉 규빗이요 광이 네 규빗이니라).**

이스라엘 백성은 바산 왕 옥의 땅의 모든 남녀들과 유아들을 죽였고 모든 가축들과 물건들을 취하였다. 그것은 하나님의 심판이었다. 그들은 우상숭배하고 음란했던 가나안 족속들의 일부이었다. 이스라엘 백성은 이제 남쪽 아르논 골짜기부터 북쪽 헤르몬산까지 아모리 족속의 두 왕의 땅을 다 정복했다. 바산 왕 옥은 르바임 족속 즉 거인 족속의 남은 자이었다. 그의 철 침상은 길이가 아홉 규빗 즉 약 4미터이며, 너비는 네 규빗 즉 약 1.8미터이었다. 대단히 큰 침상이었다.

〔12-17절〕 그때에 우리가 이 땅을 얻으매 아르논 골짜기 곁에 아로엘에서부터 길르앗 산지 절반과 그 성읍들을 내가 르우벤 자손과 갓 자손에게 주었고 길르앗의 남은 땅과 옥의 나라이었던 아르곱 온 지방 곧 온 바산으로는 내가 므낫세 반 지파에게 주었노라. (바산을 옛적에는 르바임의 땅이라 칭하더니 므낫세의 아들 야일이 그술 족속과 마아갓 족속의 경계까지의 아르곱 온 지방을 취하고 자기의 이름으로 이 바산을 하봇야일['야일의 천막촌들']**이라 칭하여**(민 32:41) **오늘까지 이르느니라). 내가 마길에게 길르앗을 주었고 르우벤 자손과 갓 자손에게는 길르앗에서부터 아르논 골짜기까지 주었으되 그 골짜기의 중앙으로 지경을 정하였으니 곧 암몬 자손의 지경 얍복강까지며**[얍복강까지니라.] **(또는) 아라바와 요단과 그 가요 긴네렛에서 아라바 바다 곧 염해와 비스가 산록에 이르기까지의 동편 지경이니라.**

이스라엘 백성은 시혼의 땅의 많은 부분을 르우벤 자손과 갓 자손에게 기업으로 주었고 길르앗의 남은 땅과 바산 왕 옥의 땅은 므낫세 반(半) 지파에게 기업으로 주었다. 이와 같이 요단강 동쪽의 땅, 아모리 왕 시온의 땅과 바산 왕 옥의 땅은 이스라엘의 세 지파, 즉 르우벤 지파와 갓 지파와 므낫세 반 지파에게 기업으로 주어졌다.

〔18-22절〕 그때에 내가 이 땅을 받은 **너희에게 명하여 이르기를**[말하기를] **너희의 하나님 여호와께서 이 땅을 너희에게 주어 기업이 되게 하셨은즉 너희 군인들은 무장하고 너희의 형제 이스라엘 자손의 선봉이 되어 건너가되 너희에게 육축이 많은 줄 내가 아노니 너희의 처자와 육축은 내가 너희에게 준 성읍에 머무르라. 여호와께서 너희에게 주신 것같이 너희 형제에게도 안식을 주시리니 그들도 요단 저편에서 너희 하나님 여호와의 주시는**

땅을 얻어 기업을 삼기에 이르거든 너희는 각기 내가 준 기업으로 돌아갈 것이니라 하고 그때에 내가 여호수아에게 명하여 이르기를[말하기를] **너희 하나님 여호와께서 이 두 왕에게 행하신 모든 일을 네가 목도하였**[보았]**거니와 네가 가는 모든 나라에도 여호와께서 이와 같이 행하시리니 너희는 그들을 두려워하지 말라. 너희 하나님 여호와 그가 너희를 위하여 싸우시리라 하였노라.**

민수기 32장에 기록된 대로, 르우벤 지파와 갓 지파와 므낫세 반 지파는 모세와 이스라엘 회중 앞에서 약속한 대로 그 처자들과 가축들을 성읍들에 머무르게 하고 무장하고 형제 이스라엘 자손들의 선봉이 되어 요단 강을 건너갈 준비를 했다. 시혼의 나라와 옥의 나라를 점령한 것은 가나안 정복의 시작이었고 하나님께서 그 전쟁에서 그들과 함께하실 것이라는 것을 체험한 사건들이었다. 그때 모세는 여호수아에게 본격적 가나안 정복의 전쟁도 요단강 동쪽의 두 왕을 이겼듯이 하나님께서 그들을 도우실 것이니 가나안 족속들을 두려워 말라고 말했다. 22절, "너희는 그들을 두려워하지 말라. 너희 하나님 여호와 그가 너희를 위하여 싸우시리라 하였노라."

〔23-29절〕 그때에 내가 여호와께 간구하기를 주 여호와[시]**여, 주께서 주**[님]**의 크심과 주**[님]**의 권능을 주**[님]**의 종에게 나타내시기를 시작하셨사오니 천지간에 무슨 신이 능히 주**[님]**의 행하신 일 곧 주**[님]**의 큰 능력으로 행하신 일같이 행할 수 있으리이까? 구하옵나니 나로 건너가게 하사 요단 저편에 있는 아름다운 땅, 아름다운 산과 레바논을 보게 하옵소서 하되 여호와께서 너희의 연고로 내게 진노하사 내 말을 듣지 아니하시고 내게 이르시기를**[말씀하시기를] **그만해도 족하니 이 일로 다시 내게 말하지 말라. 너는 비스가산 꼭대기에 올라가서 눈을 들어 동서남북을 바라고 네 눈으로 그 땅을 보라. 네가 이 요단을 건너지 못할 것임이니라. 너는 여호수아에게 명하고 그를 담대케 하며 그를 강경케**[강하게] **하라. 그는 이 백성을 거느리고 건너가서 네가 볼 땅을 그들로 기업으로 얻게 하리라 하셨느니라.** 그때에 **우리가 벧브올 맞은편 골짜기에 거하였었느니라.**

모세는 하나님께 자신도 가나안 땅에 들어가게 해주실 것을 간구했으나 하나님께서는 그것을 거절하시며 다시 그 일을 내게 말하지 말라고 말씀하셨다. 민수기 20장에 보면, 가데스 므리바에서 이스라엘 백성이 물이 없어 하나님을 원망하며 모세를 대적할 때에 모세는 반석에게 명하라는 하나님의 명령을 어기고 반석을 두 번 친 잘못을 범했고 그 때문에 하나님께서 진노하셔서 가나안 땅에 들어가지 못하게 하셨었다(민 20:12). 모세는 비스가산 꼭대기에 올라가 가나안 땅을 바라보기만 했다. 하나님께서는 엄위하시다. 또 하나님께서는 여호수아에게 명하여 그를 담대케 하고 강하게 하라고 말씀하셨다.

본장의 교훈을 정리해보자. 첫째로, 하나님께서는 모세와 이스라엘 백성에게 바산 왕 옥을 두려워하지 말라고 말씀하셨고 또 여호수아에게도 강하고 담대한 마음을 가지게 하셨다. 마귀의 권세 아래 있는 이 세상은 거대한 세력이다. 이 세상은 악하고 인생의 미래는 불확실하게 보인다. 그러나 주권적 섭리자 하나님을 믿는 성도들은 이 세상과 죄와 마귀의 세력을 두려워하지 말고 담대한 마음을 가져야 한다.

둘째로, 하나님께서는 바산 왕 옥과 그 나라를 모세와 이스라엘 백성의 손에 붙이셨고 앞으로 가나안 땅의 족속들을 여호수아와 이스라엘 백성의 손에 붙이실 것이다. 22절, "너희는 그들을 두려워하지 말라. 너희 하나님 여호와 그가 너희를 위하여 싸우시리라." 영적 전쟁의 승리는 하나님의 손안에 있다. 그러므로 우리는 범사에 하나님을 의지하고 담대히 행하고 믿음에 굳게 서서 남자답게 강건해야 한다(고전 16:13).

셋째로, 하나님께서는 그가 쓰셨던 종 모세라도 그의 실수를 용서치 않으시고 가나안 땅에 들어가는 것을 허락지 않으셨다. 26절, "여호와께서 너희의 연고로 내게 진노하사 내 말을 듣지 아니하시고." 그러므로 우리는 하나님의 엄위하심을 알고 범죄치 말아야 한다. 데살로니가전서 5:21-22, "범사에 헤아려 좋은 것을 취하고 악은 모양이라도 버리라." 고린도전서 10:12, "선 줄로 생각하는 자는 넘어질까 조심하라."

4장: 이스라엘에게 주신 하나님의 특별계시

1-14절, 하나님의 명령을 지키라

〔1-2절〕 이스라엘아, 이제 내가 너희에게 가르치는 규례와 법도[1]를 듣고 준행하라. 그리하면 너희가 살 것이요 너희의 열조의 하나님 여호와께서 너희에게 주시는 땅에 들어가서 그것을 얻게 되리라. 내가 너희에게 명하는 말을 너희는 가감하지 말고 내가 너희에게 명하는 너희 하나님 여호와의 명령을 지키라.

모세는 이스라엘 백성에게 그가 가르치고 명하는 규례와 법도가 하나님께서 주신 명령임을 말하면서 이 말씀을 듣고 가감하지 말고 다 지키고 행하라고 말했다. 지키라는 것은 보수하고 실천하라는 뜻이다. 모든 성경은 하나님의 말씀이다. 하나님의 뜻은 그들이 하나님의 모든 말씀을 믿고 지키고 행하는 것이다. 그리하면 그들이 죽지 않고 살 것이며 하나님께서 주겠다고 약속하신 땅을 얻게 될 것이다.

〔3-4절〕 여호와께서 바알브올의 일을 인하여 행하신 바를 너희가 목도하였[보았]거니와 바알브올을 좇은 모든 사람을 너의 하나님 여호와께서 너의 중에서 진멸하[다 죽이]셨으되 오직 너희의 하나님 여호와께 붙어 떠나지 않은(핫데베킴 הַדְּבֵקִים)[꼭 붙은] **너희는 오늘까지 다 생존하였느니라.**

모세는 이스라엘 자손들에게 바알브올의 일을 상기시켰다. 바알브올의 일은, 민수기 25장에 기록된 대로, 이스라엘 백성이 싯딤에 머물러 있었을 때에 모압 여자들과 음행하고 그들의 신들에게 절하므로 하나님의 진노를 산 것을 가리킨다(민 25:1-3). 그때에 하나님께서는

---

1) '율법'(토라 תּוֹרָה), '계명'(미츠와 מִצְוָה), '규례'(코크 חֹק), '법도' 또는 '율례'(출 21:1)(미슈파트 מִשְׁפָּט), '증거'(에두스 עֵדוּת), 그리고 '언약'(베리스 בְּרִית) 등의 단어들은 거의 동의어로 쓰인다. 율법은 법이라는 뜻이고, 계명은 명령이라는 뜻이고, 규례는 규칙이라는 뜻이고, 법도나 율례는 판단이라는 뜻이고, 증거는 증거라는 뜻이고, 언약은 약속이라는 뜻이다.

이스라엘 백성 중 바알브올을 좇은 모든 사람을 다 죽이셨다. 그러나 하나님께 꼭 붙어 떠나지 않은 자들은 다 생존하였다. 바알브올의 일은 이스라엘이 범죄하고 실패한 일이었다. 그들은 그 실패를 기억함으로써 다시는 그런 실패를 반복하지 않도록 조심해야 하였다.

〔5-6절〕 내가 나의 하나님 여호와의 명하신 대로 규례와 법도를 너희에게 가르쳤나니 이는 너희로 들어가서 기업으로 얻을 땅에서 그대로 행하게 하려 함인즉 너희는 지켜 행하라. 그리함은 열국 앞에 너희의 지혜요 너희의 지식[혹은 '분별력']**이라. 그들이 이 모든 규례를 듣고 이르기를**[말하기를] **이 큰 나라 사람은 과연 지혜와 지식**[혹은 '분별력']**이 있는 백성이로다 하리라.**

모세는 자신이 가르친 규례와 법도, 즉 이스라엘 백성의 생활규칙은 여호와 하나님의 명하신 바이며, 그 목적은 그들이 들어가서 기업으로 얻을 땅, 곧 가나안에서 그대로 행하게 하려 함이므로 그것들을 "지켜 행하라"고 다시 강조했다. 또 이것은 열국 앞에서 그들의 지혜와 지식이 될 것이며, 열국이 이 모든 규범을 듣고 이 큰 나라 이스라엘 백성이 지혜와 지식이 있는 백성이라고 인정할 것이다. 하나님의 말씀을 깨닫고 믿고 순종하는 자는 지혜와 지식과 분별력이 있는 자이지만, 그것을 무시하는 자는 지혜와 지식과 분별력이 없는 자이다.

〔7-8절〕 우리 하나님 여호와께서 우리가 그에게 기도할 때마다 우리에게 가까이하심과 같이 그 신의 가까이함을 얻은 나라가 어디 있느냐? 오늘 내가 너희에게 선포하는 이 율법과 같이 그 규례와 법도가 공의로운 큰 나라가 어디 있느냐?

이스라엘 백성은 여호와 하나님을 알았고 믿었고 시시때때로 그의 이름을 불렀다. 기도는 하나님을 믿는 자만 할 수 있는 행위이다. 그들은 믿음으로 하나님의 이름을 부르며 기도했고 하나님의 도우심을 체험하였다. 하나님을 섬기는 삶은 기도 응답을 체험하는 삶이다.

〔9-10절〕 오직 너는 스스로 삼가며 네 마음(네페쉬 נֶפֶשׁ)[영혼, 마음]**을 힘써 지키라. 두렵건대 네가 그 목도한 일을 잊어버릴까 하노라. 두렵건대 네 생존하는 날 동안에 그 일들이 네 마음에서 떠날까 하노라. 너는 그 일들**

을 네 아들들과 네 손자들에게 알게 하라. 네가 호렙산에서 네 하나님 여호와 앞에 섰던 날에 여호와께서 내게 이르시기를 나를 위하여 백성을 모으라. 내가 그들에게 내 말을 들려서 그들로 세상에 사는 날 동안 나 경외함을 배우게 하며 그 자녀에게 가르치게 하려 하노라 하시매.

모세는 이스라엘 백성이 목격하고 체험한 일들을 잊어버리지 않도록 조심할 것을 당부했다. 그는 그들에게 "네 마음을 지키라"고 했다. 마음은 우리의 생각과 감정과 의지의 총체이다. 우리는 우리의 생각과 마음을 항상 잘 지켜야 한다. 이스라엘이 특히 잊지 말고 기억해야 할 일은 호렙산에서 하나님께서 나타나셔서 말씀하셨던 일과 그 말씀들이었다. 하나님께서는 호렙산 아래로 백성을 모이게 하셨고 그들에게 친히 말씀을 주셨고 그들로 이 세상 사는 동안 하나님 경외함을 배우게 하며 또 그것들을 자녀들에게 가르치게 하기를 원하셨다. 이것이 하나님의 뜻이었다. 오늘날에도 우리는 우리 자신이 성경에 증거된 모든 역사와 규범을 다 기억하고 힘써 믿고 행해야 할 뿐 아니라, 또 우리의 사랑스런 자녀들에게도 그것을 가르쳐서 그들로 하나님을 알고 경외하고 섬겨 영생 복락을 누리게 해야 한다.

〔11-14절〕 너희가 가까이 나아와서 산 아래 서니 그 산에 불이 붙어 화염이 충천하고 유암[어두움]**과 구름과 흑암이 덮였는데 여호와께서 화염 중에서 너희에게 말씀하시되 음성뿐이므로 너희가 그 말소리만 듣고 형상은 보지 못하였느니라. 여호와께서 그 언약을 너희에게 반포하시고 너희로 지키라**(라아소스 לַעֲשׂוֹת)[행하라] **명하셨으니 곧 십계명이며 두 돌판에 친히 쓰신 것이라. 그때에 여호와께서 내게 명하사 너희에게 규례와 법도를 교훈하게 하셨나니 이는 너희로 건너가서 얻을 땅에서 행하게 하려 하심이니라.**

이스라엘 백성은 호렙산에서 하나님의 나타나심을 체험했다. 하나님께서 그들에게 반포하시고 그들로 행하라고 명하신 말씀은 십계명(아세렛 핫데바림 עֲשֶׂרֶת הַדְּבָרִים)[열 마디 말씀들]이며 두 돌판에 친히 쓰신 것이었다. 그것은 그들로 하여금 요단강을 건너가서 얻을 가나안 땅에서 행하게 하려 하심이었다. 하나님의 율법의 말씀은 그들의 순종에 근거하여 영생을 약속하신 하나님의 언약이었다. 그것은 계명 순종에 근거한 약속이었다.

본문의 교훈을 정리해보자. 첫째로, 율법 특히 십계명은 하나님께서 주신 계명이며 규례와 법도이고 하나님의 언약이었다. 1절, “내가 너희에게 가르치는 규례와 법도.” 2절, “너희 하나님 여호와의 명령.” 5절, “나의 하나님 여호와의 명하신 대로 규례와 법도를.” 12절, “여호와께서 화염 중에서 너희에게 말씀하시되.” 13절, “여호와께서 그 언약을 너희에게 반포하시고 너희로 지키라 명하셨으니 곧 십계명이며 두 돌판에 친히 쓰신 것이라.” 14절, “여호와께서 내게 명하사 너희에게 규례와 법도를 교훈하게 하셨나니.” 성경은 하나님께서 주신 언약의 말씀이다.

둘째로, 이스라엘 백성은 하나님의 율법을 가감치 말고 잊지 말고 다 지켜 행해야 했다. 1절, “듣고 준행하라.” 2절, “가감하지 말고 . . . 지키라.” 6절, “지켜 행하라.” 9절, “그 목도한 일을 잊어버릴까 하노라.” 14절, “행하게 하려 하심.” 모든 성경은 가감치 말고 다 믿고 지켜야 한다.

셋째로, 이스라엘 백성은 세상 사는 동안 하나님을 경외하고 그들의 자녀들에게도 그것을 알게 해야 했다. 9절, “두렵건대 네 생존하는 날 동안에 그 일들이 네 마음에서 떠날까 하노라. 너는 그 일들을 네 아들들과 네 손자들에게 알게 하라.” 10절, “그들로 세상에 사는 날 동안 나 경외함을 배우게 하며 그 자녀에게 가르치게 하려 하노라.” 에베소서 6:4, “아비들아, 너희 자녀를 . . . 주의 교양과 훈계로 양육하라.”

넷째로, 그들이 하나님의 율법을 지켜 행하면 그들은 살고 생존할 것이며 지혜와 지식을 얻을 것이며 그들이 기도할 때 하나님께서 그들과 가까이하실 것이다. 1절, “그리하면 너희가 살 것이요.” 4절, “오직 너희의 하나님 여호와께 붙어 떠나지 않은 너희는 오늘까지 다 생존하였느니라.” 6절, “그리함은 열국 앞에 너희의 지혜요 너희의 지식이라.” 7절, “우리 하나님 여호와께서 우리가 그에게 기도할 때마다 우리에게 가까이하심과 같이 그 신의 가까이함을 얻은 나라가 어디 있느냐?”

15-31절, 우상숭배를 금하심

〔15-19절〕 여호와께서 호렙산 화염 중에서 너희에게 말씀하시던 날에 너희가 아무 형상도 보지 못하였은즉 너희는 깊이 삼가라. 두렵건대 스스로 부패하여 자기를 위하여 아무 형상대로든지 우상을 새겨 만들되 남자의 형상이라든지, 여자의 형상이라든지, 땅 위에 있는 아무 짐승의 형상이라든지, 하늘에 나는 아무 새의 형상이라든지, 땅 위에 기는 아무 곤충의 형상이라든지, 땅 아래 물 속에 있는 아무 어족(魚族)의 형상이라든지 만들까 하노라. 또 두렵건대 네가 하늘을 향하여 눈을 들어 일월성신(日月星辰) 하늘 위의 군중 곧 너희 하나님 여호와께서 천하 만민을 위하여 분정(分定)하신 [나누어주신] **것을 보고 미혹하여 그것에 경배하며 섬길까 하노라.**

하나님께서 호렙산 불 가운데서 이스라엘 백성에게 친 음성으로 말씀하실 때에 그들이 그의 아무 형상도 보지 못하고 오직 그 음성만 들었으므로, 그들은 이방인들처럼 하나님을 형상화하지 말아야 하였다. 이것은 하나님께서 십계명의 제2계명에서 하신 명령이다. 그들은 어떤 형상이든지 하나님을 형상화해서는 안 된다. 그것은 우상이 되기 때문이다. 그러므로 그들은 남자이든 여자이든 사람의 형상이라든지, 땅 위의 어떤 짐승들, 예를 들어 소의 형상이라든지, 또 하늘의 어떤 새의 형상이라든지, 또 땅 위에 기는 곤충의 형상이라든지, 또 바다의 물고기의 형상 등을 만들지 말아야 하며, 또 하나님께서 만드셔서 온 세상 각 나라에 두루 비치게 하신 하늘의 일월성신(日月星辰) 즉 해나 달이나 별들에게도 경배하거나 섬기지 말아야 한다.

〔20-24절〕 여호와께서 너희를 택하시고 너희를 쇠풀무 곧 애굽에서 인도하여 내사 자기 기업의 백성을 삼으신 것이 오늘과 같아도 여호와께서 너희로 인하여 내게 진노하사 나로 요단을 건너지 못하며 네 하나님 여호와께서 네게 기업으로 주신 그 아름다운 땅에 들어가지 못하게 하리라고 맹세하셨은즉 나는 이 땅에서 죽고 요단을 건너지 못하려니와 너희는 건너가서 그 아름다운 땅을 얻으리니 너희는 스스로 삼가서 너희 하나님 여호와께서 너희와 세우신 언약을 잊어버려서 네 하나님 여호와께서 금하신 아무 형상의

우상이든지 조각하지 말라. 네 하나님 여호와는[께서는] **소멸하는 불이시요 질투하는 하나님이시니라.**

모세는 다시 한번 더 강조한다. 그는 사모하던 그 약속하신 땅에 들어가지 못하고 죽을 것이지만, 이스라엘 백성은 요단강을 건너 그 아름다운 땅, 가나안 땅을 기업으로 얻을 것이다. 그러나 그들은 조심하여 하나님의 언약을 잊어버리지 말고 그가 금하신 우상을 만들지 말아야 한다. 하나님께서는 소멸하는 불이시며 질투하시는 하나님이시다. 그는 십계명에서도 자신을 질투하는 하나님으로 증거하셨다(출 20:5-6). 그는 여호와이신 자신 외에 우리가 다른 신이나 우상을 섬기는 것을 용납하지 않으시고 질투하시고 진노하신다.

주 예수께서는 하나님의 마지막 심판이 불의 형벌임을 증거하셨다. 마태복음 25:41, "왼편에 있는 자들에게 이르시되 저주를 받은 자들아, 나를 떠나 마귀와 그 사자들을 위하여 예비된 영영한 불에 들어가라." 마가복음 9:43, "만일 네 손이 너를 범죄케 하거든 찍어버리라. 불구자로 영생에 들어가는 것이 두 손을 가지고 지옥 꺼지지 않는 불에 들어가는 것보다 나으니라." 하나님께서는 질투하시는 하나님이시며 악인들을 영원한 지옥 불로 벌하시는 자이시다.

〔25-28절〕 네가 그 땅에서 아들을 낳고 손자를 얻으며 오래 살 때에 만일 스스로 부패하여 무슨 형상의 우상이든지 조각하여 네 하나님 여호와 앞에 악을 행함으로 그의 노를 격발하면[일으키면] **내가 오늘날 천지를 불러 증거를 삼노니 너희가 요단을 건너가서 얻는 땅에서 속히 망할 것이라**(아보드 토베둔 אָבֹד תֹּאבֵדוּן)[완전히 망할 것이라](KJV, NASB). **너희가 거기서 너희 날이 길지 못하고 전멸될 것이니라. 여호와께서 너희를 열국 중에 흩으실 것이요 여호와께서 너희를 쫓아보내실 그 열국 중에 너희의 남은 수가 많지 못할 것이며 너희는 거기서 사람의 손으로 만든 바 보지도 못하며 듣지도 못하며 먹지도 못하며 냄새도 맡지 못하는 목석의 신들을 섬기리라.**

이스라엘 백성이 하나님의 약속의 땅에 들어가 자녀를 낳고 사는 동안에 부패하여 우상숭배에 떨어지게 되면 그들은 거기에서 속히 완전히 망할 것이다. 또 그들의 날은 길지 못하고 전멸(全滅)하게 될 것이다. 이스라엘 백성이 우상숭배에 떨어져 범죄하면 그들은 열국 중에 흩어질 것이며 그들이 흩어질 그 나라들에서 그들의 남은 수가 많지 않을 것이며 또 그들은 거기서 나무와 돌로 만든 신들을 섬길 것이다. 그것들은 사람의 손으로 만든 것들이며 보지도 못하고 듣지도 못하고 먹지도 못하고 냄새도 맡지 못하는 헛된 것들일 것이다.

〔29-31절〕 그러나 네가 거기서 네 하나님 여호와를 구하게 되리니 만일 마음을 다하고 성품을 다하여 그를 구하면 만나리라. 이 모든 일이 네게 임하여 환난을 당하다가 끝날에 네가 네 하나님 여호와께로 돌아와서 그 말씀을 청종하리니 네 하나님 여호와는[께서는] **자비하신 하나님이심이라. 그가 너를 버리지 아니하시며 너를 멸하지 아니하시며 네 열조에게 맹세하신 언약을 잊지 아니하시리라.**

모세는 이런 징벌의 경고 중에서도 하나님의 긍휼의 구원과 회복에 대한 말씀도 주었다. 이스라엘 백성은 하나님의 징벌을 받아 이방 땅에서 고난을 당할 때에 하나님을 찾고 구하게 될 것이다. 또 만일 그들이 마음을 다하고 성품을 다해 하나님을 찾고 구하면, 즉 그들이 참으로 회개하여 하나님께로 돌아와 하나님을 찾으면 하나님을 만날 것이다. 모세는 이스라엘 백성이 끝날에 하나님께로 돌아올 것이며 그의 말씀을 청종할 것이라고 말한다. 이것은 하나님의 자비와 긍휼의 구원이다. 하나님께서는 자기 백성을 영원히 버리거나 멸하지 않으시고 그 열조에게 하신 맹세와 언약을 잊어버리지 않으실 것이다.

이것은 이스라엘 백성의 민족적 구원을 암시한다. 로마서 11:25-26에서 사도 바울은 이스라엘의 민족적 구원에 대해 다음과 같은 놀라운 예언을 했다. "형제들아, 너희가 스스로 지혜 있다 함을 면키 위하여 이 비밀을 너희가 모르기를 내가 원치 아니하노니 이 비밀은 이방인의 충만한 수가 들어오기까지 이스라엘의 더러는 완악하게 된 것이라. 그리하여 온 이스라엘이 구원을 얻으리라."

본문의 교훈을 정리해보자. 첫째로, 이스라엘 백성은 우상들을 새겨 만들거나 경배하거나 섬기지 말아야 하였다. 하나님 대신 하나님처럼 가치 있게 여기는 모든 것들이 우상이다. 이방신들을 섬기는 이방종교들은 우상숭배이다. 왜냐하면 이방신들은 참 신들이 아니기 때문이다. 마리아를 신적 존재로 칭송하고 그에게 기도하는 것은 우상숭배이다. 모든 인본주의 철학, 인생관, 세계관, 진화론, 과학 숭배 등은 결국 인간을 최고의 자리에 두고 모든 문제들의 척도로 삼는 인간 숭배 즉 일종의 우상숭배이다. 돈이나 육신의 쾌락도 우상이 될 수 있고 남편이나 아내나 자녀들도 우상이 될 수 있다. 우리는 우상숭배하지 말아야 한다.

둘째로, 하나님께서는 우상숭배하는 자들에게 진노하실 것이다. 24절, "네 하나님 여호와께서는 소멸하는 불이시요 질투하는 하나님이시니라." 천지의 창조자와 섭리자이신 영원하신 여호와께서는 살아계신 참 하나님이시며 그 외의 신들은 다 헛것이다. 그것들은 사람들이 고안해낸 우상들이다. 하나님께서는 사람들이 우상들에 가치를 두고 숭배하며 섬기는 것을 용납하지 않으신다. 우상숭배는 하나님께서 미워하시는 행위이다. 이방 종교를 믿고 따르는 것뿐 아니라, 인본주의 철학, 인생관, 세계관, 진화론, 과학 숭배도 그렇고 돈과 육신의 쾌락을 최고 가치로 여기며 사는 것도 그렇다. 우상숭배자들은 속히 완전히 멸망을 당할 것이며(26절) 영원한 지옥 불못을 피할 수 없을 것이다(계 21:8).

셋째로, 그러나 하나님께서는 그들이 고난 중에 회개하며 하나님을 찾을 때 만나주실 것이다(29-31절). 하나님께서는 자비와 긍휼의 하나님이시다. 사람이 자신의 죄악들과 뿌리깊은 죄성과 인생의 허무함을 깨닫고 회개하고 하나님께 돌아와 마음을 다해 하나님을 찾고 하나님을 만나기를 원한다면 그는 하나님을 만날 것이며 구원과 영생을 얻을 것이다. 그것은 하나님의 전적인 은혜로만 가능한 일이다. 이제 하나님의 은혜를 받은 자들은 죄를 인정하고 회개하고 구주 예수께로 나오고 그의 대속 사역을 믿음으로 구원 얻고 새로운 삶을 살아야 한다.

32-49절, 이런 큰 일

〔32절〕 네가 있기 전 하나님이[께서] **사람을 세상에 창조하신 날부터 지금까지 지나간 날을 상고하여 보라. 하늘 이 끝에서 저 끝까지 이런 큰 일이 있었느냐? 이런 일을 들은 적이 있었느냐?**

모세는 하나님께서 이스라엘 백성에게 어떤 큰 일을 행하셨는지를 기억하게 한다. 이스라엘 백성에게 주신 하나님의 큰 일은 하나님께서 이 세상을 창조하신 이래 지금까지, 하늘 이 끝에서 저 끝까지, 즉 동서고금을 막론하고 인류가 본 적도 없고 들은 적도 없는 일이었다. 그런 일은 창세기의 어느 부분에도 없는 일이었다.

기독교가 전하는 하나님의 일들은 지구 전체에서 유일하고 독특한 것들이다. 세상을 창조하신 창조주 하나님께서는 살아계신 하나님이시다. 그는 나무나 돌같이 생명 없는 존재가 아니시다. 그는 살아계셔서 말씀하시고 기이한 능력의 일들을 행하시는 하나님이시다. 그는 우리를 위해 믿을 만한 많은 일들로 자기 자신을 알리셨고 나타내셨다. 우리는 그가 자신을 나타내시고 말씀하시고 행하시는 일들을 그의 특별계시라는 말로 표현한다. 그것들은 그가 자연만물과 그 현상들로 자신을 나타내심과 구별된다. 하나님께서는 역사상 많은 특별계시들을 주셨다. 성경은 하나님의 특별계시들을 기록한 책이다.

〔33-34절〕 어떤 국민이 불 가운데서 말씀하시는 하나님의 음성을 너처럼 듣고 생존하였었느냐?(NASB) **어떤 신이 와서 시험과 이적과 기사와 전쟁과 강한 손과 편 팔과 크게 두려운 일로 한 민족을 다른 민족에게서 인도하여 낸 일이 있느냐? 이는 다 너희 하나님 여호와께서 애굽에서 너희를 위하여 너희의 목전에서**[눈앞에서] **행하신 일이라.**

모세는 하나님의 특별계시의 내용들을 말한다. 그는 두 가지 내용을 말한다. 하나는 하나님께서 시내산에 나타나셔서 친히 불 가운데서 말씀하셨고 이스라엘 백성이 그것을 들었던 것이고, 다른 하나는 하나님께서 애굽에서 열 가지 재앙의 이적과 능력을 베푸심으로써 이스라엘 백성을 애굽에서 인도해 내신 사건이었다. 그들은 애굽에서 나와 홍해에 도달했을 때 홍해가 갈라져 마른 땅으로 건넜고 뒤따르던 애굽 군대는 물에 빠져 죽었었다. 이스라엘 백성들은 이 일들을 경험했기 때문에 너무나 생생하게 기억했고 잊을 수 없었다.

〔35-36절〕 이것을 네게 나타내심은 여호와는[께서는] **하나님이시요 그 외에는 다른 신이 없음을 네게 알게 하려 하심이니라. 여호와께서 너를 교훈하시려고 하늘에서부터 그 음성을 너로 듣게 하시며 땅에서는 그 큰 불을 네게 보이시고 너로 불 가운데서 나오는 그 말씀을 듣게 하셨느니라.**

하나님께서 특별계시들을 주신 목적은 하나님께서 계시다는 것과 그가 유일하신 참 하나님이시며 다른 신이 없음을 알리시기 위함이었다. 하나님을 아는 것이 신앙생활의 전부이다. 사람들이 하나님을 알지 못하는 것이 근본적 죄이며 거기에서 모든 다른 죄들이 나온다. 그러나 사람들이 하나님을 알면 점차적으로 모든 것을 알게 된다. 그래서 예수께서는 "영생은 곧 유일하신 참 하나님과 그의 보내신 자 예수 그리스도를 아는 것이니이다"라고 말씀하신 것이다(요 17:3).

이스라엘에게 자신을 계시하신 하나님께서는 자신의 이름을 '여호와'라고 계시하셨다. '여호와'는 '스스로 계신 자'라는 뜻이라고 본다. 출애굽기 3:14, 15, "하나님이 모세에게 이르시되 나는 스스로 있는 자니라. 또 이르시되 너는 이스라엘 자손에게 이같이 이르기를 스스로 있는 자가 나를 너희에게 보내셨다 하라. 하나님이 또 모세에게 이르시되 너는 이스라엘 자손에게 이같이 이르기를 나를 너희에게 보내신 이는 너희 조상의 하나님 곧 아브라함의 하나님, 이삭의 하나님, 야곱의 하나님 여호와라 하라. 이는 나의 영원한 이름이요 대대로 기억할 나의 표호니라." 여호와께서는 영원 전부터 스스로 계신 자이시다. 영원 전부터 스스로 계신 자, 시간 세계를 초월하시고 존재의 세계에 의존하지 않는 자만이 참 하나님이시다. 그 하나님께서 자신이 창조자이심과 섭리자이심을 사람들에게 알게 하셨다. 이 얼마나 놀라운 일인가! 이 얼마나 세상에서 고귀한 일이며 중요한 지식인가! 여호와께서는 이스라엘 백성을 교훈하시기 위하여 하늘에서부터 그 음성을 그들로 듣게 하셨고 땅에서는 그 큰 불을 그들에게 보이셨고 그들로 불 가운데서 나오는 그 말씀을 듣게 하셨다.

〔37-38절〕 여호와께서 네 열조를 사랑하신 고로 그 후손 너를 택하시고 큰 권능으로 친히 인도하여 애굽에서 나오게 하시며 너보다 강대한 열국을 네 앞에서 쫓아내고 너를 그들의 땅으로 인도하여 들여서 그것을 네게 기업으로 주려 하심이 오늘날과 같으니라.

하나님께서 그들을 큰 권능으로 애굽에서 인도하여 내신 까닭은 그들의 열조를 사랑하셨기 때문이었다. 그가 사람들을 구원하시는 까닭은 그의 사랑밖에 없다. 사람들 속에 어떤 선한 것이 있지 않았다. 사람들은 다 부패되고 죄악된 존재이다. 하나님의 긍휼과 사랑으로 자신의 부족을 깨달은 자들이 하나님을 섬기며 순종하게 된 것뿐이다. 아브라함이 그러했고 이삭과 야곱이 그러했다. 그들은 자신들의 행위를 자랑하지 않았다. 그들은 자신들의 부족을 깨달았을 뿐이다. 하나님께서는 오직 사랑으로 그들을 택하셨고 애굽에서 구원하셨고 가나안 땅을 기업으로 주려 하시는 것이었다.

〔39-40절〕 그런즉 너는 오늘날 상천 하지에[하늘과 땅에] **오직 여호와는**[께서는] **하나님이시요 다른 신이 없는 줄을 알아 명심하고 오늘 내가 네게 명하는 여호와의 규례와 명령을 지키라. 너와 네 후손이 복을 받아 네 하나님 여호와께서 네게 주시는 땅에서 한없이 오래 살리라.**

모세는 하나님의 특별계시의 목적을 다시 강조하며 가장 중요한 생활지침을 선포한다. 이스라엘 백성은 여호와 하나님께서 온 우주에 유일하신 참 하나님이시며 다른 신이 없음을 인식해야 한다. 이것은 가장 중요한 지식이며 믿음이다. 또 이 지식에서 이스라엘 백성의 근본적 생활지침이 나온다. 그것은 다른 것이 아니라 하나님의 규례와 명령을 지키는 것이다. 여호와께서 유일하신 참 신이시라면, 모든 피조물, 특히 사람들은 당연히 그 분의 명령에 복종해야 한다. 그것은 너무 지당한 말씀이다. 그러므로 우리는 여호와 하나님께서 참으로 살아계신 유일하신 하나님이심을 확인하고 그를 인정하고 확신하고 그의 말씀인 성경말씀에 복종해야 하는 것이다.

또 그러면 이스라엘 백성들은 자자손손 복을 받아 하나님께서 그들에게 주시는 땅에서 한없이 오래 살 것이다. 그것도 당연한 복이다. 창조자 하나님께서는 곧 섭리자이시며 심판자이시다. 그는 만복의 근원이시다. 하나님을 대항하여 행복할 자가 없고 하나님을 의지하고 섬기며 순종하여 불행할 자가 없다. 또 하나님께서는 생명의 원천이며 생명 자체이시다. 그에게만 영원히 죽지 않는 영생이 있다. 그러므로 하나님을 믿고 순종하여 그의 복을 얻는 자는 그가 주시는 영생의 복을 누릴 것이다. 영생은 하나님께서 주시는 가장 큰복이다.

〔41-43절〕 때에 모세가 요단 이편 해 돋는 편에서 세 성읍을 구별하였으니 이는 과거에 원혐[미워함]**이 없이 부지중에 오살(誤殺)한 자로 그 곳으로 도피케 하기 위함이며 그 한 성읍으로 도피한 자로 그 생명을 보전케 하기 위함이라. 하나는 광야 평원에 있는 베셀이라, 르우벤 지파를 위한 것이요; 하나는 길르앗 라못이라, 갓 지파를 위한 것이요; 하나는 바산 골란이라, 므낫세 지파를 위한 것이었더라.**

하나님께서는 요단강 동편의 세 성읍을 구별해 과거에 미워함이 없이 부지중에 잘못 살인한 자가 피할 도피성으로 삼게 하셨다.

〔44-49절〕 모세가 이스라엘 자손에게 선포한 율법이 이러하니라. 이스라엘 자손이 애굽에서 나온 후에 증거하신 것과 규례와 법도를 모세가 선포하였으니 요단 동편 벳브올 맞은편 골짜기에서러라. 이 땅은 헤스본에 거하는 아모리 족속의 왕 시혼에게 속하였더니 모세와 이스라엘 자손이 애굽에서 나온 후에 그를 쳐서 멸하고 그 땅을 기업으로 얻었고 또 바산 왕 옥의 땅을 얻었으니 그 두 사람은 아모리 족속의 왕으로서 요단 이편 해 돋는 편에 거하였었으며 그 얻은 땅은 아르논 골짜기 가의 아로엘에서부터 시온산(하르 시온 הַר שִׂיאֹן) **곧 헤르몬**산**까지요**(예루살렘 성을 가리키는 시온산은 원어

에 치욘산(הַר צִיּוֹן)이다) **요단 이편 곧 그 동편 온 아라바니 비스가 산록**[산비탈] **아래 아라바의 바다까지니라**.

본문의 교훈을 정리해보자. 첫째로, 하나님께서는 이스라엘 백성을 기적과 능력으로 애굽에서 인도해 내셨고 불 가운데서 그들에게 말씀하셨다. 그는 역사상 "이런 큰 일들"을 많이 하셨다. 성경은 하나님의 특별계시들의 기록이다. 하나님의 특별계시들 중의 특별계시는 하나님의 아들께서 사람이 되어 세상에 오신 일이다. 세상에 그런 일이 있었다. 하나님의 아들께서 사람이 되어 세상에 오셨다. 그가 예수 그리스도이시다. 우리는 성경을 통해 하나님의 특별계시들을 확인해야 한다.

둘째로, 하나님께서 이스라엘에게 특별계시를 주신 목적은 참 하나님을 알게 하시기 위함이었다. 35절, "이것을 네게 나타내심은 여호와는 하나님이시요 그 외에는 다른 신이 없음을 네게 알게 하려 하심이니라." 39절, "그런즉 너는 오늘날 상천 하지에 오직 여호와는 하나님이시요 다른 신이 없는 줄을 알아 명심하고." 하나님께서 성경을 주신 목적은 우리로 하나님을 알게 하시기 위함이었다. 하나님을 아는 것이 신앙생활의 전부이다. 영원 전부터 스스로 계신 하나님을 알고 믿고 섬기고 사랑하고 그와 그의 모든 말씀을 순종하는 것이 신앙생활이다.

셋째로, 이스라엘 백성은 하나님께서 유일하신 하나님이심을 알고 그의 율법과 규례와 명령과 증거와 법도를 지키고 행해야 한다. 그것은 살아계신 참 하나님을 아는 자들의 당연한 의무이다. 그는 유일하신 참 하나님이시며 그와 비교할 수 있는 것은 세상에 아무것도 없다. 돈이나 육신적 쾌락이나 명예나 그 무엇도 하나님과 비교할 수 없고 바꿀 수 없다. 또 하나님께만 영원한 생명과 평안이 있다. 그러므로 사람은 하나님의 명령을 지킬 때 복을 받아 한없이 오래 살 것이다. 이제 예수 그리스도를 믿고 구원 얻은 신약성도들도 하나님의 명령에 순종해야 한다. 하나님께서는 우리가 그의 모든 말씀에 복종하여 경건하고 정직하고 선하게 살기를 원하신다. 우리는 성경의 모든 교훈을 지켜야 한다.

5장: 십계명

1-21절, 십계명

〔1-6절〕 모세가 온 이스라엘을 불러 그들에게 이르되[말하되] **이스라엘아, 오늘 내가 너희 귀에 말하는 규례와 법도를 듣고 그것을 배우며 지켜 행하라. 우리 하나님 여호와께서 호렙**산**에서 우리와 언약을 세우셨나니 이 언약은 여호와께서 우리 열조와 세우신 것이 아니요 오늘날 여기 살아 있는 우리 곧 우리와 세우신 것이라. 여호와께서 산 위 불 가운데서 너희와 대면하여 말씀하시매**(신 5:22-24; 9:10; 10:4) **그때에 너희가 불을 두려워하여 산에 오르지 못하므로 내가 여호와와 너희 중간에 서서 여호와의 말씀을 너희에게 전하였노라. 여호와께서 가라사대**[말씀하시기를] **나는 너를 애굽 땅에서 종 되었던 집에서 인도하여 낸 너희 하나님 여호와로라.**

이스라엘 백성은 모세가 전하는 하나님의 율법과 규례와 법도를 듣고 배우며 지키고 행해야 했다. 하나님께서 호렙산에서 이스라엘 열조들에게 주신 율법은 언약이었고 지금 모압 평지에서 모세 앞에 서 있는 이스라엘 자손들과 맺은 것과 같았다. 이스라엘 백성은 호렙산 위 불 가운데서 말씀하시는 하나님의 친 음성을 들었었다. 그들을 애굽 땅 종 되었던 집에서 건져내신 하나님께서는 그의 친 음성으로 이스라엘 백성에게 십계명을 주셨다(신 5:22-24; 9:10; 10:4).

〔7절〕 나 외에는(알 파나야 עַל־פָּנָי)[내 앞에](KJV, NASB, NIV) **위하는 신들**(엘로힘 아케림 אֱלֹהִים אֲחֵרִים)[다른 신들]**을 네게 있게 말지니라.**

제1계명은 유일하신 여호와 하나님만 섬기라는 내용이다. 우주에 영원자존하신 여호와 하나님 외에 다른 신이 없다. 이사야 45:5, "나는 여호와라. 나 외에 다른 이가 없나니 나밖에 신이 없느니라." 우리는 온 세상의 창조자와 섭리자이신 여호와 하나님만 섬겨야 한다.

〔8-10절〕 너는 자기를 위하여 새긴 우상을 만들지 말고 위로 하늘에 있는 것이나 아래로 땅에 있는 것이나 땅 밑 물 속에 있는 것의 아무 형상이든

지 만들지 말며 그것들에게 절하지 말며 그것들을 섬기지 말라. 나 여호와 너의 하나님은 질투하는 하나님인즉 나를 미워하는 자의 죄를 갚되 아비로부터 아들에게로 3, 4대까지 이르게 하거니와 나를 사랑하고 내 계명을 지키는 자에게는 천 대**까지 은혜를 베푸느니라.**

제2계명은 하나님을 형상화하지 말라는 내용이다. 하나님을 형상화한 모든 신들은 다 우상으로 정죄된다. 우리는 하나님을 형상화한 우상을 만들지 말고 그것에게 절하지 말고 그것을 섬기지 말아야 한다. 이방종교들의 신상들은 다 우상이다. 천주교인들에게 마리아상은 우상이 되었다고 보인다. 또 하나님 대신에 가치를 두는 것들도 우상이다. 예를 들어, 돈이나 육신적 쾌락이나 인간 자신도 우상이 될 수 있다. 하나님께서는 나는 질투하는 하나님이라고 증거하셨다. 그는 우리가 그의 계명을 어기고 우상을 섬기면 자손 3, 4대까지 벌을 내리겠다고 경고하셨다. 그러나 반대로 그는 우리가 그를 사랑하고 섬기면 자손 천 대까지 복을 주시겠다고 약속하셨다.

〔11절〕 **너는 너의 하나님 여호와의 이름을 망령되이**(랏솨웨 לַשָּׁוְא)[헛되이] **일컫지 말라. 나 여호와는 나의 이름을 망령되이**[헛되이] **일컫는 자를 죄 없는 줄로 인정치 아니하리라.**

제3계명은 우리가 하나님의 이름을 헛되이 사용하지 말라는 내용이다. 우리는 하나님의 이름을 헛되이, 생각 없이, 마음 없이, 형식적이게, 심지어 농담으로 사용해서는 안 된다. 우리는 찬송을 부를 때나 기도할 때나 맹세할 때 하나님의 이름을 두려움과 진지함을 가지고 사용해야 한다. 하나님께서는 "나 여호와는 나의 이름을 헛되이 일컫는 자를 죄 없는 줄로 인정치 아니하리라"고 말씀하심으로써 하나님의 이름을 헛되이 부르는 것이 죄가 됨을 분명히 하셨다.

〔12-15절〕 **여호와 너의 하나님이 네게 명한 대로 안식일을 지켜 거룩하게 하라. 엿새 동안은 힘써 네 모든 일을 행할 것이나 제7일은 너의 하나님 여호와의 안식인즉 너나 네 아들이나 네 딸이나 네 남종이나 네 여종이나 네 소나 네 나귀나 네 모든 육축이나 네 문안에 유하는 객이라도 아무 일도**

하지 말고 네 남종이나 네 여종으로 너같이 안식하게 할지니라. 너는 기억하라. 네가 애굽 땅에서 종이 되었더니 너의 하나님 여호와가 강한 손과 편 팔로 너를 거기서 인도하여 내었나니 그러므로 너의 하나님 여호와가 너를 명하여 안식일을 지키라 하느니라.

제4계명은 안식일을 거룩하게 지키라는 내용이다. 하나님께서는 안식일로 지켜야 할 시간과 안식일을 지켜야 할 자들을 규정하셨다. 하나님께서는 이스라엘 백성이 6일 동안 그들의 모든 일들을 열심히 하고 제7일 하루를 하나님의 날로 거룩하게 구별하라고 명하셨고, 그 날에는 그들의 자녀들과 그들에게 속한 일하는 자들과 심지어 짐승들이나 손님들까지도 일하지 말고 쉬라고 명하셨다.

이스라엘 백성이 안식일을 거룩히 지켜야 할 이유로 출애굽기 20장은 하나님의 창조 사역의 본을 들었고 본문은 단지 그의 구속(救贖) 사역을 말했다. 그것은 그의 창조 사역의 본에 보충된 이유라고 본다. 구속(救贖)의 은혜를 입은 자들은 안식일을 더 잘 지켜야 했다.

〔16절〕 너는 너의 하나님 여호와의 명한 대로 네 부모를 공경하라. 그리하면 너의 하나님 여호와가 네게 준 땅에서 네가 생명이 길고 복을 누리리라.

제5계명은 부모 공경에 관한 내용이다. 이 계명은 인간관계에 관한 윤리를 명한 여섯 계명들 중 첫 계명이다. 인간관계의 윤리는 가정에서부터, 즉 자녀가 부모를 공경하는 데서부터 시작된다. 가정 질서는 사회 질서의 기초이다. 부모 공경은 인간관계의 윤리의 기본이다. 이 계명은 또 이것을 잘 지키면 장수(長壽)와 복이 약속된 계명이다.

〔17절〕 살인하지 말지니라.

제6계명은 살인을 금하신 내용이다. 그것은 사람의 생명이 귀하다는 것을 말한다. 우리는 창조자, 섭리자 하나님께서 주신 사람의 생명을--그것이 남의 것이든지 자신의 것이든지 간에--존중해야 한다. 남의 생명을 죽이거나 자기 생명을 끊는 행위는 죄악된 일이다.

〔18절〕 간음하지도 말지니라.

제7계명은 간음을 금하신 내용이다. 그것은 사람의 정조에 관한 것이다. 사람은 자신의 정조, 즉 성적 순결을 귀히 여기며 지켜야 한다. 창조자, 입법자 하나님께서는 성을 부부관계에서만 사용하도록 명하셨다. 사람이 죄악된 감정과 충동으로 하나님께서 정하신 부부관계를 벗어나는 것은 하나님께서 매우 미워하시는 죄악이다.

〔19절〕 도적질하지도 말지니라.

제8계명은 도적질을 금하신 내용이다. 그것은 사람의 재산에 관한 것이다. 개인의 사유재산권은 인정되고 존중되어야 하며, 남의 물건을 훔치는 것은 죄악이다. 각 사람은 부지런히 일함으로 소득을 얻어야 하고 그 얻은 소득으로 먹고살고 또 남을 구제해야 한다.

〔20절〕 네 이웃에 대하여 거짓 증거하지도 말지니라.

제9계명은 거짓 증거를 금하신 내용이다. 그것은 특히 사람의 명예에 관한 것이다. 우리의 이웃에 대한 거짓말은 이웃의 명예를 손상시킨다. 사람의 인격적 가치는 그의 이름에 담겨진다. 그러므로 거짓말로 남의 명예를 손상시키는 행위는 매우 악한 일이다.

〔21절〕 네 이웃의 아내를 탐내지도 말지니라. 네 이웃의 집이나 그의 밭이나 그의 남종이나 그의 여종이나 그의 소나 그의 나귀나 무릇 네 이웃의 소유를 탐내지도 말지니라.

제10계명은 탐심을 금하신 내용이다. 하나님께서는 예들로 이웃의 아내, 집, 밭, 남종, 여종, 소, 나귀 등을 구체적으로 열거하셨다. 그는 단지 사람의 악한 행동만 정죄하시는 것이 아니고 그의 마음의 탐심도 정죄하셨다. 탐심은 여러 가지 죄를 낳는다. 하나님께서는 사람이 자족하는 삶, 즉 자기가 가진 것으로 만족하며 살기를 원하신다.

본문의 교훈을 정리해보자. 십계명은 이스라엘 백성뿐 아니라, 오늘 신약 성도들에게도 생활 규칙이 된다. 물론, 그것은 구원의 길이 되지 못한다. 왜냐하면 사람은 심히 부패된 죄인이며 하나님의 계명을 행함으로 의롭다 함을 얻을 자가 아무도 없기 때문이다. 그래서 예수 그리스도께서 오셔서 십자가에 죽으셨고 사람은 그를 믿음으로 의롭다 하심의 구원을 얻는다. 그러나 십계명의 생활지침은 여전히 중요하다.

사람의 가장 중요한 의무는 하나님을 섬기는 것이다. 우리는 여호와 하나님만 영원하신 참 하나님이신 줄을 바로 알고 그 하나님만 섬겨야 하고 다른 신들이나 우상들을 인정치 말아야 한다. 돈도 탐하지 말아야 한다. 탐심은 우상숭배이다. 우리는 개인적으로, 가정적으로, 또 교회적으로 하나님께 예배드리기를 힘써야 한다. 오늘날 신약 성도들은 경건하게 주일을 거룩히 지키고 교회에 모이기를 힘써야 하고(히 10:24-25) 성경말씀을 읽고 듣고 배우는 것을 가장 중요하게 여겨야 한다.

또 우리는 부모 공경을 실천해야 한다. 부모님을 공경하는 것은 매우 기본적인 윤리이다. 물론 자녀 탈선의 문제는 부모 책임인 경우가 많다. 부모가 자녀를 어릴 때부터 엄하게 그러나 사랑으로 잘 키웠다면 자녀 탈선의 문제는 많이 없을 것이다. 부모는 자녀가 예배 잘 안 드리는 것, 거역, 거짓말, 욕 등을 어릴 때부터 바르게 고쳐주어야 한다. 부모들은 자기 자녀들이 부모 공경을 실천함으로 복을 받도록 해야 한다.

또 우리는 이웃 사랑을 실천해야 한다. 인간관계의 계명들은 이웃을 사랑하라는 말에 다 포함된다(롬 13:9-10). 이웃을 사랑하는 자는 이웃의 생명도, 정조도, 재산도, 명예도 귀히 여길 것이다. 우리는 살인하지 않고 간음하지 않고 도적질하지 않고 거짓 증거하지 않을 것이다.

마지막으로, 우리는 자족하며 살아야 한다. 하나님을 경외하며 섬기는 자는 이 세상의 삶이 나그네 삶이요 우리의 고향은 장차 우리에게 주실 영광스런 천국임을 믿는다. 사도 바울은 “우리가 세상에 아무것도 가지고 온 것이 없으매 또한 아무것도 가지고 가지 못하리니 우리가 먹을 것과 입을 것이 있은즉 족한 줄로 알 것이니라”고 교훈하였다(딤전 6:7-8). 우리는 세상의 모든 욕심을 버리고 하나님의 주신 현실을 감사히 받고 자족하며 각자의 직업에 충실하고 선한 일에 힘써야 한다.

22-33절, 하나님을 경외하라

〔22-27절〕 여호와께서 이 모든 말씀을 산 위 불 가운데, 구름 가운데, 흑암 가운데서 큰 음성으로 너희 총회에 이르신[말씀하신] **후에**(신 9:10) **더 말씀하지 아니하시고 그것을 두 돌판에 써서 내게 주셨느니라. 산이 불에 타며 캄캄한 가운데서 나오는 그 소리를 너희가 듣고 너희 지파의 두령과 장로들이 내게 나아와 말하되 우리 하나님 여호와께서 그 영광과 위엄**(고들로 גָּדְלוֹ)[그의 위대하심]**을 우리에게 보이시매 불 가운데서 나오는 음성을 우리가 들었고 하나님이**[께서] **사람과 말씀하시되 그 사람이 생존하는 것을 오늘날 우리가 보았나이다. 이제 우리가 죽을 까닭이 무엇이니이까? 이 큰 불이 우리를 삼킬 것이요 우리가 우리 하나님 여호와의 음성을 다시 들으면 죽을 것이라. 무릇 육신을 가진 자가 우리처럼 사시는 하나님의 음성이 불 가운데서 발함**[말씀하심]**을 듣고 생존한 자가 누구니이까? 당신은 가까이 나아가서 우리 하나님 여호와의 하시는 말씀을 다 듣고 우리 하나님 여호와의 당신에게 이르시는**[말씀하시는] **것을 다 우리에게 전하소서. 우리가 듣고 행하겠나이다 하였느니라.**

모세는 하나님께서 호렙산 위 불과 구름과 흑암 가운데서 큰 음성으로 이스라엘 회중에게 말씀하셨다고 증거하였다. 또 그는 하나님께서 그 말씀을 두 돌판에 써서 그에게 주셨다고 말했다. 그는 산이 불에 타며 캄캄한 가운데서 나오는 그 소리를 이스라엘 회중이 들었고 그들 지파의 우두머리들과 장로들이 증거하였다고 회고했다.

하나님께서는 음성으로(23, 24, 26절), '큰 음성으로'(22절) 이스라엘 회중의 듣는 데서 말씀하셨고 이스라엘 온 회중은 호렙산 위에서 불과 구름과 캄캄함 가운데서 큰 음성으로 친히 말씀하시는 하나님의 음성을 산 아래서 들었었다(22-24, 26절). 모세는 그것을 증거하였고 이스라엘 회중의 우두머리들과 장로들도 증거한 바이었다.

그들은 하나님의 영광과 위엄을 보았고 그의 친 음성을 들었다. 그들은 영원자존하신 여호와 하나님의 살아계심과 그의 영광과 위엄과 그의 참되심을 체험했다. 여호와 하나님께서는 그들 앞에서 자신이 참 하나님 되심을 능력과 영광으로 밝히 증거하셨다. 그들은 하나님의 친 음성을 듣고도 죽지 않고 살았다. 그들은 두려움 가운데 모세가 그들을 대신해 하나님께 가까이 나아가서 그의 하시는 말씀을 다 듣고 그들에게 전해주면 그들이 듣고 행하겠다고 말하였다.

이스라엘 온 회중이 호렙산 아래서 체험한 하나님 체험은 잊을 수 없는 것이었고 그들 자손 대대로 전해질 만한 중요한 것이었다. 이스라엘 백성의 그 하나님 체험과 그 이전과 이후의 많은 체험들에 근거한 하나님에 대한 지식과 확신은 확고하였다. 그것은 온 세상 모든 사람들에게 하나님 지식의 근거가 된다. 우리는 그들의 진실한 증거인 구약성경과 신약성경에 근거하여 하나님에 대해 배우고 확신한다.

〔28-33절〕 여호와께서 너희가 내게 말할 때에 너희의 말하는 소리를 들으신지라. 여호와께서 내게 이르시되[말씀하시되] **이 백성이 네게 말하는 그 말소리를 내가 들은즉 그 말이 다 옳도다. 다만 그들이 항상 이 같은 마음을 품어 나를 경외하며 나의 모든 명령을 지켜서 그들과 그 자손이 영원히 복 받기를 원하노라. 가서 그들에게 각기 장막으로 돌아가라 이르고**[말하고] **너는 여기 내 곁에 섰으라. 내가 모든 명령과 규례와 법도를 네게 이르리니**[말하리니] **너는 그것을 그들에게 가르쳐서 내가 그들에게 기업으로 주는 땅에서 그들로 이를 행하게 하라 하셨나니 그런즉 너희 하나님 여호와께서 너희에게 명령하신 대로 너희는 삼가 행하여 좌로나 우로나 치우치지 말고 너희 하나님 여호와께서 너희에게 명하신 모든 도를 행하라. 그리하면 너희가 삶을 얻고 복을 얻어서 너희의 얻은 땅에서 너희의 날이 장구하리라.**

모세는 하나님의 뜻을 밝히 증거했다. 하나님의 뜻은 세 가지이었다. 첫째는, 이스라엘 백성이 항상 하나님을 경외하라는 것이다. 하나님께서는 이를 위해 그들 앞에 그의 영광과 위엄을 나타내신 것이다. 하나님께서 그들에게 하나님의 위엄을 체험하게 하신 것은 이 때문이었다. 둘째는, 그들이 좌우로 치우치지 말고 하나님의 모든 도(道), 곧 그 명령과 규례와 법도를 지키라는 것이다. 사람이 하나님을 경외함이 없으면 그의 모든 말씀을 지키거나 순종할 수 없겠으나, 사람이 하나님을 경외하면 그 모든 말씀을 지키고 순종할 수 있을 것이다. 셋째는, 그리하면 그들이 복을 얻고 그들이 들어갈 땅에서 오래도록 살리라는 것이다. 그것은 영생의 복을 암시한다. 말씀 순종의 결과는 복과 영생이다. 그것은 성경에 계시된 하나님의 진리이다. 죄는 죽음과 불행을 가져오지만, 의는 영원한 생명과 평안과 행복을 가져온다.

본문의 교훈을 정리해보자. 첫째로, 여호와 하나님께서는 호렙산에서 모세와 이스라엘 백성 앞에 불과 구름 가운데서 나타나셨고 친 음성으로 말씀하셨고, 이스라엘 백성은 하나님의 영광과 위엄을 직접 체험하였다. 그것은 하나님께서 살아계시고 참되신 하나님이심을 증거한 것이었고 부정할 수 없는 확실한 체험이었다. 우리는 하나님을 체험하지는 못했으나 하나님을 직접 체험한 모세와 이스라엘 백성의 증언들을 성경에 가지고 있다. 만일 그들이 거짓말을 하였다면, 그들은 거짓 증거하지 말라는 제9계명에 의해 정죄될 것이다. 모세는 애굽에서 종살이하던 이스라엘 백성을 애굽에서 이끌어내라는 불가능하게 보이는 일, 그가 원치도 않았던 일을 하나님께로부터 사명으로 받았었다. 모세와 이스라엘 백성의 하나님 체험은 순전히 하나님께서 은혜로 주신 것이었다. 그러므로 우리는 이스라엘 백성의 체험과 그들의 모든 증언들을 신뢰하고 다 믿어야 하고 그들의 증언들인 구약성경, 특히 출애굽기와 신명기를 통해 하나님의 살아계심과 참되심을 확인하고 확신해야 한다.

둘째로, 우리가 하나님께서 호렙산에서 이스라엘 회중 앞에 나타나셨음을 확신한다면, 우리는 그들이 체험한 하나님의 영광과 그의 위엄에 근거하여 하나님을 경외하고 그의 모든 명령을 듣고 지키고 순종해야 한다. 성령께서는 우리의 믿음과 순종을 도우실 것이다. 하나님께서는 우리가 하나님을 경외하고 그의 모든 명령을 듣고 지키고 순종하기를 원하신다. 사람이 하나님을 경외하고 그의 모든 명령을 지키는 것은 가장 기본적 의무이다. 모든 사람은 죄로 인해 무지하여 하나님을 알지 못하고 있고 자신만 신뢰하고 남을 신뢰하지 않고 하나님에 대해서는 더더욱 생각조차도 하지 않으려 한다. 그러나 우리는 이스라엘 백성이 체험한 하나님의 영광과 그의 위엄에 근거하여 하나님을 경외하고 그의 모든 명령을 지키고 순종해야 한다. 그것은 하나님의 뜻이며 사람의 가장 기본적 의무이다. 전도서 12:13, "일의 결국을 다 들었으니 하나님을 경외하고 그 명령을 지킬지어다. 이것이 사람의 본분[모든 것]이니라." 하나님을 아는 것이 영생이다(요 17:3). 우리는 창조자와 섭리자이신 하나님을 경외하고 성경에 계시된 그의 모든 명령을 순종해야 한다.

셋째로, 하나님을 경외하고 그의 명령을 순종하는 자들은 복을 얻고 영생에 이른다. 39절, "그들이 항상 이 같은 마음을 품어 나를 경외하며 나의 모든 명령을 지켜서 그들과 그 자손이 영원히 복 받기를 원하노라." 33절, "너희 하나님 여호와께서 너희에게 명하신 모든 도를 행하라. 그리하면 너희가 삶을 얻고 복을 얻어서 너희의 얻은 땅에서 너희의 날이 장구하리라." 이것은 성경의 기본 진리이다. 사람이 창조자 하나님을 무시하고 부정하고 거역하는 것이 모든 불행의 원인이며 그 결과는 불행과 죽음과 지옥 형벌이다(롬 6:23; 계 21:8). 그러나 사람이 하나님을 경외하고 그의 명령을 지키는 것은 영생의 복을 얻는 길이다.

문제는, 사람이 하나님을 경외함이 부족하고 그의 모든 명령을 지키지 못했고 많은 죄를 지었고 또 때때로 죄를 짓는다는 데 있다. 십계명은 하나님의 공의의 법이며 사람의 생활 규칙이지만, 그 규칙대로 사는 자가 세상에 하나도 없다는 데 문제가 있는 것이다. 그러므로 십계명은 사람의 생활 규칙이지만, 죄인들에게 구원의 길이 되지 못한다. 그것은 단지 죄를 깨닫는 도구가 될 뿐이다. 신약성경이 증거하는 대로, 구원은 오직 예수 그리스도를 믿음으로 얻는다(롬 3:21-24). 예수 그리스도께서는 이를 위해 세상에 오셨고 십자가 위에서 대속의 죽음을 죽으셨다. 그를 믿는 자는 멸망치 않고 영생을 얻는다(요 3:16). 그러나 하나님의 계명은 여전히 구원 얻은 사람들의 생활 규칙이며 복된 약속이다.

6장: 하나님 사랑과 말씀 순종

1-9절, 하나님께서 주신 명령

〔1-3절〕 이는 곧 너희 하나님 여호와께서 너희에게 가르치라 명하신 바 명령과 규례와 법도라. 너희가 건너가서 얻을 땅에서 행할 것이니 곧 너와 네 아들과 네 손자로 평생에 네 하나님 여호와를 경외하며 내가 너희에게 명한 그 모든 규례와 명령을 지키게 하기 위한 것이며 또 네 날을 장구(長久)케 하기 위한 것이라. 이스라엘아, 듣고 삼가 그것을 행하라. 그리하면 네가 복을 얻고 네 열조의 하나님 여호와께서 네게 허락하심같이 젖과 꿀이 흐르는 땅에서 너의 수효가 심히 번성하리라.

앞장에서 말씀한 십계명과 본장에서 말씀하는 그 외의 명령들은 여호와 하나님께서 모세에게 주셔서 이스라엘 백성에게 가르치라고 명하신 바이다. 그것을 명령과 규례와 법도라고 불렀다. 그 모든 명령들은 하나님께서 주신 것들이다. 그것들은 하나님의 권위로 주어진 것들이다. 그러므로 그것들은 사람들이 두려움으로 받아야 할 명령들이며 거기에 담긴 하나님의 뜻은 반드시 지켜야 했다. 신구약성경에 기록된 하나님의 명령과 교훈들은 다 하나님의 권위로 주어진 것들이며 모든 사람들이 깊이 생각하고 받아들여야 할 말씀들이다.

모세는 또 율법의 목적을 분명하게 말하였다. 율법의 목적은 우리와 우리 자녀들과 손자들로 하여금 평생에 하나님을 경외하고 그가 명하신 모든 명령을 지키고 행하게 하기 위함이었다. 하나님의 명령들은 우리와 우리 가족들이 평생에 행해야 할 내용이다. 하나님께서는 특히 우리의 가정에 관심을 가지신다. 하나님의 율법들과 명령들은 우리가 우리 자신을 어떻게 훈련시켜야 할 것인지와 우리의 자녀들과 손자들에게 무엇을 가르쳐 지키게 해야 할 것인지를 보여준다.

또 하나님의 명령들에는 하나님의 약속이 들어 있었다. 하나님께서는 이스라엘 백성이 그 율법과 명령들을 지켜 행하면 그들이 들어가는 그 땅에서 그들의 날들이 오랠 것이라고 말씀하셨다. 이것은 복의 약속이며 복의 내용에는 그들의 수가 심히 번성할 것이라는 내용도 들어 있다. 자녀를 많이 낳는 것은 하나님께서 사람을 처음 만드셨을 때부터 하나님의 뜻이었고 복이었다. 개인적 장수, 국가적 장구함, 자녀 출산과 인구 증가는 분명히 큰 복이다.

〔4-5절〕 **이스라엘아, 들으라**(쉐마 שְׁמַע). **우리 하나님 여호와는**[께서는] **오직 하나인 여호와시니**[여호와께서는 우리 하나님이시며 여호와께서는 한 분이시니](NASB) **너는 마음을 다하고 성품**[영혼]**을 다하고 힘을 다하여 네 하나님 여호와를 사랑하라.**

원문에 '들으라'는 말로 시작되는 본절은 이스라엘 사람들이 성경에서 매우 중요한 구절로 여기는 구절이다. 예수께서도 본절의 내용을 모든 계명들 중에 첫 번째 계명이라고 말씀하셨다(마 22:37-38).

모세는 여호와 하나님께서 이스라엘의 하나님이시며 오직 한 분이시라고 증거한다. 이스라엘 백성은 여호와 하나님을 알고 믿고 섬기는 자들이었다. 여호와 하나님께서는 오늘 우리의 하나님이시며 온 세상에 유일하신 하나님이시다. 하나님께서는 세상에 여럿이 아니고 오직 한 분이시다. 그것은 십계명의 제1계명의 내용이다. "너는 나 외에는 다른 신들을 네게 있게 말지니라"(출 20:3). 이 세상에 하나님께서 오직 한 분이시라는 사실은 신약성경에도 밝히 증거된 진리이다. 디모데전서 2:5는 "하나님께서는 한 분이시요"라고 말했다. 이 세상에는 하나님께서 오직 한 분뿐이시다. 그가 여호와 하나님이시다. 그는 '스스로 계신 자'(출 3:14) 곧 영원자존하신 하나님이시다.

모세는 또 여호와 하나님께서 유일하신 하나님이시므로 이스라엘 백성은 그들의 마음을 다하고 그들의 성품을 다하고 그들의 힘을 다하여 그 하나님을 사랑해야 한다고 말했다. 이것은 당연한 귀결이다. 하나님께서 창조자이시며 사람은 그의 피조물이므로, 사람이 하나님을 사랑하고 섬기며 그의 명령에 순종하는 것은 너무나 당연한 일인 것이다. 그것은 사람의 첫 번째 의무이다.

우리는 마음을 다하여 하나님을 사랑해야 한다. 사람의 마음은 그 인격의 좌소이다. 잠언 23:7은 "그[사람의] 마음의 생각이 어떠하면 그 위인(爲人, 사람 됨)도 그러하다"고 말했다. 우리는 마음을 다하여, 즉 전심으로, 전인격적으로 하나님을 사랑해야 한다.

우리는 또한 성품을 다하여 하나님을 사랑해야 한다. '성품'이라는 원어(네페쉬 נֶפֶשׁ)는 '영혼' 혹은 '생명'이라는 뜻이다. 영혼은 육신의 생명이며 우리의 마음의 활동 즉 우리의 지식과 감정과 의지의 주체이다. 우리는 우리의 영혼을 다해서, 즉 우리의 지식과 감정과 의지를 다해서, 또 우리의 생명을 바쳐서 하나님을 사랑해야 한다.

우리는 또한 힘을 다하여 하나님을 사랑해야 한다. 사람은 무슨 일이든지 자기가 가치 있다고 생각하는 일을 위해 힘을 쓴다. 학생은 공부하는 일을 위해, 직장인은 직장에서 윗사람에게 인정받고 승진하기 위해, 정치가들은 나라와 백성과 대의(大義)를 위해 힘을 쓴다. 그러나 사람은 첫째로 하나님을 사랑하는 데 힘을 다해야 한다.

사람이 어떻게 사는 것이 하나님을 사랑하는 것인가? 그것은 그가 마음으로 하나님을 인정하고 경외하고 사모하며 그의 모든 명령들에 순종하는 것을 뜻한다. 그는 하나님께 예배드리기 위해 즐거이 시간을 쓰고 돈을 쓴다. 사람은 누구나 자기가 사랑하는 일이나 사랑하는 사람을 위해서는 시간과 돈을 아끼지 않는다. 마찬가지로, 하나님을 사랑하는 사람은 하나님을 위해 시간과 돈을 아끼지 않는다.

〔6-9절〕 오늘날 내가 네게 명하는 이 말씀을 너는 마음에 새기고 네 자녀에게 부지런히 가르치며(웨쉰난타 וְשִׁנַּנְתָּ[2])[날카롭게, 분명하게 가르치며](BDB) [네가] **집에 앉았을 때에든지** [네가] **길에 행할 때에든지** [네가] **누웠**

2) 히브리어 솨난 שָׁנַן은 '날카롭게 하다'(sharpen, whet)는 뜻이다.

을[누울] **때에든지** [네가] **일어날 때에든지 이 말씀을 강론할 것이며**(웨딥바르타 밤 וְדִבַּרְתָּ בָּם)[그것들에 관해 말할 것이며, 이야기할 것이며](KJV, NASB, NIV) **너는 또 그것을 네 손목에 매어 기호를 삼으며 네 미간에 붙여 표를 삼고 또 네 집 문설주와 바깥문에 기록할지니라**.

'오늘날 내가 네게 명하는 이 말씀'이란 십계명과 모든 율법이다. 모세는 이스라엘 백성이 이 말씀들을 마음에 새기라고 말한다. 우리는 하나님의 명령들을 잘 이해하고 마음에 새기고 기억하도록 힘써야 한다. 하나님의 명령을 지켜 행하려면 먼저 기억해야 한다.

모세는 특히 이 말씀을 자녀들에게 명확하게 가르치라고 말한다. 날카롭고 분명하게 가르치라는 말은 칼이 무딘 것처럼 애매모호하게 가르치지 말고 의와 불의, 선과 악을 명확하게 나누고, 분명하게 복을 약속하고 저주를 경고하면서 가르치라는 뜻이라고 본다.

또 모세는 이스라엘 백성이 집에 앉았을 때에든지 길에 행할 때에든지 누울 때에든지 일어날 때에든지 자녀들에게 하나님의 율법과 명령을 이야기하라고 교훈한다. 뿐만 아니라, 그들은 그 말씀을 그들의 손목에 매어 기호를 삼으며 그들의 미간에 붙여 표를 삼고 또 그들의 집의 문기둥들과 바깥문에 기록해야 하였다. 오늘날 말로 하면, 성경책을 늘 가지고 다니며 읽고 그 말씀을 늘 기억하고 그 말씀의 충만한 교훈 속에 살며 그 말씀을 실천하기를 힘쓰라는 것이다.

본문의 교훈을 정리해보자. 첫째로, 성경은 여호와 하나님께서 주신 명령이다. 여호와 하나님께서는 영원자존하신 하나님이시며 온 세상에 유일하시고 살아계신 참 하나님이시다. 그는 온 우주의 창조자요 섭리자이시며 우리에게 삶의 규칙을 주신 입법자요 명령자이시다. 그는 우리의 생사화복을 주관하시는 하나님, 만복의 근원이신 하나님, 우리의 삶과 죽음, 복과 재앙을 주장하시는 하나님이시다. 하나님께서는 선지자들과 사도들을 통해 성경을 주셨다. 성경은 바로 그가 주신 명령이다.

우리는 성경이 하나님께서 주신 가장 귀한 책임을 바로 알고 그 책을 사랑하고 힘써 읽고 듣고 배우고 복습하고 연구하고 묵상해야 한다.

둘째로, 하나님의 명령은 우리의 생활규범이다. 하나님께서는 모세의 율법을 이스라엘 백성이 가나안 땅에 들어가서 행할 생활규범으로 주셨다. 그 명령들은 추상적 내용이 아니고 그들의 실생활의 규칙들이었고 그들이 평생에 지켜야 할 내용이었다. 그 첫 번째 내용은 그들이 하나님을 경외하고 그 명령을 마음에 새기고 그들의 마음을 다하고 그들의 영혼을 다하고 그들의 힘을 다하여 그를 사랑하라는 것이다. 또 그들은 그 명령을 듣고 잊어버리지 말고 마음에 새기고 마음 속에 기억해야 했고 그것을 다 지키고 행해야 했다. 또 그들은 그것들을 그들의 자녀들에게도 날카롭게, 분명하게, 부지런히 가르쳐야 한다. 우리는 우리의 사는 현실 속에서 우리 자녀들에게 하나님의 명령에 관해 이야기하여야 한다. 우리 자신의 신앙훈련이 일차적인 의무이지만, 또한 우리 자녀들과 그 자녀들의 자녀들의 신앙훈련도 하나님께서 명령하신 매우 중요한 의무이다. 우리는 하나님의 명령들을 오늘 현실 속에서 지키고 행해야 한다. 성경은 우리의 신앙과 행위의 정확무오한 규칙이다.

셋째로, 하나님의 명령 순종에는 그의 복된 약속이 있다. 하나님께서는 사람들이 그의 명령을 순종하도록 격려하시기 위해서 그의 명령에 복된 약속을 덧붙여 놓으셨다. 본문 3절에는 "이스라엘아, 듣고 삼가 그것을 행하라. 그리하면 네가 복을 얻고 네 열조의 하나님 여호와께서 네게 허락하심같이 젖과 꿀이 흐르는 땅에서 너의 수효가 심히 번성하리라"고 말했다. 율법에 나타나 있는 복과 재앙의 진리는 어느 시대에나 언제나 변함이 없는 진리이다. 물론, 우리는 그 진리에 의해 구원의 복을 얻을 수 없었다. 예수 그리스도께서 우리를 위해 의를 이루셨고 우리는 그를 믿음으로 구원과 영생을 얻었다. 우리의 의는 이것뿐, 예수님의 피밖에 없다. 그러나 사람이 하나님의 복을 기대하려면, 그는 먼저 그의 모든 명령을 힘써 순종해야 하고, 죄악된 일을 떠나야 한다.

10-25절, 하나님을 잊지 말고 시험하지 말라

〔10-13절〕 네 하나님 여호와께서 네 열조 아브라함과 이삭과 야곱을 향하여 네게 주리라 맹세하신 땅으로 너로 들어가게 하시고 네가 건축하지 아니한 크고 아름다운 성읍을 얻게 하시며 네가 채우지 아니한 아름다운 물건이 가득한 집을 얻게 하시며 네가 파지 아니한 우물을 얻게 하시며 네가 심지 아니한 포도원과 감람나무를 얻게 하사 너로 배불리 먹게 하실 때에 너는 조심하여 너를 애굽 땅 종 되었던 집에서 인도하여 내신 여호와를 잊지 말고 네 하나님 여호와를 경외하며 섬기며 그 이름으로 맹세할 것이니라.

모세는 얼마 후 이스라엘 백성이 하나님께서 약속하신 가나안 땅에 들어가 하나님께서 주실 크고 아름다운 성읍들과 아름다운 물건이 가득한 집들과 우물들과 포도원들과 감람나무들을 얻고 배불리 먹게 될 때에 대비하여 교훈을 준다. 그런 좋은 환경은 분명히 하나님께서 주시는 것이다. 그러나 그런 환경은 또한 이스라엘 백성에게 큰 시험이 될 것이다. 환경적 평안과 물질적 유여함은 그들로 마음의 해이함과 교만함을 가져와 결국 하나님을 잊어버리고 하나님의 계명들을 힘써 지키는 대신 그 계명을 떠나게 할 수 있다.

모세는 신명기 8:11-14에서도 본문과 비슷한 염려를 말하였다. “내가 오늘날 네게 명하는 여호와의 명령과 법도와 규례를 지키지 아니하고 네 하나님 여호와를 잊어버리게 되지 않도록 삼갈지어다. 네가 먹어서 배불리고 아름다운 집을 짓고 거하게 되며 또 네 우양이 번성하며 네 은금이 증식되며 네 소유가 다 풍부하게 될 때에 두렵건대 네 마음이 교만하여 네 하나님 여호와를 잊어버릴까 하노라.”

잠언 30장의 저자는 이런 점을 염두에 두고 기도의 제목을 아뢰었다. “내가 두 가지 일을 주께 구하였사오니 나의 죽기 전에 주시옵소서. 곧 허탄과 거짓말을 내게서 멀리 하옵시며 나로 가난하게도 마옵시고 부하게도 마옵시고 오직 필요한 양식으로 내게 먹이시옵소서. 혹 내가 배불러서 하나님을 모른다, 여호와가 누구냐 할까 하오며 혹

내가 가난하여 도적질하고 내 하나님의 이름을 욕되게 할까 두려워 함이니이다"(잠 30:7-9).

모세는 이스라엘 백성이 그런 환경에서 조심하여 그들을 애굽 땅 종 되었던 집에서 인도하여 내신 여호와를 잊지 말고 그들의 하나님 여호와를 경외하며 섬기며 그 이름으로 맹세하라고 교훈한다. 우리는 과거에 우리의 어려웠던 처지와 현재에 하나님의 은혜로 누리는 평안과 유여함을 비교하며 하나님의 은혜를 잊지 말고 항상 감사하고 겸손하게 처신해야 한다. 우리는 하나님을 경외하고 섬기며 그의 이름으로 맹세해야 한다. '하나님의 이름으로 맹세한다'는 말은 하나님 앞에서 사는 것, 즉 하나님을 인정하고 하나님을 경외하고 하나님을 의지하고 하나님 앞에서 진실하게 말하고 행동하는 것을 말한다. 우리는 하나님을 잊지 말아야 한다.

〔14-19절〕 너희는 다른 신들 곧 네 사면에 있는 백성의 신들을 좇지 말라. 너희 중에 계신 너희 하나님 여호와는[께서는] **질투하시는 하나님이신즉 너희 하나님 여호와께서 네게 진노하사 너를 지면에서 멸절시키실까 두려워하노라. 너희가 맛사에서 시험한 것같이 너희의 하나님 여호와를 시험하지 말고 너희의 하나님 여호와께서 너희에게 명하신 명령과 증거하신 것과 규례를 삼가 지키며 여호와의 보시기에 정직하고 선량한**[선한] **일을 행하라. 그리하면 네가 복을 얻고**[잘되고](KJV, NASB, NIV) **여호와께서 네 열조에게 맹세하사 네 대적을 몰수히**[완전히] **네 앞에서 쫓아내리라 하신 아름다운 땅을 들어가서 얻으리니 여호와의 말씀과 같으리라.**

이스라엘 백성 주위에는 이방 종교를 가진 백성들이 있었다. 이방 종교의 영향은 여러 방면에서 느낄 수 있을 것이다. 이스라엘 백성이 여호와 하나님을 경외함을 순수하게 지키지 않는다면 언제든지 이방 종교의 영향을 받고 그것과 혼합될 수 있다. 이 세상은 여러 종교들과 인생관들과 가치관들을 가진 사람들이 함께 사는 곳이다. 우리는 이 세상에 사는 동안 하나님을 알지 못하고 이방신들을 섬기는 사람들 곁에서 살 수밖에 없다. 세상은 여전히 돈을 사랑하고 부도덕하고 음란한 세상이다. 그러나 우리는 이런 세상을 항상 조심해야 한다. 우리는 하나님의 계명을 어기고 이방신들을 섬기는 자리에 떨어져서는 안 된다. 하나님께서는 질투하는 하나님이시며, 죄에 대해 진노하시는 하나님이시다. 우상숭배자들에 대한 심판의 결과는 멸망이다.

이스라엘 백성이 맛사에서 하나님을 시험한 사건은 출애굽기 17장에 기록되어 있다. 이스라엘 백성은 르비딤에 도달했을 때 마실 물이 없었다. 백성들은 모세와 다투어 "우리에게 물을 주어 마시게 하라"고 말하면서 "당신이 어찌하여 우리를 애굽에서 인도하여 내어 우리와 우리 자녀와 우리 가축들로 목말라 죽게 하느냐?"고 하였다. 그때 하나님께서는 모세에게 호렙산 반석 위에 서서 반석을 쳐서 물을 나게 하라고 말씀하셨고 모세는 그대로 하여 이스라엘 백성으로 물을 마시게 했다. 그 곳을 맛사(מַסָּה)[시험]라고도 불렀다(출 17:1-7).

이스라엘 백성은 어려운 일이 있을 때 하나님을 신뢰하고 하나님의 인도하심을 구하며 기다릴 줄 모르고 불평하고 원망하고 지도자 모세를 대항하기를 잘하였다. 그것은 곧 하나님을 대항하고 대적한 행동이었다. 모세는 이제 그들이 가나안 땅에 들어가면 그렇게 하지 말라고 교훈한다. 그들은 어려운 일이 생기더라도 하나님을 시험하지 말아야 한다. 그들은 오직 하나님의 명령과 증거와 규례를 힘써 지켜야 한다. 그들은 정직하고 선한 일을 행해야 한다. 하나님의 모든 계명과 규례는 다 옳은 것이며 선한 것이다. 그들은 그것들을 지켜야 하며, 그러면 복을 얻으며 잘될 것이다.

〔20-25절〕 후일에 네 아들이 네게 묻기를 우리 하나님 여호와의 명하신 증거와 말씀과 규례와 법도가 무슨 뜻이뇨 하거든 너는 네 아들에게 이르기를[말하기를] **우리가 옛적에 애굽에서 바로의 종이 되었더니 여호와께서 권능의 손으로 우리를 애굽에서 인도하여 내셨나니 곧 여호와께서 우리의 목전에서**[앞에서] **크고 두려운 이적과 기사를 애굽과 바로와 그 온 집에 베푸시고 우리 열조에게 맹세하신 땅으로 우리에게 주어 들어가게 하시려고 우**

리를 거기서 인도하여 내시고 여호와께서 우리에게 이 모든 규례를 지키라 명하셨으니 이는 우리로 우리 하나님 여호와를 경외하여 항상 복을 누리게 하기 위하심이며 또 여호와께서 우리로 오늘날과 같이 생활하게[살게] **하려 하심이라. 우리가 그 명하신 대로 이 모든 명령을 우리 하나님 여호와 앞에서 삼가 지키면 그것이 곧 우리의 의로움이니라 할지니라.**

모세는 후일에 자녀들이 하나님의 증거와 말씀과 규례와 법도에 대해 물으면 애굽에서 종살이했던 일과 하나님께서 권능으로 그들을 구원하여 내신 일과 그가 이 모든 규례를 지키라고 명하신 일과 또 그것은 그들로 하나님을 경외하고 항상 복을 누리게 하심이며 하나님의 모든 명령을 지키는 것이 그들의 의로움이 됨을 말하라고 했다.

본문의 교훈을 정리해보자. 첫째로, 이스라엘 백성은 가나안 땅에 들어가 평안과 물질적 여유를 얻을 때 하나님을 잊지 않도록 조심해야 했다. 평안과 물질적 여유는 마음의 해이함과 교만에 떨어질 수 있다. 우리는 평안과 물질적 여유가 있을 때 하나님을 잊어버리지 말아야 한다.

둘째로, 이스라엘 백성은 맛사에서와 같이 하나님을 시험하지 말아야 했다. 이 세상은 광야와 같고 어려운 문제들이 언제나 오고 가지만, 우리는 어려운 일이 있을 때에 하나님을 의심하거나 불평 원망하거나 하나님을 시험하지 말고 하나님을 더욱 의지하고 기도해야 한다.

셋째로, 하나님의 계명은 옳은 것과 선한 것을 가르쳐주며, 우리가 그 모든 규례를 지킬 때 그것이 우리의 의로움이 된다. 물론, 신약 성도들은 율법을 행함으로 의롭다 하심을 얻은 것이 아니고 예수 그리스도를 믿음으로 의롭다 하심을 얻었다(롬 3:20-24; 갈 2:16). 그러나 예수님 믿고 구원 얻은 우리는 모든 죄를 멀리하고 하나님의 모든 계명을 행해야 하며 하나님의 계명대로 의롭고 선하고 진실하게 살아야 한다. 또 우리가 의와 선을 행할 때, 우리는 평안과 복을 기대할 수 있다. 이것은 율법의 중요한 내용이며 성경의 기본 진리이다. 의는 복을 가져오고 죄는 화를 가져온다(시 1:6). 악인에게는 평안이 없다(사 48:22; 57:21).

7장: 가나안 일곱 족속들을 다 멸하라

〔1-5절〕 네 하나님 여호와께서 너를 인도하사 네가 가서 얻을 땅으로 들이시고 네 앞에서 여러 민족 헷 족속과 기르가스 족속과 아모리 족속과 가나안 족속과 브리스 족속과 히위 족속과 여부스 족속 곧 너보다 많고 힘이 있는 일곱 족속을 쫓아내실 때에 네 하나님 여호와께서 그들을 네게 붙여 너로 치게 하시리니 그때에 너는 그들을 진멸할[완전히 멸할] **것이라. 그들과 무슨 언약도 말 것이요 그들을 불쌍히 여기지도 말 것이며 또 그들과 혼인하지 말지니 네 딸을 그 아들에게 주지 말 것이요 그 딸로 네 며느리를 삼지 말 것은 그가 네 아들을 유혹하여 그로 여호와를**[나를] **떠나고 다른 신들을 섬기게 하므로 여호와께서 너희에게 진노하사 갑자기 너희를 멸하실 것임이니라. 오직 너희가 그들에게 행할 것은 이러하니 그들의 단을 헐며 주상을 깨뜨리며 아세라 목상을 찍으며 조각한 우상들을 불사를 것이니라.**

모세는 이스라엘 백성에게 가나안의 일곱 족속들을 완전히 멸하라고 말했다. 출애굽기 23:23-24에 보면, 하나님께서는, "나의 사자가 네 앞서 가서 너를 아모리 사람과 헷 사람과 브리스 사람과 가나안 사람과 히위 사람과 여부스 사람에게로 인도하고 나는 그들을 끊으리니 너는 그들의 신을 숭배하지 말며 섬기지 말며 그들의 소위를 본받지 말고 그것들을 다 훼파하며 그 주상을 타파하라"고 말씀하셨다. 가나안 땅의 일곱 족속들은 이스라엘보다 수가 많고 힘있는 족속들이었다. 그러나 하나님께서 그들을 쫓아내시며 그들을 이스라엘의 손에 붙이실 것이며, 이스라엘 백성은 그들을 완전히 멸해야 했다.

모세는 특히 이스라엘 백성이 가나안 땅의 일곱 족속들과 언약을 맺지 말고 불쌍히 여기지 말고 혼인하지 말라고 명하였다. 그는 이방인과 혼인하는 자는 시험을 받아 믿음을 잃게 되고 다른 신을 섬기게 되고 하나님의 진노를 일으켜 결국 멸망하게 될 것이라고 경고하였다. 그는 또 그러므로 그들의 단들을 헐고 주상(柱像)들과 목상들과 우상들을 깨뜨리고 찍고 불사르라고 명하였다.

〔6-8절〕 [이는] **너는 여호와 네 하나님의 성민(聖民)**[거룩한 백성]**이라. 네 하나님 여호와께서 지상 만민 중에서 너를 자기 기업의 백성으로 택하셨나니**[택하셨음이니] **여호와께서 너희를 기뻐하시고 너희를 택하심은 너희가 다른 민족보다 수효가 많은 연고가 아니라. 너희는 모든 민족 중에 가장 적으니라. 여호와께서 다만 너희를 사랑하심을 인하여, 또는 너희 열조에게 하신 맹세를 지키려 하심을 인하여 자기의 권능의 손으로 너희를 인도하여 내시되 너희를 그 종 되었던 집에서 애굽 왕 바로의 손에서 속량하셨나니.**

모세는 또 이스라엘 백성이 가나안 땅의 일곱 족속들의 제단들과 우상들을 제거해야 할 이유는 하나님께서 이스라엘 백성을 만민 중에서 자기 기업으로 택하시고 거룩하게 구별하셨으므로 그들이 이방인들처럼 우상숭배를 하지 말고 참 하나님을 섬겨야 하기 때문이고, 또 이스라엘 백성이 하나님의 성민(聖民), 곧 거룩한 백성이 된 까닭은 오직 하나님의 사랑 때문에 또 하나님께서 그들의 조상 아브라함과 이삭과 야곱에게 하신 맹세를 지키려 하심 때문이라고 말했다.

〔9-11절〕 **그런즉 너는 알라. 오직 네 하나님 여호와는**[께서는] **하나님이시요 신실하신 하나님이시라. 그를 사랑하고 그 계명을 지키는 자에게는 천대까지 그 언약을 이행하시며 인애**[자비]**를 베푸시되 그를 미워하는 자에게는 당장에**(엘-파나우 אֶל־פָּנָיו)[그 얼굴에, 그 앞에](KJV, NASB, NIV) **보응하여 멸하시나니 여호와는**[께서는] **자기를 미워하는 자에게 지체하지 아니하시고 당장에**[그 앞에] **그에게 보응하시느니라. 그런즉 너는 오늘날 내가 네게 명하는 명령과 규례와 법도를 지켜 행할지니라.**

모세는 이제 이스라엘 자손들에게 중요한 교훈을 준다. 그것은 그들이 자신들이 섬기는 여호와 하나님께서 참 하나님이시며 신실하신 하나님이심을 알아야 한다는 것과, 또 그가 신실하신 하나님이시기 때문에 그를 사랑하고 그의 계명들을 지키는 자들에게는 수천대까지 자비를 베푸시지만, 그를 미워하고 그의 계명을 어기며 악을 행하는 자들에게는 그 앞에 공의로 보응하실 것이며 따라서 이스라엘 백성은 하나님의 명령과 규례와 법도를 다 지키고 행해야 한다는 것이다.

〔12-16절〕 너희가 이 모든 법도를 듣고 지켜 행하면 네 하나님 여호와께서 네 열조에게 맹세하신 언약을 지켜 네게 인애[자비]**를 베푸실 것이라. 곧 너를 사랑하시고 복을 주사 너로 번성케 하시되 네게 주리라고 네 열조에게 맹세하신 땅에서 네 소생에게 은혜를 베푸시며 네 토지 소산과 곡식과 포도주와 기름을 풍성케 하시고 네 소와 양을 번식케 하시리니 네가 복을 받음이 만민보다 우승하여 너희 중의 남녀와 너희 짐승의 암수에 생육하지 못함이 없을 것이며 여호와께서 또 모든 질병을 네게서 멀리하사 너희가 아는 바 그 애굽의 악질이 네게 임하지 않게 하시고 너를 미워하는 모든 자에게 임하게 하실 것이라. 네 하나님 여호와께서 네게 붙이신 모든 민족을 네 눈이 긍휼히 보지 말고 진멸하고 그 신을 섬기지 말라. 그것이 네게 올무가 되리라.**

모세는 또 하나님께서 그의 계명을 순종하는 자들에게 약속하신 복에 대해서도 말했다. 그것은 번성의 복과 건강의 복이다. 하나님께서는 그의 계명을 순종하는 자들에게는 그 자손들과 토지 소산들과 기르는 가축들이 번성하게 하실 것이다. 또 그들은 질병으로 고통을 당하지 않을 것이다. 애굽의 악한 질병들의 하나도 그들에게 임하지 않을 것이다. 그러므로 이스라엘 백성은 가나안 일곱 족속들을 긍휼히 여기지 말고 다 멸해야 하고 그 신들을 섬기지 말아야 하였다.

〔17-21절〕 네가 혹시 심중에 이르기를 이 민족들이 나보다 많으니 내가 어찌 그를 쫓아낼 수 있으리요 하리라마는 그들을 두려워 말고 네 하나님 여호와께서 바로와 온 애굽에 행하신 것을 잘 기억하되 네 하나님 여호와께서 너를 인도하여 내실 때에 네가 목도한[눈으로 본] **큰 시험과 이적과 기사와 강한 손과 편 팔을 기억하라. 그와 같이 네 하나님 여호와께서 네가 두려워하는 모든 민족에게 행하실 것이요 네 하나님 여호와께서 또 왕벌을 그들 중에 보내어 그들의 남은 자와 너를 피하여 숨은 자를 멸하시리니 너는 그들을 두려워 말라.** [이는] **너희 하나님 여호와 곧 크고 두려운 하나님이**[께서] **너희 중에 계심이니라.**

모세는 또 이스라엘 백성에게 가나안 땅의 일곱 족속들을 두려워하지 말라고 교훈하였다. 비록 그들이 이스라엘 백성에게 매우 두려운 존재들이었지만, 이스라엘 백성은 큰 기적과 능력으로 애굽에서 그들을 이끌어내셨던 하나님을 기억하고 두려워하지 말아야 했다. 여호와 하나님께서는 애굽에 하셨던 것과 똑같이 가나안 땅의 일곱 족속들에게 행하실 것이다. 그는 그들에게 '왕벌'을 보내실 것이다. '왕벌'은 하나님께서 내리시는 두려운 재앙들을 상징한 것 같다. 참으로 크고 두려우신 하나님께서 이스라엘 백성 가운데 계시므로, 그들은 가나안 일곱 족속들을 조금도 두려워할 필요가 없다는 것이다.

〔22-26절〕 네 하나님 여호와께서 이 민족들을 네 앞에서 점점[조금씩] **쫓아내시리니 너는 그들을 급히 멸하지 말라. 두렵건대 들짐승이 번성하여 너를 해할까 하노라. 네 하나님 여호와께서 그들을 네게 붙이시고 그들을 크게 요란케 하여 필경은 진멸하시고 그들의 왕들을 네 손에 붙이시리니 너는 그 이름을 천하에서 제하여 버리라. 너를 당할 자가 없이 네가 필경은 그들을 진멸하리라. 너는 그들의 조각한 신상들을 불사르고 그것에 입힌 은이나 금을 탐내지 말며 취하지 말라. 두렵건대 네가 그것으로 인하여 올무에 들까 하노니 이는 네 하나님 여호와의 가증히 여기시는 것임이니라. 너는 가증한 것을 네 집에 들이지 말라. 너도 그와 같이 진멸 당할 것이 될까 하노라. 너는 그것을 극히 꺼리며 심히 미워하라. 그것은 진멸 당할 것임이니라.**

하나님께서는 가나안 땅의 일곱 족속들을 이스라엘 백성의 손에 붙이실 것이다. 이스라엘 백성은 그들을 조금씩 쫓아낼지라도 마침내 그들을 완전히 멸망시킬 수 있다. 그들은 오직 이방인들의 우상들과 가증한 것들을 다 불사르고 멸해야 하고 그것들의 금이라도 탐하지 말아야 한다. 그것들이 올무가 될 것이기 때문이다. 그들은 가증한 것들을 집에 들이지 말고 극히 꺼리며 심히 미워해야 한다. 그렇지 않으면 그들도 진멸(殄滅)당할 수 있음을 알아야 한다.

본장의 교훈을 정리해보자. 첫째로, 하나님께서는 우상숭배적이고 음란한 가나안 땅의 일곱 족속들을 심판하시고 다 멸망시키시고, 경건하고 거룩한 나라를 그 땅에 세우기를 원하셨다. 그는 이스라엘 백성이 살아계시고 참되신 하나님, 유일하신 여호와 하나님을 알고 경외하고 섬기며 그의 계명들을 지키고 행하는 나라가 되기를 원하셨다. 그러므로 이스라엘 백성은 가나안 일곱 족속들로 인해 부패되지 않도록 그들과 언약을 맺지 말아야 했고 그들이 불쌍하다고 살려두지 말아야 했고 특히 그들과 혼인하지도 말아야 했다. 그러나 이스라엘 백성은 하나님의 그 뜻에 미치지 못했다. 이스라엘 나라의 역사는 죄와 실패의 역사이었다. 하나님의 뜻은 그 나라의 역사에서 다 이루어지지 않았다.

이제 주 예수 그리스도의 오심으로 하나님의 한 나라가 시작되었다. 그것이 신약교회이다. 신약교회는 흠과 점이 없는 거룩하고 영광스러운 교회가 되도록 작정되었다(엡 5:26-27). 예수 그리스도께서는 십자가 대속(代贖) 사역으로 그 일을 이루셨고(요 19:30; 롬 10:4) 거룩한 나라를 세우셨다. 물론 지상 교회는 불완전하다. 그러나 신약성도들은 그리스도의 대속으로 이미 법적으로 거룩케 되었고 완전케 되었다(히 10:10, 14). 그러므로 신약교회와 성도들은 이 거룩함과 완전함을 지켜야 하고 오직 성경말씀대로 살아야 한다. 우리는 이방인들의 우상숭배를 버리고 오직 하나님만 섬기며 성경 교훈들만 믿고 지키고 행해야 한다.

둘째로, 우리는 세상을 두려워하지 말아야 한다. 우리는 특히 주의 명하신 전도와 교회 건립의 일을 행하려 할 때 거대한 이 세상을 두려워해서는 안 된다. 세계복음화는 하나님의 뜻이다. 그것은 사람들의 힘으로 이루어지지 않고, 오직 예수 그리스도의 복음과 성령의 능력으로 이루어질 것이다. 우리는 세상을 두려워하지 말고, 오직 크시고 참으로 두려우신 하나님만 두려워하며 그의 모든 명령을 담대히 행해야 한다.

셋째로, 하나님께서는 그의 백성의 성경말씀 순종에 대해 건강의 복, 자녀의 복, 물질적 복을 약속하셨다. 우리가 장차 들어갈 천국은 질병이나 가난이나 눈물이나 고통이 없는 곳이다. 그러나 우리가 이 세상에서 하나님의 말씀대로 바르고 선하고 진실하게 살 때 우리는 세상에서도 건강의 복, 자녀의 복, 물질적 복을 기대하며 누릴 수 있을 것이다.

8장: 광야 생활의 교훈

〔1절〕 내가 오늘날 명하는 모든 명령을 너희는 지켜 행하라. 그리하면 너희가 살고 번성하고 여호와께서 너희의 열조에게 맹세하신 땅에 들어가서 그것을 얻으리라.

모세가 강조하는 바는 하나님의 모든 명령을 지켜 행하라는 것이었다. 그러할 때 이스라엘 백성은 살고 번성하고 가나안 땅에 들어가 그 땅을 기업으로 얻을 것이다. 하나님의 뜻은 우리의 행위 즉 우리의 삶에 관한 것이다. 사람의 죄는 마음에서 시작되었을지라도 결국 행위의 문제이며 생활의 문제이다. 하나님께서는 우리가 하나님을 경외하고 그의 계명대로 순종하여 거룩하고 선하게 살기를 원하시는 것이다. 우리가 그렇게 살 때 우리는 복을 얻을 것이다.

〔2절〕 네 하나님 여호와께서 이 40년 동안에 너로 광야의 길을 걷게 하신 것을 기억하라. 이는 너를 낮추시며 너를 시험하사 네 마음이 어떠한지 그 명령을 지키는지 아니 지키는지 알려 하심이라.

하나님께서 이스라엘 백성에게 광야 40년의 삶을 살게 하신 것은 그들의 죄 때문에 내린 징벌이었지만 또한 그들을 낮추시고(2, 3, 16절) 시험하셔서 그들의 마음이 어떠한지, 하나님의 명령을 지키는지, 안 지키는지 알려 하심이었다. 이스라엘 백성은 그 시험에서 자신의 심히 부패함과 무능력함을 드러내었다. 이스라엘 백성의 광야 40년의 역사는 사람의 전적 부패성과 무능력을 증거한 역사이었다.

〔3절〕 너를 낮추시며 너로 주리게 하시며 또 너도 알지 못하며 네 열조도 알지 못하던 만나를 네게 먹이신 것은 사람이 떡으로만 사는 것이 아니요 여호와의 입에서 나오는 모든 말씀으로 사는 줄을 너로 알게 하려 하심이니라.

하나님께서는 광야에서 이스라엘 백성에게 날마다 일용할 양식으로 만나를 내려주셨다. 그것은 그들이 단지 떡으로 사는 것이 아니고 하나님의 입에서 나오는 모든 말씀으로 사는 것을 알게 하려 하심이었다. 하나님께서 주심으로 그 많은 백성이 일용할 양식을 얻었던 것이다. 그러므로 그들이 의지해야 할 것은 단순히 떡이 아니고 일용할 양식을 주시는 하나님이다. 사람은 하나님을 의지하며 살아야 한다.

〔4절〕 이 40년 동안에 네 의복이 해어지지 아니하였고 네 발이 부릍지 아니하였느니라.

하나님께서는 40년 동안 이스라엘 백성의 의복도 해어지지 않게 하셨고 그들의 발도 부릍지 않게 하셨다. 그는 그들의 의식주의 필요를 주셨고 그들의 건강까지도 주관하시고 지켜주셨다.

〔5-6절〕 너는 사람이 그 아들을 징계함같이 네 하나님 여호와께서 너를 징계하시는 줄 마음에 생각하고 네 하나님 여호와의 명령을 지켜 그 도를 행하며 그를 경외할지니라.

하나님께서는 부모가 자녀를 징계하듯이 이스라엘 백성을 징계하셨다. 그러므로 이스라엘 백성은 자녀가 부모를 공경하듯이 하나님을 경외하고 그의 명령을 지켜 행해야 했다. 하나님께서는 오늘날도 우리가 범죄하는 경우에 징계하신다. 그러나 우리는 그럼에도 불구하고 하나님을 더욱 경외하고 그의 명령을 지켜 행해야 한다.

〔7-10절〕 네 하나님 여호와께서 너로 아름다운 땅[좋은 땅]**에 이르게 하시나니 그 곳은 골짜기에든지 산지에든지 시내와 분천(噴泉)과 샘이 흐르고 밀과 보리의 소산지요 포도와 무화과와 석류와 감람들의 나무와 꿀의 소산지라. 너의 먹는 식물의 결핍함이 없고 네게 아무 부족함이 없는 땅이며 그 땅의 돌은 철이요 산에서는 동을 캘 것이라. 네가 먹어서 배불리고 네 하나님 여호와께서 옥토**[좋은 땅]**로 네게 주셨음을 인하여 그를 찬송하리라.**

하나님께서 이스라엘 백성을 위해 예비하신 땅은 '좋은 땅'(에레츠 토바 אֶרֶץ טוֹבָה)이었다. 골짜기나 산지나 시냇물과 샘이 있어 물이 많고 밀과 보리 등의 곡식을 재배할 수 있고 포도, 무화과, 석류, 감람 등의 열매가 풍성하고 꿀도 있고 또 철과 동이 있는 땅이었다. 가나안 땅은 모든 면에서 부족함이 없는 좋은 땅이었다.

〔11-16절〕 내가 오늘날 네게 명하는 여호와의 명령과 법도와 규례를 지키지 아니하고 네 하나님 여호와를 잊어버리게 되지 않도록 삼갈지어다. 네가 먹어서 배불리고 아름다운 집을 짓고 거하게 되며 또 네 우양이 번성하며 네 은금이 증식되며 네 소유가 다 풍부하게 될 때에 두렵건대 네 마음이 교만하여 네 하나님 여호와를 잊어버릴까 하노라. 여호와는[께서는] **너를 애굽 땅 종 되었던 집에서 이끌어내시고 너를 인도하여 그 광대하고 위험한 광야 곧 불뱀과 전갈이 있고 물이 없는 간조**[건조]**한 땅을 지나게 하셨으며 또 너를 위하여 물을 굳은 반석에서 내셨으며 네 열조도 알지 못하던 만나를 광야에서 네게 먹이셨나니 이는 다 너를 낮추시며 너를 시험하사 마침내 네게 복을 주려 하심이었느니라.**

사람은 가난하고 어렵다가 배부르고 평안하고 부유하게 되면 마음이 교만해지고 하나님을 잊어버리기 쉬움을 조심해야 한다. 하나님께서 이스라엘 백성을 애굽의 종 되었던 상태에서 건져내어 그 광대하고 위험한 광야, 불뱀과 전갈이 있고 물이 없는 땅을 통과하게 하시고 반석에서 물을 내시고 만나를 일용할 양식으로 내려주신 것은 그들을 낮추시는 겸손 훈련의 과정이었고 마침내 그들에게 복을 주려 하심이었다. 이스라엘 백성은 그것을 감사해야 한다.

〔17-18절〕 또 두렵건대 네가 마음에 이르기를[말하기를] **내 능과 내 손의 힘으로 내가 이 재물을 얻었다 할까 하노라. 네 하나님 여호와를 기억하라. 그가 네게 재물 얻을 능을 주셨음이라.** 이같이 하심은 **네 열조에게 맹세하신 언약을 오늘과 같이 이루려 하심이니라.**

사람은 재물의 여유를 가질 때 자기의 힘으로 얻은 것처럼 생각하기 쉽다. 모세는 그들이 그런 마음을 갖지 않도록 경계시켰다. 그들이 그 땅의 좋은 것을 얻는 것은 하나님의 은혜와 언약 때문이다.

〔19-20절〕 네가 만일 네 하나님 여호와를 잊어버리고 다른 신들을 좇아 그들을 섬기며 그들에게 절하면 내가 너희에게 증거하노니 너희가 정녕히 멸망할 것이라. 여호와께서 너희의 앞에서 멸망시키신 민족들같이 너희도

멸망하리니 이는 너희가 너희 하나님 여호와의 소리를 청종치 아니함이니라.

모세는 또 엄숙하게 경고하였다. 만일 이스라엘 백성이 하나님을 잊어버리고 다른 신을 좇아 섬기면 반드시 멸망할 것이다. 하나님께서 멸망시키신 가나안 족속들처럼 그들은 반드시 멸망할 것이다.

본장의 교훈을 정리해보자. 첫째로, 이스라엘 백성은 애굽에서의 종살이와 40년 광야 생활의 어려웠던 때를 기억해야 했다. 하나님께서는 그들을 큰 능력으로 건져주셨고 또 지켜주셨고 인도해주셨다. 그는 그들에게 반석에서 물을 내어주셨고 날마다 만나를 일용할 양식으로 주셨다. 그들은 광야 40년의 날들을 잊어버려서는 안 된다. 우리는 과거에 죄 가운데서 어려웠던 때를 기억해야 한다. 우리는 하나님께서 우리를 과거에 어떤 상태에서 부르셨고 우리로 회개하고 예수님 믿게 하셨고 새 삶을 살게 하셨고 또 많은 은혜와 복을 주셨는지를 기억해야 한다.

둘째로, 사람은 물질적 여유를 얻고 환경적 평안을 누릴 때 마음이 교만하기 쉽고 하나님을 잊어버리기 쉽다. 사람이 몸이 아프거나 물질적 궁핍이 있거나 환경적 어려움이 있거나 가정적 문제가 있을 때 하나님의 도움의 필요를 알고 그를 찾지만, 모든 것이 다 안정되었을 때는 하나님 없이 잘 살 수 있다고 생각한다. 그러므로 평안할 때가 더 위험하다. 우리는 평안할 때 마음이 교만해 하나님을 잊지 않도록 조심해야 한다. 성도들은 평안할 때에 하나님을 잊지 않도록 조심해야 한다.

셋째로, 사람은 하나님을 떠나고 범죄하면 멸망할 것이다. 하나님을 떠나 죄 가운데 살면 망한다는 것은 예나 지금이나 변함 없는 진리이다. 구원은 죄로부터의 구원이다. 구원 얻은 자마다 하나님을 섬기며 죄를 떠나야 한다. 예수님 믿는다고 하면서 죄 가운데 살면 멸망할 줄 알아야 한다. 구원은 변화된 삶으로 나타나야 한다. 죄를 지으면서 구원은 받아 놓았다는 식의 구원은 없다. 누구든지 하나님을 떠나면 그는 영원히 멸망할 것이다. 우리는 모든 죄를 버리고 의와 선을 행해야 한다.

9장: 이스라엘의 실패를 기억하라

〔1-3절〕 이스라엘아, 들으라. 네가 오늘 요단을 건너 너보다 강대한[더 크고 더 강한](KJV, NASB, NIV) **나라들로 들어가서 그것을 얻으리니 그 성읍들은 크고 성벽은 하늘에 닿았으며 그 백성은 네가 아는 바 장대한 아낙 자손이라. 그에게 대한 말을 네가 들었나니 이르기를**[말하기를] **누가 아낙 자손을 능히 당하리요 하거니와 오늘날 너는 알라. 네 하나님 여호와께서 맹렬한 불과 같이 네 앞에 나아가신즉 여호와께서 그들을 파하사 네 앞에 엎드러지게 하시리니 여호와께서 네게 말씀하신 것같이 너는 그들을 쫓아내며 속히 멸할 것이라.**

이스라엘 백성이 요단강을 건너 정복할 나라들은 자기들보다 더 크고 더 강한 나라들이며 그 성읍들은 크고 그 성벽들은 하늘에 닿을 정도이었고 그들은 체구와 키가 큰 아낙 자손들이었다. 아낙 자손들을 이길 자가 없겠으나, 하나님께서는 맹렬한 불과 같이 앞서 행하시며 그들을 이스라엘 앞에서 파하실 것이다. 이스라엘 백성은 그들을 쫓아내며 속히 멸망시킬 것이다. 이스라엘 백성의 가나안 땅 정복은 전적으로 하나님의 능력의 도우심으로 이루어질 것이다.

〔4-5절〕 네 하나님 여호와께서 그들을 네 앞에서 쫓아내신 후에 네가 심중에 이르기를[말하기를] **나의 의로움을 인하여 여호와께서 나를 이 땅으로 인도하여 들여서 그것을 얻게 하셨다 하지 말라. 실상은 이 민족들이 악함을 인하여 여호와께서 그들을 네 앞에서 쫓아내심이니라. 네가 가서 그 땅을 얻음은 너의 의로움을 인함도 아니며 네 마음이 정직함을 인함도 아니요 이 민족들의 악함을 인하여 네 하나님 여호와께서 그들을 네 앞에서 쫓아내심이라. 여호와께서** 이같이 하심은 **네 열조 아브라함과 이삭과 야곱에게 하신 맹세를 이루려 하심이니라.**

모세는 이스라엘 백성이 가나안 땅을 정복하는 것이 그들의 의로움 때문이 아니고 단지 가나안 땅 원주민들의 악함 때문임을 두 번이나 반복해 강조하였다(4, 5절). 또 그것은 하나님께서 그들의 조상들,

아브라함과 이삭과 야곱에게 하신 맹세를 이루려 하심이었다.

〔6-8절〕 **그러므로 네가 알 것은 네 하나님 여호와께서 네게 이 아름다운 땅**[좋은 땅]**을 기업으로 주신 것이 네 의로움을 인함이 아니니라. 너는 목이 곧은 백성이니라. 너는 광야에서 네 하나님 여호와를 격노케 하던 일을 잊지 말고 기억하라. 네가 애굽 땅에서 나오던 날부터 이 곳에 이르기까지 늘 여호와를 거역하였으되**(마므림 헤이셈 מַמְרִים הֱיִיתֶם)[거역함을 계속 드러내었으되] **호렙**산**에서 너희가 여호와를 격노케 하였으므로 여호와께서 진노하사 너희를 멸하려 하셨느니라.**

하나님께서 좋은 땅 가나안을 이스라엘에게 주시는 까닭은 그들의 의로움 때문이 아니었다. 그들은 목이 곧은 백성(6, 13절) 즉 교만하고 완고한 백성이었다. 모세는 그들이 광야에서 범죄함으로 하나님을 노하게 했던 일들을 잊지 말고 기억하라고 교훈한다. 그는 이스라엘 백성이 애굽 땅에서 나오던 날부터 이 곳에 이르기까지 늘 여호와를 거역하였음을 상기시킨다(7, 24절).

〔9-21절〕 **그때에 내가 돌판들 곧 여호와께서 너희와 세우신 언약의 돌판들을 받으려고 산에 올라가서 40주야를 산에 거하며 떡도 먹지 아니하고 물도 마시지 아니하였더니 여호와께서 두 돌판을 내게 주셨나니 그 판의 글은 하나님이 친수(親手)로**[하나님께서 손으로 직접] **기록하신 것이요 너희 총회 날에 여호와께서 산상 불 가운데서 너희에게 이르신**[주신] **모든 말씀이니라**(신 5:4-5, 22-24; 10:4). **40주야가 지난 후에 여호와께서 내게 돌판 곧 언약의 두 돌판을 주시고 내게 이르시되**[말씀하시되] **일어나 여기서 속히 내려가라. 네가 애굽에서 인도하여 낸 내 백성이 스스로 부패하여 내가 그들에게 명한 도를 속히 떠나 자기를 위하여 우상을 부어만들었느니라. 여호와께서 또 내게 일러 가라사대**[말씀하시기를] **내가 이 백성을 보았노라. 보라, 이는 목이 곧은 백성이니라. 나를 막지 말라. 내가 그들을 멸하여 그 이름을 천하에서 도말하고 너로 그들보다 강대한 나라가 되게 하리라 하시기로 내가 돌이켜 산에서 내려오는데 산에는 불이 붙었고 언약의 두 돌판은 내** [두](원문) **손에 있었느니라. 내가 본즉 너희가 너희 하나님 여호와께 범죄하여 자기를 위하여 송아지를 부어만들어서 급속히 여호와의 명하신 도를 떠났**

기로 내가 그 두 돌판을 내 두 손에서 들어 던져 너희의 목전에서[눈앞에서] **깨뜨렸었노라. 그리고 내가 전과 같이 40주야를 여호와 앞에 엎드려서 떡도 먹지 아니하고 물도 마시지 아니하였으니 이는 너희가 여호와의 목전에**[눈앞에서] **악을 행하여 그를 격노케 하여 크게 죄를 얻었음이라. 여호와께서 심히 분노하사 너희를 멸하려 하셨으므로 내가 두려워하였었노라. 그러나 여호와께서 그때에도 내 말을 들으셨고 여호와께서 또 아론에게 진노하사 그를 멸하려 하셨으므로 내가 그때에도 아론을 위하여 기도하고 너희의 죄 곧 너희의 만든 송아지를 취하여 불살라 찧고 티끌같이 가늘게 갈아 그 가루를 산에서 흘러내리는 시내에 뿌렸었느니라.**

모세는 호렙산에서 그들이 하나님을 진노케 한 일을 상기시킨다. 이스라엘 백성은 하나님의 명령을 속히 떠나(12, 16절) 우상을 만들었고 '목이 곧은'(KJV, NIV) 즉 '완고한'(NASB) 백성이었다. 이스라엘 백성은 급속히 여호와의 명을 떠났었다.

〔22-24절〕 너희가 다베라와 맛사와 기브롯 핫다아와에서도 여호와를 격노케 하였느니라. 여호와께서 너희를 가데스 바네아에서 떠나게 하실 때(정탐군 보냈을 때)**에 이르시기를**[말씀하시기를] **너희는 올라가서 내가 너희에게 준 땅을 얻으라 하시되 너희가 너희 하나님 여호와의 명령을 거역하여 믿지 아니하고 그 말씀을 듣지 아니하였나니 내가 너희를 알던 날부터 오므로 너희가 항상 여호와를 거역하였느니라**(마므림 헤이셈 מַמְרִים הֱיִיתֶם)[거역함을 계속 드러내었느니라].

이스라엘은 광야 40년 동안 다베라와 맛사와 기브롯 핫다아와, 그리고 가데스 바네아 등에서 하나님을 진노케 하였었다. 그들은 거역함을 계속 드러내었다. 본장에 강조된 세 가지는 첫째는 그들이 목이 곧았다는 것, 즉 교만하고 완고했다는 것, 둘째는 하나님을 항상 거역하였다는 것, 셋째는 하나님의 계명을 속히 떠났다는 것이다.

〔25-29절〕 그때에 여호와께서 너희를 멸하겠다 하셨으므로 내가 여전히 40주야를 여호와 앞에 엎드리고 여호와께 간구하여 가로되[말하되] **주 여호와**[시]**여, 주께서 큰 위엄으로 속(贖)하시고 강한 손으로 애굽에서 인도하여 내신 주**[님]**의 백성 곧 주**[님]**의 기업을 멸하지 마옵소서. 주**[님]**의 종**

아브라함과 이삭과 야곱을 생각하사 이 백성의 강퍅[완고]과 악과 죄를 보지 마옵소서. 주께서 우리를 인도하여 내신 그 땅 백성이 말하기를 여호와께서 그들에게 허락하신 땅으로 그들을 인도하여 들일 능력도 없고 그들을 미워도 하사 광야에서 죽이려고 인도하여 내셨다 할까 두려워하나이다. 그들은 주[님]의 큰 능력과 펴신 팔로 인도하여 내신 주[님]의 백성 곧 주[님]의 기업이로소이다 하였었노라.

모세는 하나님 앞에서 이스라엘 백성의 용서를 간구하였었다.

본장은 이스라엘 백성의 광야 생활의 실패의 역사를 잊지 말고 기억하라고 교훈하였다. 이스라엘 백성의 광야 생활의 특징은 세 가지이었다. 첫째로 그들은 목이 곧았다. 즉 그들은 교만하고 완고했다. 둘째로 그들은 하나님을 항상 거역하였다. 그들은 광야 40년 동안 계속 하나님을 거역하였다. 셋째로 그들은 하나님의 계명을 속히 떠났다.

이스라엘의 광야에서의 실패의 역사는 사람의 전적 부패성과 무능력을 잘 보여준다. 이스라엘 백성은 광야에서 뿐만 아니라, 가나안 땅에 들어간 후에도 실패의 역사를 보여주었다. 사사 시대가 그러했고 왕국 시대도 그러했다. 포로 귀환 후까지도 그러했다. 구약역사 전체가 그러했다. 우리는 말라기서에서도 이스라엘 백성의 불신실함을 본다(말 1:8, 13). 신약시대에도 이스라엘 백성은 마침내 메시아를 십자가에 못박아 죽였다. 이스라엘의 역사는 사람의 전적인 부패성과 무능력을 보이는 역사이었다. 성경은 사람의 전적 부패성과 무능력을 증거한다(렘 17:9; 13:23; 롬 8:7-8). 이것은 구원이 사람에게서 나오지 않고 하나님의 전적인 은혜라는 개혁주의(칼빈주의) 교리의 중요한 요소가 된다. 이스라엘 백성의 실패의 역사는 우리 모두에게 거울이 되고 교훈이 된다. 모든 사람은 목이 곧고 교만하며 완고하고 하나님을 항상 거역하며 하나님의 법을 속히 떠난다. 그러므로 우리는 우리 자신의 죄악됨을 깨닫고 겸손히 하나님의 은혜만 구하고 예수 그리스도의 의만 믿고 의지하고 이제는 성령님의 도우심으로 성경의 모든 교훈을 힘써 순종해야 한다.

10장: 하나님의 요구하시는 것

〔1-5절〕 그때에 여호와께서 내게 이르시기를[말씀하시기를] **너는 처음과 같은 두 돌판을 다듬어 가지고 산에 올라 내게로 나아오고 또 나무궤 하나를 만들라. 네가 깨뜨린 처음 판에 쓴 말을 내가 그 판에 쓰리니 너는 그것을 그 궤에 넣으라 하시기로 내가 싯딤나무로 궤를 만들고 처음 것과 같은 돌판 둘을 다듬어 손에 들고 산에 오르매 여호와께서 그 총회날에 산 위 불 가운데서 너희에게 이르신**[말씀하신](신 5:4) **십계명을 처음과 같이 그 판에 쓰시고 그것을 내게 주시기로 내가 돌이켜 산에서 내려와서 여호와께서 내게 명하신 대로 그 판을 내가 만든 궤에 넣었더니 지금까지 있느니라.**

모세는 두 번째 호렙산에 올라간 일을 말한다. 두 번째 두 돌판은 그가 직접 다듬어 만들었고 하나님께서는 그 두 돌판에 직접 십계명을 써주셨다. 십계명은 하나님께서 호렙산에서 친 음성으로 선포하셨고 직접 두 돌판에 써주신 내용이었다. 십계명은 이스라엘 백성과 온 인류의 바른 생활 규칙을 위해 하나님께서 주신 말씀이다.

〔6-11절〕 (이스라엘 자손이 브에롯 브네야아간(본문[NASB], 혹은 '야아간 사람들의 샘물들'[NIV])**에서 발행**[출발]**하여 모세라에 이르러서는 아론이 거기서 죽고 거기 장사되었고 그 아들 엘르아살이 그를 이어 제사장의 직임을 행하였으며 또 거기서 발행**[출발]**하여 굿고다에 이르고 굿고다에서 발행**[출발]**하여 욧바다에 이른즉 그 땅에는 시내가 많았었으며 그때에 여호와께서 레위 지파를 구별하여 여호와의 언약궤를 메이며 여호와 앞에 서서 그를 섬기며 또 여호와의 이름으로 축복하게 하셨고 그 일은 오늘날까지 이르느니라. 그러므로 레위는 그 형제 중에 분깃이 없으며 기업이 없고 네 하나님 여호와께서 그에게 말씀하심같이 여호와가 그의 기업이시니라.) 내가 처음과 같이 40주야를 산에 유하였고 그때에도 여호와께서 내 말을 들으사 너를 참아 멸하지 아니하시고 여호와께서 내게 이르시되**[말씀하시되] **일어나서 백성 앞서 진행하라. 내가 그들에게 주리라고 그 열조에게 맹세한 땅에 그들이 들어가서 그것을 얻으리라 하셨느니라.**

모세는 그 후의 일을 조금 언급하면서 하나님께서 그때에 자기의 말을 들으셔서 이스라엘 백성을 멸하지 않으셨음을 증거하였다.

〔12-13절〕 이스라엘아, 네 하나님 여호와께서 네게 요구하시는 것이 무엇이냐? 곧 네 하나님 여호와를 경외하여 그 모든 도를 행하고 그를 사랑하며 마음을 다하고 성품[영혼]을 다하여 네 하나님 여호와를 섬기고 내가 오늘날 네 행복을 위하여 네게 명하는 여호와의 명령과 규례를 지킬 것이 아니냐?

모세는 하나님께서 요구하시는 바를 다시 증거하였다. 그는 먼저 이스라엘 백성이 경외하고 섬겨야 할 하나님을 "네 하나님 여호와"라고 말한다. 여호와 하나님께서는 이스라엘 백성의 하나님이시다. 그는 이스라엘 백성을 택하시고 애굽의 종살이에서 구속(救贖)하셨고 자기의 친 백성을 삼으셨다. 그들은 하나님의 백성이며 하나님께서는 그들의 하나님이 되셨다. 모세는 하나님의 요구하시는 바를 다섯 마디로 표현하였다. 20절의 두 마디를 더하면, 그는 본장에서 하나님의 요구하시는 바를 모두 일곱 마디로 표현한 셈이다.

첫째는, 하나님을 경외하는 것이다. 이것은 앞에서 여러 번 증거된 바이다(5:29; 6:2, 13, 24). 사람이 하나님을 경외하는 것, 즉 두려워하는 것은 가장 기본적으로 가져야 할 마음이다. 하나님을 경외치 않는 자는 이 세상의 주인도 모르고 자기를 만드신 하나님도 모르고 인생을 사는 자이다. 또 그런 자는 악을 떠나고 참된 선을 행할 수 없다.

둘째는, 하나님의 모든 도를 행하는 것이다. 이것도 앞에서 여러 번 증거된 바이다(5:32-33; 6:3). 하나님의 뜻은 우리가 하나님의 모든 계명과 법도와 규례와 율례를 행하는 것이다.

셋째는, 하나님을 사랑하는 것이다. 이것은 신명기 6:5에서 읽은 바이다. "너는 마음을 다하고 영혼을 다하고 힘을 다하여 네 하나님 여호와를 사랑하라." 우리는 가치 있는 것을 사랑한다. 하나님께서는 우리가 세상에서 마음을 다해 사랑해야 할 가장 가치 있는 분이시다.

넷째는, 하나님을 섬기는 것이다. 우리가 하나님을 섬기되, 마음을 다하고 영혼을 다하여 섬기는 것, 즉 지극정성으로 섬기는 것이다.

다섯째는, 하나님의 명령과 규례를 지키는 것이다. 모세는 앞에서도 반복해 말했다(5:29, 33; 6:3, 24). 하나님의 모든 명령과 규례는 우리의 행복을 위한 것이며 우리는 그것들을 다 보수하고 행해야 한다.

〔14-19절〕 하늘과 모든 하늘의 하늘과 땅과 그 위의 만물은 본래 네 하나님 여호와께 속한 것이로되 여호와께서 오직 네 열조를 기뻐하시고 그들을 사랑하사 그 후손 너희를 만민 중에서 택하셨음이 오늘날과 같으니라. 그러므로 너희는 마음에 할례를 행하고 다시는 목을 곧게 하지 말라. 너희의 하나님 여호와는[께서는] **신의 신이시며 주의 주시요 크고 능하시며 두려우신 하나님이시라. 사람을 외모로 보지 아니하시며 뇌물을 받지 아니하시고 고아와 과부를 위하여 신원(伸寃)하시며**[원통함을 풀어주시며] **나그네를 사랑하사 그에게 식물과 의복을 주시나니 너희는 나그네를 사랑하라. 전에 너희도 애굽 땅에서 나그네 되었었음이니라.**

하나님께서는 이스라엘을 선택하셨다. 그러므로 이스라엘은 마음의 할례, 즉 심령의 변화를 받아야 한다. 그들은 몸의 할례는 받았으나 늘 목을 곧게 했었다. 그러나 이제 그들은 그렇게 하지 말고 마음의 변화를 받아야 한다. 여호와께서는 세상의 많은 신들 중에 참 신이시요 세상의 많은 주들 중에 참 주이시다. 그는 살아계신 참 하나님이시며 크시고 능하시며 두려우신 하나님이시다. 우리는 마땅히 그 분 앞에 두려운 마음을 가지고 엎드리며 그를 섬겨야 한다.

하나님께서는 또 공의로우시고 특히 고아나 과부나 나그네를 선대하신다. 그의 법은 매우 의롭고 선하다. 그는 사람을 외모로 취하지 않으시고 뇌물을 받지 않으시고 고아와 과부의 원통함을 풀어주시고 어려운 자들에게 먹을것과 입을 옷을 주시는 하나님이시다. 그러므로 하나님의 백성된 우리도 공의와 선을 행해야 한다.

〔20-22절〕 네 하나님 여호와를 경외하여 그를 섬기며 그에게 친근히 하고[그를 꼭 붙잡고] **그 이름으로 맹세하라. 그는 네 찬송이시요 네 하나님이시라. 네가 목도한**[눈으로 본] **바 이같이 크고 두려운 일을 너를 위하여 행하셨느니라. 애굽에 내려간 네 열조가 겨우 70인이었으나 이제는 네 하나**

님 여호와께서 너를 하늘의 별같이 많게 하셨느니라.

모세는 하나님의 요구하시는 바를 두 가지 더 말한다. **여섯째로**, 하나님에게 친근히 하는 것이다. '친근히 하다'는 원어(다바크 דָּבַק)는 '꼭 붙잡다'는 뜻이다(BDB, KJV, NASB, NIV). 다른 곳에서는 '부종(附從)하다'는 말로 번역되었다(신 11:22; 13:4; 30:30). 어린아이가 아빠를 꼭 붙잡고 따라가듯이, 우리는 하나님을 꼭 붙잡고 따라가야 한다.

일곱째로, 하나님의 이름으로 맹세하는 것이다. 신명기 6:13, "그 이름으로 맹세할 것이니라." 하나님의 이름으로 맹세하는 것은 하나님을 두려워하며 그 앞에서 진실하게 말하는 것이다.

본장의 교훈을 정리해보자. 본장은 하나님께서 사람들에게 요구하시는 것이 무엇인지 증거한다. 모세는 그것을 일곱 가지로 표현하며 증거하였다. 하나님께서 요구하시는 것은, 첫째로, 우리가 하나님을 경외하는 것이며, 둘째로, 우리가 하나님의 모든 도를 행하는 것이며, 셋째로, 우리가 하나님을 사랑하는 것이며, 넷째로, 우리가 마음을 다하고 성품을 다하여 하나님을 섬기는 것이며, 다섯째로, 우리가 하나님의 명령과 규례를 지키는 것이며, 여섯째로, 우리가 하나님을 친근히 하고 꼭 붙잡는 것이며, 일곱째로, 우리가 하나님의 이름으로 맹세하는 것이다.

실상, 하나님을 경외하는 자들만 하나님의 모든 도를 행하고 마음을 다하고 성품을 다해 그를 사랑하고 그를 섬기고 그의 모든 명령을 지킬 수 있고 그를 꼭 붙잡고 살며 그의 이름으로 맹세할 수 있다. 하나님께서 요구하시는 것은 사람이 하나님을 경외하고 마음을 다하고 성품을 다하여 그를 사랑하고 섬기며 그의 모든 도를 행하고 그 명령을 지키고 그를 꼭 붙잡고 따르는 것이다. 그것은 바로 경건하고 의롭고 선하고 진실한 삶을 가리킨다. 우리는 하나님을 경외하며 범사에 그를 인정하고 그를 사랑하고 그를 섬기며 그를 친근히 하고 꼭 붙잡고 따르며 그의 아들 예수 그리스도를 믿고 의롭고 선하고 진실하게 살아야 한다.

11장: 말씀 순종에 대한 상

〔1-7절〕 그런즉 네 하나님 여호와를 사랑하여 그 직임(미쉬메렛 מִשְׁמֶרֶת) [혹은 '지시'](KJV, NASB)**과 법도와 규례와 명령을 항상 지키라. 너희의 자녀는 알지도 못하고 보지도 못하였으나 너희가 오늘날 기억할 것은 너희 하나님 여호와의 징계와 그 위엄과 그 강한 손과 펴신 팔과 애굽에서 그 왕 바로와 그 전국에 행하신 이적과 기사와 또 여호와께서 애굽 군대와 그 말과 그 병거에 행하신 일 곧 그들이 너희를 따를 때에 홍해 물로 그들을 덮어 멸하사 오늘까지 이른 것과 또 너희가 이 곳에 이르기까지 광야에서 너희에게 행하신 일과 르우벤 자손 엘리압의 아들 다단과 아비람에게 하신 일 곧 온 이스라엘의 한가운데서 땅으로 입을 열어서 그들과 그 가족과 그 장막과 그를 따르는 모든 생물**[그에게 속한 모든 것]**을 삼키게 하신 일이라. 너희가 여호와의 행하신 이 모든 큰 일을 목도하였느니라.**

이스라엘 백성은 하나님을 사랑하고 그 명령을 항상 지켜야 했다. 출애굽기부터 민수기에 이르기까지 기록된 하나님의 크신 일들은 이스라엘 백성이 다 보고 경험했던 일들이었다. 성경에 기록된 사건들은 사람이 지어낸 이야기가 아니다. 그것들은 하나님께서 이스라엘 역사 속에서 행하신 일들이며 이스라엘 백성은 그 증인들이었다.

〔8-12절〕 그러므로 너희는 내가 오늘날 너희에게 명하는 모든 명령을 지키라. 그리하면 너희가 강성할 것이요 너희가 건너가서 얻을 땅에 들어가서 그것을 얻을 것이며 또 여호와께서 너희의 열조에게 맹세하사 그와 그 후손에게 주리라고 하신 땅 곧 젖과 꿀이 흐르는 땅에서 너희의 날이 장구하리라[길리라]**. 네가 들어가 얻으려 하는 땅은 네가 나온 애굽 땅과 같지 아니하니 거기서는 너희가 파종한 후에 발로 물 대기를 채소밭에 댐과 같이 하였거니와 너희가 건너가서 얻을 땅은 산과 골짜기가 있어서 하늘에서 내리는 비를 흡수하는 땅이요 네 하나님 여호와께서 권고하시는**[돌보시는] **땅이라. 세초**[연초]**부터 세말**[연말]**까지 네 하나님 여호와의 눈이 항상 그 위에 있느니라.**

모세는 다시 이스라엘 백성에게 하나님의 모든 명령을 지키라고 말하면서 그들이 그 명령을 지키면 얻을 하나님의 복, 즉 강성함과 장구함의 복에 대해 말했다. 또 그는 그들이 들어가 얻을 땅이 애굽 땅처럼 발로 물을 대어야 하는 그런 땅이 아니고 산과 골짜기가 있어서 하늘에서 내리는 비를 흡수해 농사짓기에 좋은 땅이라고 말했다.

〔13-15절〕 내가 오늘날 너희에게 명하는 나의 명령을 너희가 만일 청종하고(솨모아 티쉬메우 שָׁמֹעַ תִּשְׁמְעוּ)[성심으로 듣고, 청종하고] **너희의 하나님 여호와를 사랑하여 마음을 다하고 성품**[영혼]**을 다하여 섬기면 여호와께서 너희 땅에 이른 비, 늦은 비를 적당한 때에 내리시리니 너희가 곡식과 포도주와 기름을 얻을 것이요 또 육축을 위하여 들에 풀이 나게 하시리니 네가 먹고 배부를 것이라.**

모세는 하나님께서 주시는 물질적 유여함에 대해서도 말하였다. 하나님께서 그 땅에 이른 비와 늦은 비를 적당한 때에 주셔서 그들은 곡식과 포도주와 기름을 얻고 먹고 배부를 것이다. 그러나 그것은 오직 계명 순종에 대해 약속된 복이었다. '이른 비'는 파종을 준비하기 위해 필요한 가을비이며, '늦은 비'는 곡식을 여물게 하는 봄비이다.

〔16-17절〕 너희는 스스로 삼가라. 두렵건대 마음에 미혹하여 돌이켜 다른 신들을 섬기며 그것에게 절하므로 여호와께서 너희에게 진노하사 하늘을 닫아 비를 내리지 아니하여 땅으로 소산을 내지 않게 하시므로 너희가 여호와의 주신 아름다운 땅에서 속히 멸망할까 하노라.

모세는 이스라엘 백성에게 멸망에 대해서도 경고한다. 만일 그들이 제1, 2계명을 어기면, 그 땅에 가뭄이 들고 기근이 올 것이며 그들은 그 아름다운 땅에서 속히 멸망할 것이다.

〔18-21절〕 이러므로 너희는 나의 이 말을 너희 마음과 뜻에 두고 또 그것으로 너희 손목에 매어 기호를 삼고 너희 미간에 붙여 표를 삼으며 또 그것을 너희의 자녀에게 가르치며 집에 앉았을 때에든지, 길에 행할 때에든지, 누웠을 때에든지, 일어날 때에든지 이 말씀을 강론하고 또 네 집 문설주와 바깥문에 기록하라. 그리하면 여호와께서 너희 열조에게 주리라고 맹세하신 땅에서 너희의 날과 너희 자녀의 날이 많아서 하늘이 땅을 덮는 날의

장구함[김과] **같으리라.**

6장에서와 같이, 그는 또 하나님의 말씀을 마음과 뜻에 두고 손목에 매거나 미간에 붙이고 자녀들에게 부지런히 가르치고 집의 문설주나 바깥문에 기록하라고 말하였다. 사람이 하나님의 말씀을 사랑하고 가까이하면, 하나님께서는 기뻐하시고 복을 주실 것이다.

〔22-25절〕 **너희가 만일 내가 너희에게 명하는 이 모든 명령을 잘 지켜**(솨모르 티쉬메룬 שָׁמֹר תִּשְׁמְרוּן)[성심으로 지켜] **행하여 너희 하나님 여호와를 사랑하고 그 모든 도를 행하여 그에게 부종(附從)하면**(다바크 דָּבַק) [그를 꼭 붙잡으면] **여호와께서 그 모든 나라 백성을 너희 앞에서 다 쫓아내실 것이라. 너희가 너희보다 강대한 나라들을 얻을 것인즉 너희의 발바닥으로 밟는 곳은 다 너희 소유가 되리니 너희의 경계는 곧 광야에서부터 레바논까지와 유브라데 하수라 하는 하수에서 서해**(대해, 지중해)**까지라. 너희 하나님 여호와께서 너희에게 말씀하신 대로 너희 밟는 모든 땅 사람들로 너희를 두려워하고 무서워하게 하시리니 너희를 능히 당할 사람이 없으리라.**

모세는 다시 이스라엘 자손들이 하나님의 모든 명령을 성심으로 지켜 행하고 하나님을 사랑하고 그 모든 도를 행하며 그를 꼭 붙잡고 따르라고 말하였다. 그러면 하나님께서는 그들보다 더 강대한 나라들을 다 정복하게 하시고 그들의 소유가 되게 하실 것이다.

〔26-32절〕 **내가 오늘날 복과 저주를 너희 앞에 두나니 너희가 만일 내가 오늘날 너희에게 명하는 너희 하나님 여호와의 명령을 들으면 복이 될 것이요 너희가 만일 내가 오늘날 너희에게 명하는 도에서 돌이켜 떠나 너희 하나님 여호와의 명령을 듣지 아니하고 본래 알지 못하던 다른 신들을 좇으면 저주를 받으리라. 네 하나님 여호와께서 네가 가서 얻을 땅으로 너를 인도하여 들이실 때에 너는 그리심산에서 축복을 선포하고 에발산에서 저주를 선포하라. 이 두 산은 요단강 저편 곧 해 지는 편으로 가는 길 뒤 길갈 맞은편 모레 상수리나무 곁의 아라바에 거하는 가나안 족속의 땅에 있지 아니하냐? 너희가 요단을 건너 너희 하나님 여호와께서 너희에게 주시는 땅에 들어가서 얻으려 하나니 반드시 그것을 얻어 거기 거할지라. 내가 오늘날 너희 앞에 베푸는 모든 규례와 법도를 너희는 지켜 행할지니라.**

이스라엘 백성 앞에는 복과 저주가 놓여져 있다. 사람이 만일 하나님의 법을 지키면 복을 얻지만, 만일 그 법을 어기면 저주를 받는다는 것이 율법의 원리이다. 그들은 요단강 건너편에 있는 그리심산과 에발산에서 축복과 저주를 선포해야 했다. 30절의 "요단강 저편"(베에베르 하야르덴 בְּעֵבֶר הַיַּרְדֵּן)이라는 표현은 신명기 저자가 요단강 동쪽에 있음을 보여준다. 모세는 "내가 오늘날 너희 앞에 베푸는 모든 규례와 법도를 너희는 지켜 행할지니라"고 반복해 교훈하였다.

본장의 교훈을 정리해보자. 첫째로, 이스라엘 백성은 하나님을 사랑하고(1, 13, 22절) 그의 모든 지시와 법도와 규례와 명령을 항상, 성심으로 지키고(1, 8, 22, 32절) 성심으로 청종하고(13절) 마음을 다하고 성품을 다하여 하나님을 섬기고(13절) 그의 모든 도를 행하고(22, 32절) 그를 꼭 붙잡아야 하였다(22절). 또 그들은 이 말씀을 마음과 뜻에 두고 손목에 매며 미간에 붙이고 집의 문설주와 바깥문에 기록하고 자녀들에게도 부지런히 가르쳐야 했다(18-20절). 신약성경이 밝히 증거하는 대로, 사람이 행위로는 하나님 앞에서 의롭다 하심을 얻지 못한다(롬 3:20). 그러므로 우리는 예수 그리스도를 믿었고 그의 의만 의지한다(롬 3:22). 그러나 모든 죄를 회개하고 주 예수님을 믿고 구원 얻은 자들은 이제 성경말씀을 순종하며 경건하고 의롭고 선하게 살아야 한다(딛 2:11-14).

둘째로, 이스라엘 백성은 그렇게 살 때 복을 얻을 것이며 강성하고 그들의 날이 장구하며(8-9절) 물질적 유여함도 누리며(14-15절) 약속의 땅에 들어가 그들보다 강대한 나라들을 얻으며 그들의 나라가 확장될 것이라고 약속되었다(23-24절). 신약 성도들은 장차 천국에서 영생의 복을 누릴 것이지만, 세상에서도 어느 정도 하나님의 복을 맛본다. 우리는 하나님의 말씀을 힘써 지킬 때 심령으로 더욱 담대함과 능력을 얻고(요일 3:21) 하나님의 기도 응답을 받으며(요일 3:22) 또 몸의 건강함을 얻고 물질적 유여함도 얻을 것이다(잠 3:7-8; 사 48:17-18; 마 6:33).

12장: 하나님의 택하신 곳으로 나와 섬길 것

〔1-3절〕 네 열조의 하나님 여호와께서 네게 주셔서 얻게 하신 땅에서 너희가 평생에 지켜 행할 규례와 법도는 이러하니라. 너희가 쫓아낼 민족들이 그 신들을 섬기는 곳은 높은 산이든지 작은 산이든지 푸른 나무 아래든지 무론하고 그 모든 곳을 너희가 마땅히 파멸하며 그 단을 헐며 주상을 깨뜨리며 아세라 상을 불사르고 또 그 조각한 신상들을 찍어서 그 이름을 그 곳에서 멸하라.

모세가 교훈하는 바는 이스라엘 백성이 그들의 조상들, 아브라함과 이삭과 야곱의 하나님 여호와께서 그들에게 주셔서 얻게 하신 땅, 곧 그들이 들어가 얻을 가나안 일곱 족속들의 땅에서 그들이 평생에 지켜 행할 규례와 법도이었다. 우선, 이스라엘 자손들은 그 가나안 땅 거민들이 섬기던 신들의 제단들과 신상들을 다 파괴하고 불살라야 했다. 그 이유는 하나님께서 그들의 우상숭배 때문에 그들을 멸하기로 작정하셨기 때문이고 또 그것들을 남겨두면 이스라엘 백성이 그것들의 영향을 받아 종교의 변질과 부패를 가져올 것이기 때문이다.

〔4-7절〕 너희 하나님 여호와에게는 너희가 그처럼 행하지 말고 오직 너희 하나님 여호와께서 자기 이름을 두시려고 너희 모든 지파 중에서 택하신 곳인 그 거하실 곳으로 찾아 나아가서 너희 번제와 너희 희생[제물들]**과 너희의 십일조와 너희 손의 거제와 너희 서원제와 낙헌 예물과 너희 우양의 처음 낳은 것들을 너희는 그리로 가져다가 드리고 거기 곧 너희 하나님 여호와 앞에서 먹고 너희 하나님 여호와께서 너희 손으로 수고한 일에 복 주심을 인하여 너희와 너희 가족이 즐거워할지니라.**

이스라엘 자손들은 가나안 거민들의 종교의식으로 산당들에서 여호와 하나님을 섬기지 말아야 했다. 그들은 모든 지파들의 기업들 중에 하나님께서 자기 이름을 두시기 위해 택하신 한 곳, 곧 하나님께서 거하실 곳으로 나아와 하나님을 섬겨야 하였다. 그들은 그 곳으로 나아와 번제와 다른 제사들을 드리며 십일조와 기타 헌물과 우양의 첫 새끼들을 가져와 드리고 하나님 앞에서 먹고 즐거워하여야 했다.

〔8-14절〕 **우리가 오늘날 여기서는 각기 소견대로 하였거니와 너희가** 거기서는 **하지 말지니라. 너희가 너희 하나님 여호와의 주시는 안식과 기업에 아직은 이르지 못하였거니와 너희가 요단을 건너 너희 하나님 여호와께서 너희에게 기업으로 주시는 땅에 거하게 될 때 또는 여호와께서 너희로 너희 사방의 모든 대적을** 이기게 하시고 **너희에게 안식을 주사 너희로 평안히 거하게 하실 때에 너희는 너희 하나님 여호와께서 자기 이름을 두시려고 한 곳을 택하실 그 곳으로 나의 명하는 것을 모두 가지고 갈지니 곧 너희 번제와 너희 희생**[제물들]**과 너희 십일조와 너희 손의 거제와 너희가 여호와께 서원하는 모든 아름다운 서원물을 가져가고 너희와 너희 자녀와 노비와 함께 너희 하나님 여호와 앞에서 즐거워할 것이요 네 성중에 거하는 레위인과도 그리할지니 레위인은 너희 중에 분깃이나 기업이 없음이니라. 너는 삼가서 네게 보이는 아무 곳에서든지 번제를 드리지 말고 오직 너희의 한 지파 중에 여호와의 택하실 그 곳에서 너는 번제를 드리고 또 내가 네게 명하는 모든 것을 거기서 행할지니라**(레 17:3-4 강해 참고).

이스라엘 백성이 이 광야에서는 각기 소견대로 행했지만, 그 땅에 들어가 안식과 기업을 얻으면 여호와께서 그 이름을 두시려고 택하실 한 곳으로 그의 명하신 모든 제물들, 곧 번제와 다른 제물들, 또 십일조와 기타 헌물들을 가져가고 온 가족들이 함께 하나님 앞에서 즐거워하고 또 레위인들 곧 이스라엘 중에 분깃과 기업이 없는 그들도 함께 그렇게 하여야 했다. 이스라엘 백성은 아무 곳에서나 번제나 다른 제사를 드리지 말고 오직 하나님께서 택하신 한 곳에서만 드려야 했다. 그것은 종교의식의 부패를 방지한 것이라고 본다.

〔15-19절〕 **그러나 네 하나님 여호와께서 네게 주신 복을 따라 각 성에서 네 마음에 즐기는 대로 생축을 잡아 그 고기를 먹을 수 있나니 곧 정한 자나 부정한 자를 무론하고 노루나 사슴을 먹음같이 먹으려니와 오직 그 피는 먹지 말고 물같이 땅에 쏟을 것이며 너는 곡식과 포도주와 기름의 십일조와 네 우양의 처음 낳은 것과 너의 서원을 갚는 예물과 너의 낙헌 예물과**

네 손의 거제물은 너의 각 성에서 먹지 말고 오직 네 하나님 여호와께서 택하실 곳에서 네 하나님 여호와 앞에서 너는 네 자녀와 노비와 성중에 거하는 레위인과 함께 그것을 먹고 또 네 손으로 수고한 모든 일을 인하여 네 하나님 여호와 앞에서 즐거워하되 너는 삼가서 네 땅에 거하는 동안에 레위인을 저버리지 말지니라.

이스라엘 백성은 각 성에서 그들이 원하는 대로 소나 양을 잡아 그 고기를 먹을 수 있었다. 단지, 그 피는 먹지 말고 물같이 땅에 쏟아야 했다. 그러나 하나님께 드리는 십일조나 우양의 첫 새끼나 기타 서원 예물과 자원 예물 등은 각 성에서 먹지 말고 오직 하나님께서 택하신 한 곳에서 드리고 온 가족이 레위인과 함께 먹고 즐거워하여야 했다. 그들은 특히 레위인들을 저버리지 말아야 했다.

〔20-25절〕 네 하나님 여호와께서 네게 허락하신 대로 네 지경을 넓히신 후에 네 마음에 고기를 먹고자 하여 이르기를[말하기를] **내가 고기를 먹으리라 하면 네가 무릇 마음에 좋아하는 대로 고기를 먹을 수 있으리니 만일 네 하나님 여호와께서 자기 이름을 두시려고 택하신 곳이 네게서 멀거든 내가 네게 명한 대로 너는 여호와의 주신 우양을 잡아 너의 각 성에서 네가 무릇 마음에 좋아하는 것을 먹되 정한 자나 부정한 자를 무론하고 노루나 사슴을 먹음같이 먹을 수 있거니와 오직 크게 삼가서 그 피는 먹지 말라. 피는 그 생명인즉 네가 그 생명을 고기와 아울러 먹지 못하리니 너는 그것을 먹지 말고 물같이 땅에 쏟으라. 너는 피를 먹지 말라. 네가 이같이 여호와께서 의롭게 여기시는 일을 행하면 너와 네 후손이 복을 누리리라.**

이스라엘 백성은 하나님께서 자기 이름을 두시려고 택하신 곳이 멀 때에는 각 성에서 원하는 고기를 먹을 수 있으나, 단지 피는 먹지 말아야 하였다. 피는 생명이기 때문에 고기를 그 피째 먹지 말아야 하였고 그것을 물같이 땅에 쏟아야 했다. 이것은 율법에 엄히 명령된 바이었다. 레위기 17:14, "모든 생물은 그 피가 생명과 일체라. 그러므로 내가 이스라엘 자손에게 이르기를 너희는 어느 육체의 피든지 먹지 말라 하였나니 모든 육체의 생명은 그 피인즉 무릇 피를 먹는 자는 끊쳐지리라." 물론, 구약시대의 이 법은 의식법에 속하는 것으로 신약시대에는 폐지되었다(골 2:16-17; 히 8:13; 9:10).

〔26-28절〕 오직 네 성물과 서원물을 여호와께서 택하신 곳으로 가지고 가라. 네가 번제를 드릴 때에는 그 고기와 피를 네 하나님 여호와의 단에 드릴 것이요 다른 **제 희생을 드릴 때에는 그 피를 네 하나님 여호와의 단 위에 붓고 그 고기는 먹을지니라. 내가 네게 명하는 이 모든 말을 너는 듣고 지키라. 네 하나님 여호와의 목전에**[눈앞에] **선과 의를 행하면 너와 네 후손에게 영영히 복이 있으리라.**

이스라엘 백성이 고기를 먹고 싶을 때에는 각 성에서 우양을 잡아 먹을 수 있으나, 번제나 다른 제사를 드릴 때에는 반드시 그 제물을 여호와의 택하신 곳으로 가지고 가서 속죄의 표로 그 피를 여호와의 단, 곧 번제단 위에 부어야 하였다. 또 모세는 "내가 네게 명하는 이 모든 말을 너는 듣고 지키라. 네 하나님 여호와 앞에서 선과 의를 행하면 너와 네 후손에게 영영히 복이 있으리라"고 강조하였다.

〔29-32절〕 네 하나님 여호와께서 네가 들어가서 쫓아낼 그 민족들을 네 앞에서 멸절하시고 너로 그 땅을 얻어 거기 거하게 하실 때에 너는 스스로 삼가서 네 앞에서 멸망한 그들의 자취를 밟아 올무에 들지 말라. 또 그들의 신을 탐구하여 이르기를[말하기를] **이 민족들은 그 신들을 어떻게 위하였는고, 나도 그와 같이 하겠다 하지 말라. 네 하나님 여호와께는 네가 그와 같이 행하지 못할 것이라. 그들은 여호와의 꺼리시며 가증히 여기시는 일을 그 신들에게 행하여 심지어 그 자녀를 불살라 그 신들에게 드렸느니라. 내가 너희에게 명하는 이 모든 말을 너희는 지켜 행하고 그것에 가감하지 말지니라.**

이스라엘 백성은 가나안 땅에 거주하던 민족들의 자취를 밟지 말아야 하고 그들의 신을 탐구하지 말고 본받지 말아야 했다. 왜냐하면 그들은 여호와의 미워하시는 일들을 그 신들에게 행했기 때문이었다. 그들은 심지어 자기 자녀를 불살라 그들의 신들에게 드렸다. 그러므로 모세는 "내가 너희에게 명하는 이 모든 말을 너희는 지켜 행하고 그것에 가감하지 말지니라"고 교훈하였다.

본장의 교훈을 정리해보자. 첫째로, 하나님의 계명은 이스라엘 백성이 평생에 지켜 행해야 할 규례이며 법도이었고(1절), 그 내용은 '선과 의'이며 그것을 지키면 복을 얻고(28절), 그러므로 그들은 하나님의 모든 명령을 지켜 행하고 가감하지 말아야 했다(32절). 오늘날 신약 성도들도 신구약 성경의 모든 교훈을 신앙과 행위의 규범으로 알고 그 모든 교리들을 다 믿고 그 모든 명령을 가감치 말고 지키고 행해야 한다.

둘째로, 이스라엘 백성은 가나안 족속들이 섬기던 제단들과 신상들을 다 파괴해야 했고(2절), 또 그들의 신들을 탐구하지도 말아야 했다(30절). 이것은 하나님께서 모세를 통해 계시하신 순수한 종교를 지키라는 뜻이다. 우리는 우리의 삶 속에서 모든 우상숭배적 요소들과 잔재들을 제거해야 한다. 우리는 하나님과 돈, 하나님과 육신의 쾌락, 하나님과 세상 명예와 권세와 영광을 함께 사랑할 수 없다. 주께서는 "너희가 하나님과 재물을 겸하여 섬기지 못한다"고 말씀하셨다(마 6:24). 우리는 하나님과 이방신을 함께 섬길 수 없다. 우리는 세상의 모든 우상숭배적인 요소들을 버리고 순수한 경건과 도덕성의 삶을 살아야 한다.

셋째로, 하나님께서는 가나안 땅에 한 곳을 택하셨고 이스라엘 백성의 온 가족이 그 곳으로 나아와 하나님께 제사 드리며 즐거움으로 그를 섬기게 하셨다. 그 곳이 성막이다. 이스라엘 백성은 성막에서 하나님의 명하신 번제와 다른 제사들을 드리고 십일조와 첫 열매를 드려야 했다. 번제는 예수 그리스도의 속죄와 예배자의 헌신을 상징한다. 십일조는 모든 물질이 하나님의 것이라는 신앙을 나타내고 첫 열매는 하나님을 향한 정성을 나타낸다. 우리는 가장 좋은 것으로 하나님을 섬겨야 한다(잠 3:9-10). 성막은 예수 그리스도를 상징한다. 예수 그리스도는 모든 죄인들이 하나님께로 나아갈 수 있는 유일한 길이시며(요 14:6) 죄인들이 구원 얻을 유일한 이름이시며(행 4:12) 하나님과 사람들 사이의 유일한 중보자이시다(딤전 2:5). 우리는 온 가족이 주 예수 그리스도를 믿는 자들의 모임인 참 교회로 나아와 즐거움으로 하나님을 섬겨야 한다.

13장: 이단을 제거하라

〔1-3절〕 너희 중에 선지자나 꿈 꾸는 자가 일어나서 이적[표적]**과 기사를 네게 보이고 네게 말하기를 네가 본래 알지 못하던**[못했던] **다른 신들을 우리가 좇아 섬기자 하며 이적**[표적]**과 기사가 그 말대로 이룰지라도 너는 그 선지자나 꿈꾸는 자의 말을 청종하지 말라. 이는 너희 하나님 여호와께서 너희가 마음을 다하고 성품을 다하여 너희 하나님 여호와를 사랑하는 여부를 알려 하사 너희를 시험하심이니라.**

모세는 장차 나타날 거짓 선지자나 꿈꾸는 자를 조심할 것을 교훈했다. 그들의 특징은 '다른 신들'을 좇아 섬기자고 권유하는 것이다. 그것은 전통적, 정통적 신앙에서의 이탈을 권하는 것이다. 다른 신들을 따르는 것은 이방 종교와 이단 사상들 즉 비성경적인 모든 것을 가리킨다. 오늘날 기독교 외의 여러 종교들이나, 기독교 이름을 가진 천주교회와 각종 이단 종파들과 자유주의, 은사주의 등이 그러하다.

모세는 특히 그들이 표적과 기사를 행할지라도 그들을 따르지 말 것을 교훈하였다. 세상에는 하나님께서 행하시는 기적들이 아니고 사탄과 악령들이 행하는 기적들이 있다. 그것들은 사람으로 하여금 하나님에 대한 바른 지식과 믿음에서 떠나게 한다. 우리는 비성경적인 이단들을 그들의 교훈과 그들의 행위로 분별할 수 있다.

거짓 선지자들을 이스라엘 나라에 주시는 이유는 이스라엘 백성이 하나님을 참으로 사랑하는지 여부를 시험하시기 위한 것이다. 사람이 하나님을 참으로 믿고 사랑하고 섬기면 이방 종교나 이단 사설이 그를 넘어뜨리지 못할 것이지만, 사람이 하나님을 참으로 믿고 사랑함이 없다면 언제든지 이단 사설에 흔들리고 넘어지게 될 것이다.

〔4-5절〕 너희는 너희 하나님 여호와를 순종하며 그를 경외하며 그 명령을 지키며 그 목소리를 청종하며 그를 섬기며 그에게 부종(附從)하고[그를 꼭 붙잡고] **그 선지자나 꿈꾸는 자는 죽이라. 이는 그가 너희로 너희를 애굽**

땅에서 인도하여 내시며 종 되었던 집에서 속량하여 취하신 너희 하나님 여호와를 배반케 하려 하며 너희 하나님 여호와께서 네게 행하라 명하신 도(道)에서 너를 꾀어내려고 말하였음이라. 너는 이같이 하여 너희 중에서 악을 제할지니라.

이스라엘 백성에게 중요한 것은 여호와 참 하나님을 순종하고 그를 경외하고 그 명령을 지키고 그 음성을 듣고 그를 섬기며 그를 꼭 붙잡고 따르는 것이다. 그것이 경건이며 그러면 아무 문제가 없을 것이다. 또 그 거짓 선지자나 꿈꾸는 자는 제거해야 했다. 신정(神政) 국가인 옛 시대에는 사형을 집행해야 하였으나, 오늘날에는 권징을 시행해 제명출교해야 한다. 이단은 교회에서 제거되어야 한다.

이단을 제거해야 할 이유는 그들이 이스라엘을 구원하신 여호와 하나님을 배반케 하려 하며 하나님의 명하신 정로(正路)에서 그들을 꾀어내려 하기 때문이다. 오늘날도 이단은 제거되어야 한다. 그것은 하나님의 교회를 부패시키고 변질시키는 치명적 악이기 때문이다.

〔6-11절〕 네 동복 형제나 네 자녀나 네 품의 아내나 너와 생명을 함께하는(케나프쉐카 כְּנַפְשְׁךָ)[네 영혼 같은](KJV, NASB) **친구가 가만히 너를 꾀어 이르기를**[말하기를] **너와 네 열조가 알지 못하던 다른 신들 곧 네 사방에 둘러 있는 민족 혹 네게서 가깝든지 네게서 멀든지 땅 이끝에서 저끝까지 있는 민족의 신들을 우리가 가서 섬기자 할지라도 너는 그를 좇지 말며 듣지 말며 긍휼히 보지 말며 애석히 여기지 말며 덮어 숨기지 말고 너는 용서 없이**[정녕] **그를 죽이되 죽일 때에 네가 먼저 그에게 손을 대고 후에 뭇 백성이 손을 대라. 그는 애굽 땅 종 되었던 집에서 너를 인도하여 내신 네 하나님 여호와에게서 너를 꾀어 떠나게 하려 한 자니 너는 돌로 쳐 죽이라. 그리하면 온 이스라엘이 듣고 두려워하여 이 같은 악을 다시는 너희 중에서 행하지 못하리라.**

자신의 친형제나 자녀나 사랑하는 아내나 아주 친한 친구가 가만히, 은밀히 우리를 꾀어 다른 신들을 섬기자고 할지라도, 그가 제안하는 신이 어떤 신이든지, 그를 거절하고 물리쳐야 한다. 성경적 신앙을 변질시키는 것보다 더 큰 죄가 없기 때문이다. 종교다원주의, 신학적

포용주의, 은사주의, 타협주의 등은 큰 잘못이다. 여호와 하나님 외에 다른 신은 없다(출 20:3). 천지를 창조하지 않은 만방의 모든 신들은 헛것이며(시 96:5) 동양에서도 서양에서도 다른 신은 없다(사 45:6).

하나님의 백성은 아무리 친한 사람이라도 이단을 말하고 권유하면 그를 좇지 말며 듣지 말고 긍휼히 여기거나 애석히 여기지 말고 덮어 숨기지 말고 용서 없이 그를 돌로 쳐서 죽여야 했다. 이단은 제거되어야 한다. 신약교회는 사람을 죽일 권한은 없지만, 그런 자를 권징하고 제명출교시킬 권한은 있다. 교회는 그 권한을 사용해야 한다.

〔12-18절〕 네 하나님 여호와께서 네게 주어 거하게 하시는 한 성읍에 대하여 네게 소문이 들리기를 너희 중 어떤 잡류['벨리알의 자녀들'(KJV), '무가치한 사람들'(NASB), '악한 사람들'(NIV)]**가 일어나서 그 성읍 거민을 유혹하여 이르기를**[말하기를] **너희가 알지 못하던 다른 신들을 우리가 가서 섬기자 한다 하거든 너는 자세히 묻고 살펴보아서 이런 가증한 일이 참 사실로 너희 중에 있으면 너는 마땅히 그 성읍 거민을 칼날로 죽이고 그 성읍과 그 중에 거하는 모든 것과 그 생축을 칼날로 진멸하고**[다 죽이고] **또 그 속에서 빼앗아 얻은 물건을 다 거리에 모아 놓고 그 성읍과 그 탈취물 전부를 불살라 네 하나님 여호와께 드릴지니 그 성읍은 영영히 무더기가 되어 다시는 건축됨이 없을 것이니라. 너는 이 진멸할 물건을 조금도 네 손에 대지 말라. 그리하면 여호와께서 그 진노를 그치시고 너를 긍휼히 여기시고 자비를 더하사 너의 열조에게 맹세하심같이 네 수효를 번성케 하실 것이라. 네가 만일 네 하나님 여호와의 말씀을 듣고 오늘날 내가 네게 명하는 그 모든 명령을 지켜 네 하나님 여호와의 목전에**[눈앞에] **정직을 행하면** 이같이 되리라.

한 개인뿐 아니라, 한 성읍이 이단에 미혹되었으면, 그 성읍 전체를 진멸하라는 교훈이다. 이것은 오늘날 단체적인 변질 즉 교회적 변질, 노회적 변질, 교단적 변질을 경계하고 권징을 시행해야 할 것을 보인다. 교회가 권징을 충실히 시행할 때 하나님께서는 그들에게 진노를 그치시고 그들을 긍휼히 여기시고 번창케 하실 것이다.

본장의 교훈을 정리해보자. 첫째로, 이스라엘 백성은 이단을 제거해야 했다. 교회의 순결성은 매우 필수적인 일이다. 적은 누룩이 온 덩이에 퍼진다. 이단은 교회에서 제명출교되어야 한다. 디도서 3:10, "이단에 속한 사람을 한두 번 훈계한 후에 멀리하라." 요한이서 10-11, "누구든지 이 교훈을 가지지 않고 너희에게 나아가거든 그를 집에 들이지도 말고 인사도 말라. 그에게 인사하는 자는 그 악한 일에 참여하는 자임이니라." 오늘날 이단은 천주교회를 비롯해, 여호와의 증인, 안식교, 몰몬교, 통일교 등의 이단종파들과 자유주의 신학, 은사주의 등이다. 우리는 개인적 교제나 교회적 교제의 영역에서 이단들을 멀리해야 한다.

우리는 오늘날 특히 은사주의, 기적주의, 신비주의를 조심해야 한다. 은사주의의 가장 큰 문제점은 성경의 바른 교훈을 넘어서는 데 있다. 기적 체험보다 더 중요한 것은 바른 교리 사상과 온전한 인격과 삶이다. 마태복음 24:24, "거짓 그리스도들과 거짓 선지자들이 일어나 큰 표적과 기사를 보이어 할 수만 있으면 택하신 자들도 미혹하게 하리라."

둘째로, 이스라엘 백성은 가까운 가족(아내, 자녀, 형제 등)이나 친구라도 이단을 말하면 죽이고 변질된 성읍을 멸하고 불살라야 했다. 우리는 아무리 가까운 자라도 이단자를 긍휼히 여기거나 숨기지 말고 그와의 교제를 끊어야 한다. 또 우리는 교회적 변질, 노회적 변질, 교단적 변질도 경계해야 한다. 오늘날 교회들은 목사나 신학자 한 사람의 변질을 가벼이 여기며 지교회나 노회나 교단의 변질을 잘 살피지 않고 교리적 윤리적 오류를 포용하는 풍조가 교계에 널리 퍼져있는 것 같다. 그러나 하나님의 뜻은 이단에 대해 엄격한 권징을 시행하는 것이다.

셋째로, 이스라엘 백성은 모세를 통해 주신 하나님의 말씀을 다 지켜야 했다. 보수신앙은 귀하다. 우리는 하나님께서 선지자들과 사도들을 통해 주신 역사적 기독교 신앙, 옛신앙을 지켜야 한다. 디모데후서 1:13, "너는 그리스도 예수 안에 있는 믿음과 사랑으로써 내게 들은 바 바른 말을 본받아 지키라." 우리는 신구약성경에 계시된 대로 하나님의 모든 진리들을 믿고 성경의 모든 계명들과 교훈들을 힘써 순종해야 한다.

14장: 깨끗한 생물과 십일조

〔1-2절〕 너희는 너희 하나님 여호와의 자녀니 죽은 자를 위하여 자기 몸을 베지 말며 눈썹 사이 이마 위의 **털을 밀지 말라. 너는 너의 하나님 여호와의 성민(聖民)**[거룩한 백성]**이라. 여호와께서 지상 만민 중에서 너를 택하여 자기의 기업의 백성을 삼으셨느니라.**

죽은 자를 위해 자기 몸을 베며 눈썹 사이 이마 위의 털을 미는 것(렘 16:6)은 이방인들의 풍습이었다고 보인다. 하나님께서는 레위기 19:27-28에서도 "머리 가를 둥글게 깎지 말며 수염 끝을 손상치 말며 죽은 자를 위하여 너희는 살을 베지 말며 몸에 무늬를 놓지 말라"고 명하셨다. 이스라엘 백성은 이방인들의 그런 풍습을 본받지 말아야 했다. 그들은 여호와 하나님의 자녀들이며 성민(聖民) 즉 거룩하게 구별된 백성이며 땅 위의 만민 중에서 선택된 하나님의 특별한 소유된 백성이다(출 19:5). 이것은 이스라엘 백성의 복된 특권이었다. 그러므로 그들은 하나님의 성민답게 구별된 삶을 살아야 하였다.

〔3-6절〕 너는 가증한 물건은 무엇이든지 먹지 말라. 너희의 먹을 만한 짐승은 이러하니 곧 소와 양과 염소와 사슴과 노루[가젤(영양 종류), gazelle] **와 불그스럼한 사슴**[노루]**과 산(山)염소**[들염소]**와 볼기 흰 노루**[야생 염소, ibox]**와 뿔 긴 사슴**[영양, antelope]**과 산양들, 무릇 짐승 중에 굽이 갈라져 쪽발도 되고 새김질도 하는 것은 너희가 먹을 것이니라.**

모세는 이스라엘 백성이 먹을 만한 깨끗한 생물에 대해 말하면서 구체적으로 그 종류들을 열거하였다. 그것은 집에서 기르는 소나 양과 염소, 그리고 산과 들에 있는 사슴, 노루, 들염소, 야생 염소, 영양, 산양 종류들이었다. 그것들은 굽이 갈라져 쪽발이 되고 새김질하는 짐승들이며 주로 풀을 뜯는 비교적 순한 초식동물들이며 다른 짐승을 잡아먹는 사나운 짐승들은 제외되었다고 보인다. 그것은 하나님의 자녀들이 순한 성품을 가져야 할 것을 상징하는 뜻이 있어 보인다.

〔7-8절〕 다만 새김질을 하거나 굽이 갈라진 짐승 중에도 너희가 먹지 못할 것은 이것이니 곧 약대와 토끼와 사반[토끼 종류(coney), 오소리(badger)] **그것들은 새김질은 하나 굽이 갈라지지 아니하였으니 너희에게 부정하고 돼지는 굽은 갈라졌으나 새김질을 못하므로 너희에게 부정하니 너희는 이런 것의 고기를 먹지 말 것이며 그 사체(死體)도 만지지 말 것이니라.**

굽이 갈라진 것은 진리와 비진리, 의와 불의, 선과 악을 분별해야 하는 것을 상징하는 뜻이 있어 보이고, 새김질하는 것은 하나님께서 주신 법과 규례를 묵상해야 하는 것을 상징하는 뜻이 있어 보인다.

〔9-10절〕 물에 있는 어족 중에 이런 것은 너희가 먹을 것이니 무릇 지느러미와 비늘 있는 것은 너희가 먹을 것이요 무릇 지느러미와 비늘이 없는 것은 너희가 먹지 말지니 이는 너희에게 부정하니라.

물고기들 중에는, 지느러미와 비늘이 있는 것들만 먹어야 하였다. 그것은 우리가 이 세상의 악의 풍조들에 물들지 않고 그 악의 풍조들을 거슬러 행해야 하는 것을 상징하는 뜻이 보인다.

〔11-20절〕 무릇 정한 새는 너희가 먹으려니와 이런 것은 먹지 못할지니 곧 독수리[수리]**와 솔개**[독수리]**와 어응**[말똥가리, 검은 독수리]**과 매와 새매와 매의 종류와 까마귀 종류와 타조와 다호마스**[수컷 타조]**와 갈매기와 새매 종류와 올빼미와 부엉이와 따오기**[흰 올빼미]**와 당아**[펠리칸]**와 올응**[썩은 고기를 먹는 독수리]**과 노자**[가마우지=바다까마귀]**와 학과 황새**[왜가리] **종류와 대승**[후투티]**과 박쥐며 또 무릇 날기도 하고 기어다니기도 하는 것은 너희에게 부정하니 너희는 먹지 말 것이나 무릇 정한 새는 너희가 먹을지니라.**[3]

위의 새들은 다른 생물을 잡아먹거나 죽은 사체들을 먹는 맹금류들이다. 이것은 성도가 불결함과 사나움을 멀리해야 할 것을 상징하는 뜻이 있어 보인다. 전체적으로, 깨끗한 생물에 대한 법은 위생적 의미도 있었을지 모르나, 도덕성을 상징하는 뜻이 있어 보인다. 특히 불결함과 사나움을 멀리하고 정결함과 선하고 온유함을 상징하는 것 같다.

---

3) 김효성, 레위기 강해 (3판), 60쪽 참고.

진리와 비진리, 선과 악을 분별하며 하나님의 말씀을 깊이 새김질하는 것, 또 모든 불결을 멀리하고 온유하고 선한 마음을 가지는 것은 모든 성도에게 합당하고 또 유익하고 복된 일이다.

〔21절〕 너희는 너희 하나님 여호와의 성민이라. 무릇 스스로 죽은 것은 먹지 말 것이니 그것을 성중에 우거하는 객에게 주어 먹게 하거나 이방인에게 팔아도 가하니라. 너는 염소 새끼를 그 어미의 젖에 삶지 말지니라.

스스로 죽은 짐승은 먹지 말아야 했다. 또 염소 새끼를 그 어미의 젖으로 삶는 것은 이스마엘 사람들의 풍습이었다고 하는데, 그런 것을 금하신 까닭은 새끼에 대한 어미의 본성적 관계를 고려한 것 같다.

〔22-23절〕 너는 마땅히 매년에 토지 소산의 십일조를 드릴 것이며 네 하나님 여호와 앞 곧 여호와께서 그 이름을 두시려고 택하신 곳에서 네 곡식과 포도주와 기름의 십일조를 먹으며 또 네 우양의 처음 난 것을 먹고 네 하나님 여호와 경외하기를 항상 배울 것이니라.

십일조는 아브라함과 야곱의 때에도 있었다(창 14:20; 28:22). 십일조의 규례는 처음으로 레위기 27:30-32에 규정되었다. 거기에는 땅의 소산물의 10분 1과 소나 양의 10분 1은 하나님의 거룩한 것으로 구별하여 하나님께 드려야 했다. 소와 양의 경우는 1년에 낳은 새끼들 중에 10분의 1을 하나님께 드리는 것이었다고 본다.[4] 이스라엘 백성의 십일조는 레위 사람들에게 주어야 하였고, 레위 사람들의 십일조는 제사장들에게 주어야 하였다(민 18:21-26).

십일조를 먹을 음식으로 규정한 것은 십일조를 가지고 하나님의 성막에 올라가 그 일부분을 하나님께 소제로 드리고 나머지 중 일부분을 음식으로 나누어 먹고 그 남은 전부는 레위인들에게 준다는 뜻

---

4) 소는 보통 15개월 때부터 새끼를 가질 수 있고 임신기간은 9개월이며 1년에(보통 봄에) 한 마리 정도 출산한다. 2-6살된 소가 출산을 잘한다. 양은 보통 1.5살부터 새끼를 가질 수 있고 임신기간은 5개월이며 7-10년 사는 동안 한 번에 1-2마리 정도 낳는다(월드북 백과사전).

이든지, 혹은 어떤 이들의 해석대로(카일-델리취) 두 번째 십일조를 가리킬 것이다. 하나님께서 이스라엘에게 이런 규례를 주신 목적은 그들로 하여금 하나님 경외하기를 항상 배우게 하려 하심이었다.

[24-27절] 그러나 네 하나님 여호와께서 그 이름을 두시려고 택하신 곳이 네게서 너무 멀고 행로가 어려워서 그 풍부히 주신 것을 가지고 갈 수 없거든 그것을 돈으로 바꾸어 그 돈을 싸서 가지고 네 하나님 여호와의 택하신 곳으로 가서 무릇 네 마음에 좋아하는 것을 그 돈으로 사되 우양이나 포도주나 독주 등 무릇 네 마음에 원하는 것을 구하고 거기 네 하나님 여호와의 앞에서 너와 네 권속이 함께 먹고 즐거워할 것이며 네 성읍에 거하는 레위인은 너의 중에 분깃이나 기업이 없는 자니 또한 저버리지 말지니라.

이스라엘 백성이 거주하는 곳이 하나님의 택하신 곳(성막이 있는 곳)과 거리가 너무 멀고 길이 어려우면, 그들은 그것을 돈으로 바꾸어 그 곳에 가서 필요한 제물을 사서 하나님께 드릴 수 있었다. 그들은 온 가족과 함께 또 그들의 성읍에 거하는 레위인들과 함께 올라가 제사 드리고 먹고 즐거워하고 그들에게 줄 것을 주었을 것이다. 모세는 이스라엘 백성이 레위인들을 저버리지 말라고 교훈하였다.

[28-29절] 매 3년 끝에 그 해 소산의 10분 1을 다 내어 네 성읍에 저축하여 너의 중에 분깃이나 기업이 없는 레위인과 네 성중에 우거하는 객과 및 고아와 과부들로 와서 먹어 배부르게 하라. 그리하면 네 하나님 여호와께서 너의 손으로 하는 범사에 네게 복을 주시리라.

이스라엘 백성은 3년마다 십일조를 성읍에 저축하여서 그들 중에 분깃이나 기업이 없는 레위인들과 성에 우거하는 객들과 고아들과 과부들로 먹어 배부르게 하여야 했다. 이 '구제의 십일조'는 해마다 드리는 십일조 외의 것인 것 같다. 하나님께서는 우리가 우리 주위의 어려운 사람들을 돌아보아야 할 것을 명하셨다.

헌금은 하나님의 명령이다. 그러나 실상 만물이 하나님의 것이다(대상 29:11, 14; 시 24:1). 또 그것은 하나님의 크신 은혜에 대한 작은 보답이다(롬 12:1). 헌금에는 복이 약속되어 있다. "그리하면 네 하나님 여호와께서 너의 손으로 하는 범사에 네게 복을 주시리라." 말라기 3:8-10은 십일조와 헌물이 하나님의 것이며 그것을 그에게 드리지 않는 것은 그의 것을 도적질하는 것이며 그것이 복 받지 못하는 중요한 원인이라고 책망하면서, 십일조와 헌물을 하나님께 드림으로 그가 하늘문을 열고 풍성한 복을 부어주시는지 부어주시지 않는지 시험해 보라고 말했다. 또 잠언 3:9-10은, "네 재물과 네 소산물의 처음 익은 열매로 여호와를 공경하라. 그리하면 네 창고가 가득히 차고 네 즙틀에 새 포도즙이 넘치리라"고 말하였다. 구약성도보다 더 큰 은혜를 받은 우리도 소득의 십일조와 첫열매 이상을 하나님께 드림으로써 하나님 사랑함을 표시하고 풍성한 복 누리기를 기대할 수 있다.

본장의 교훈을 정리해보자. 첫째로, 하나님께서는 맹수나 맹금류가 아닌 초식동물이나 비교적 깨끗한 물고기나 새들을 먹게 하셨다. 그것은 성민답게 살라는 상징적 의미가 있다고 본다. 구약 성도들과 같이, 신약 성도들은 하나님의 택하신 족속이요 왕 같은 제사장들이요 거룩한 나라요 그의 소유된 백성이다(벧전 2:9). 그러므로 우리는 믿지 않는 자들의 삶을 본받지 말고 보다 구별된 거룩한 삶을 살아야 한다. 세상 사람들은 자기를 사랑하고 돈을 사랑하고 교만하고 훼방하고 부모를 거역하고 감사치 않고 거룩하지 않고 무정하고 배반하고 쾌락을 하나님보다 더 사랑하지만(딤후 3:2-4), 우리는 그들과 구별하여 하나님의 자녀와 성도답게 경건하고 거룩하고 선하고 진실한 삶을 살아야 한다.

둘째로, 우리는 온전한 십일조와 첫 열매를 하나님께 드리며 하나님의 일을 받드는 데 우리의 몸과 마음과 시간과 수고와 돈을 바쳐야 한다. 그것은 하나님께서 우리에게 주신 구원의 은혜에 대한 작은 보답이다. 로마서 12:1, "너희 몸을 하나님이 기뻐하시는 거룩한 산 제사로 드리라." 고린도후서 8:7, "이 은혜[헌금]에도 풍성하게 할지니라." 우리는 구약 성도보다 더 풍성한 헌금, 십일조 이상을 하나님께 드려야 한다.

15장: 안식년과 면제

[1-3절] 매 7년 끝에 면제하라. 면제의 규례는 이러하니라. 무릇 그 이웃에게 꾸어준 채주는 그것을 면제하고 그 이웃에게나 그 형제에게 독촉하지 말지니 이 해는 여호와의 면제년이라 칭함이니라. 이방인에게는 네가 독촉하려니와 네 형제에게 꾸인[꾸어준] **것은 네 손에서 면제하라.**

안식년과 면제에 대한 규례이다. 안식년은 본래 땅의 안식에 관한 규례이지만(출 23:10-11; 레 25:3-5) 면제에 대한 규례가 첨가되었다. 이스라엘 백성은 이방인에게 꾸어준 빚은 독촉할 수 있으나, 동족에게 꾸어준 것은 매 7년 끝에 면제해야 했다. 이것은 가난한 자들에 대한 하나님의 배려이었다. 가난한 자들은 경제적 곤란 뿐만 아니라, 심리적 부담과 열등감의 고통이 클 것인데, 하나님께서는 그들로 하여금 제7년 끝에 그 고통에서 벗어날 길을 주신 것이다.

[4-6절] 네가 만일 네 하나님 여호와의 말씀만 듣고 내가 오늘날 네게 명하는 그 명령을 다 지켜 행하면 네 하나님 여호와께서 네게 유업으로 주신 땅에서 네가 정녕 복을 받으리니 너희 중에 가난한 자가 없으리라. 네 하나님 여호와께서 네게 허락하신 대로 네게 복을 주시리니 네가 여러 나라에 꾸어 줄지라도 너는 꾸지 아니하겠고 네가 여러 나라를 치리할지라도[다스릴지라도] **너는 치리함**[다스림]**을 받지 아니하리라.**

모세는 안식년 규례를 지키는 자들에게 하나님의 복을 선언하였다. 이웃의 빚을 탕감해 주는 일은 매우 선한 일이다. 하나님께서는 그런 선행을 기뻐하시고 그런 자들에게 복을 주실 것이다. 또 온 백성이 이 규례를 지키면, 하나님께서는 그 나라를 복되게 하셔서 그 나라가 다른 나라에게 꾸어주는 나라가 될지언정 다른 나라에게 꾸는 나라가 되지 않게 하시고, 여러 나라를 다스리는 나라가 될지언정 다른 나라에게 다스림을 받는 나라가 되지 않게 하실 것이다.

[7-11절] 네 하나님 여호와께서 네게 주신 땅 어느 성읍에서든지 가난

한 형제가 너와 함께 거하거든 그 가난한 형제에게 네 마음을 강퍅히 하지 말며 네 손을 움켜 쥐지 말고 반드시 네 손을 그에게 펴서 그 요구하는 대로 [그의 필요대로] **쓸 것을 넉넉히 꾸어주라. 삼가 너는 마음에 악념을 품지 말라. 곧 이르기를**[말하기를] **제7년 면제년이 가까왔다 하고 네 궁핍한 형제에게 악한 눈을 들고 아무것도 주지 아니하면 그가 너를 여호와께 호소하리니 네가 죄를 얻을 것이라. 너는 반드시 그에게 구제할 것이요, 구제할 때에는 아끼는**[괴로운](KJV, NASB) **마음을 품지 말 것이니라. 이로 인하여 네 하나님 여호와께서 네 범사와 네 손으로 하는 바에 네게 복을 주시리라. 땅에는 언제든지 가난한 자가 그치지 아니하겠으므로 내가 네게 명하여 이르노니**[말하노니] **너는 반드시 네 경내 네 형제의 곤란한 자와 궁핍한 자에게 네 손을 펼지니라.**

모세는 몇 가지 요점을 말했다. 첫째, 반드시 구제하라. 본문에는 '반드시'라는 말이 세 번 나온다(8, 10, 11절). 구제는 하나님의 백성이 해도 되고 안 해도 되는 선택사항이 아니고, 반드시 해야 하는 필수 사항이다. 구제하지 않으면 죄가 된다(9절). 야고보서 4:17은 "사람이 선을 행할 줄 알고도 행치 아니하면 죄니라"고 말하였다.

둘째, 너그러이 구제하라. 본문은 "네 손을 펴라"고 두 번이나 말한다(8, 11절). 손을 움키는 것은 아끼는 태도이며 손을 펴는 것은 너그러이 구제하는 태도이다. 또 본문은 "그 요구하는 대로[그의 필요대로] 쓸 것을 넉넉히 꾸어주라"(8절), "삼가 너는 마음에 악념을 품지 말라"(9절), "아끼는[인색한, 괴로운] 마음을 품지 말 것이니라"(10절)고 말한다. 로마서 12:8에, "구제하는 자는 성실함으로 하라"는 말씀이 있는데, 이 말씀에서 '성실함'이라는 원어(하플로테스 ἁπλότης)는 '단순함, 너그러움'이라는 뜻이다. 구제하는 자는 복잡한 생각을 버리고 단순하고 너그러운 마음을 가지고 해야 함을 보인다.

물론, 꾸는 자의 편에서는 평소에 낭비하는 습성이나 게으른 습성을 버리고 자기의 일에 충실하고 부지런한 모습을 보여야 하며 돈을 벌면 최소한의 생활비를 쓰는 것 외에는 먼저 꾼 돈을 충실히 갚아야 할 것이다. 그것이 사람의 바른 생활의 태도이다.

또, 율법은 성도가 다른 성도에게 돈을 꾸어줄 때는 이자를 받지 말라고 말하였다(출 22:25; 레 25:36-37; 신 23:19; 시 15:5 등). 출애굽기 22:25, "네가 만일 너와 함께한 나의 백성 중 가난한 자에게 돈을 꾸이거든[꾸어주거든] 너는 그에게 채주같이 하지 말며 변리[이자]를 받지 말 것이며." 성도들 간에는 이자를 받지 않아야 한다.

하나님께서는 안식년의 면제와 구제의 명령을 실천하는 자들에게 복을 주실 것이다. 10절, "이로 인하여 네 하나님 여호와께서 네 범사와 네 손으로 하는 바에 네게 복을 주시리라." 잠언은 구제하는 자가 복됨을 증거한다. 잠언 11:24-25, "흩어 구제하여도 더욱 부하게 되는 일이 있나니 과도히 아껴도 가난하게 될 뿐이니라. 구제를 좋아하는 자는 풍족하여질 것이요 남을 윤택하게 하는 자는 윤택하여지리라." 잠언 19:17, "가난한 자를 불쌍히 여기는 것은 여호와께 꾸이는[꾸어드리는] 것이니 그 선행을 갚아 주시리라." 잠언 28:27, "가난한 자를 구제하는 자는 궁핍하지 아니하려니와 못 본 체하는 자에게는 저주가 많으리라." 가난한 자를 구제하는 자는 하나님께서 복을 주심으로 더욱 풍족해진다. 누가복음 6:38에 보면, 주 예수께서도 "주라, 그리하면 너희에게 줄 것이니 곧 후히 되어 누르고 흔들어 넘치도록 하여 너희에게 안겨 주리라"고 말씀하셨다.

〔12-18절〕 네 동족 히브리 남자나 히브리 여자가 네게 팔렸다 하자. 만일 6년을 너를 섬겼거든 제7년에 너는 그를 놓아 자유하게 할 것이요 그를 놓아 자유하게 할 때에는 공수(空手)로 가게 하지 말고 네 양 무리 중에서와 타작 마당에서와 포도주 틀에서 그에게 후히 줄지니 곧 네 하나님 여호와께서 네게 복을 주신 대로 그에게 줄지니라. 너는 애굽 땅에서 종 되었던 것과 네 하나님 여호와께서 너를 속(贖)하셨음을 기억하라. 그를 인하여 내가 오늘날 이같이 네게 명하노라. 종이 만일 너와 네 집을 사랑하므로 너와 동거하기를 좋게 여겨 네게 향하여 내가 주인을 떠나지 아니하겠노라 하거든 송곳을 취하여 그의 귀를 문에 대고 뚫으라. 그리하면 그가 영영히 네 종이 되

리라. 네 여종에게도 일례로 할지니라. 그가 6년 동안에 품군의 삯의 배나 받을 만큼 너를 섬겼은즉 너는 그를 놓아 자유하게 하기를 어렵게 여기지 말라. 그리하면 네 하나님 여호와께서 너의 범사에 네게 복을 주시리라.

모세는 또 히브리 종에 대한 규례를 말한다. 이것은 출애굽기 21:2 이하에 이미 자세히 명령된 바이었다. 이것도 가난한 사람들을 배려한 법이다. 이스라엘 백성은 가난한 동족을 종으로 삼았을 경우 6년간만 일을 시킬 수 있었고 제7년에는 그를 자유케 해야 하였다. 또 그를 자유케 할 때에는 빈손으로 돌려보내지 말고 양과 곡식과 포도주 등을 후하게 주어야 했다. 그러나 만일 그 종이 주인과 함께 살기를 원한다면, 송곳으로 그의 귀를 문에 대고 뚫어서 표를 삼았다. 그들은 제7년에 종을 자유로이 내보내는 것을 어려운 일이라고 생각하지 말아야 했다. 하나님께서는 가난한 자들을 동정하신다.

〔19-23절〕 너의 우양의 처음 난 수컷은 구별하여 네 하나님 여호와께 드릴 것이니 네 소의 첫 새끼는 부리지 말고 네 양의 첫 새끼의 털은 깎지 말고 너와 네 가족이 매년에 여호와의 택하신 곳 네 하나님 여호와 앞에서 먹을지니라. 그러나 그 짐승이 흠이 있어서 절거나 눈이 멀었거나 무슨 흠이 있든지[있으면] **네 하나님 여호와께 잡아 드리지 못할지니 네 성중에서** [문안에서](KJV, NASB) **먹되 부정한 자나 정한 자가 다같이 먹기를 노루와 사슴을 먹음같이 할 것이요 오직 피는 먹지 말고 물같이 땅에 쏟을지니라.**

모세는 우양의 첫 새끼에 대한 규례도 말했다. 민수기 18:15-19에 보면, 우양의 첫 새끼는 하나님께 드리며 제사장들에게 돌리는 것이다. 그러나 신명기 12장, 14장, 15장은 그것을 십일조와 함께 성소에 올라가서 먹는다고 말했다(신 12:6-7, 17-18; 14:23; 15:19-20). 우양의 첫 새끼는 화목제물과 같이 간주되는 것 같다. 민수기 18:18에 보면, "오직 소의 처음 난 것이나 양의 처음 난 것이나 염소의 처음 난 것은 속(贖)하지 말지니 그것들은 거룩한즉 그 피는 단에 뿌리고 그 기름은 불살라 여호와께 향기로운[유화(속죄)의 향기를 위하여] 화제로 드릴 것이며 그 고기는 네게[제사장에게] 돌릴지니 흔든 가슴과 우편 넓적다리같이 네게 돌릴 것이니라"고 말했다. 이와 같이, 우양의 첫 새끼는, 비록 그 제물의 고기가 그 제사를 집례한 제사장의 몫이지만(민 18:18), 아마 제사장의 허락 속에, 다른 화목제물같이 제사드린 자들도 나누어 먹을 수 있었던 것 같다(헹스텐버그).

본장의 교훈을 정리해보자. 첫째로, 하나님께서는 가난한 이웃들에게 구제하라고 명하셨다. 그는 이스라엘 자손에게 동족 이스라엘 사람이 7년 동안 빚을 못 갚을 때 그 빚을 면제해 주라고 명령하셨다. 그것은 빚으로 인해 마음의 무거운 짐을 지고 고생하는 자들을 동정하시고 배려하심이다. 구제는 하나님의 명령이다. 그것은 우리가 해도 되고 하지 않아도 되는 선택사항이 아니고 반드시 해야 할 필수사항이다.

둘째로, 우리는 구제할 때 악한 마음, 강퍅한 마음을 품지 말고, 손을 움키지 말고 펴고, 인색한 마음, 괴로운 마음을 가지지 말고, 너그러운 마음으로 구제해야 한다. 우리는 실상 하나님께 큰 빚을 면제받은 자들이다. 우리의 죄의 빚은 지옥 갈 만한 빚이었다. 주께서는 그것을 1만 달란트의 빚이라고 비유하셨는데(마 18:24) 그것은 갚기 어려운 액수의 빚이다. 그러나 하나님의 아들 예수께서 이 세상에 오셔서 십자가에 죽으심으로 우리의 모든 죄를 대속하셨다. 우리는 예수 그리스도의 공로로 죄사함 받고 의롭다 하심을 얻고 하나님의 자녀들의 특권을 얻었고 영원한 생명을 얻었다. 우리가 이런 큰 은혜를 받았기 때문에 우리는 남의 허물을 용서하고 남의 빚도 면제할 수 있고 면제해야 하는 것이다.

셋째로, 구제는 복된 일이다. 그것은 하나님을 기쁘시게 하는 일이며 하나님의 풍성한 복을 가져오는 일이다. 구제하는 자들과 그들의 후손들은 복을 누릴 것이다. 그것은 하나님의 약속이다. 잠언 11:25, "구제를 좋아하는 자는 풍족하여질 것이요 남을 윤택하게 하는 자는 윤택하여지리라." 누가복음 6:38, "주라, 그리하면 너희에게 줄 것이니 곧 후히 되어 누르고 흔들어 넘치도록 하여 너희에게 안겨 주리라."

16장: 연중 3대 절기들

〔1-8절〕 아빕월을 지켜 네 하나님 여호와의 유월절 예식을 행하라. 이는 아빕월에 네 하나님 여호와께서 밤에 너를 애굽에서 인도하여 내셨음이라. 여호와께서 그 이름을 두시려고 택하신 곳에서 우양으로 네 하나님 여호와께 유월절 제사를 드리되 유교병(有酵餠)을 그것과 아울러 먹지 말고 7일 동안은 무교병(無酵餠) 곧 고난의 떡을 그것과 아울러 먹으라. 이는 네가 애굽 땅에서 급속히 나왔음이니 이같이 행하여 너의 평생에 항상 네가 애굽 땅에서 나온 날을 기억할 것이니라. 그 7일 동안에는 네 사경(四境) 내에 누룩이 보이지 않게 할 것이요 또 네가 첫날 해 질 때에 제사 드린 고기를 밤을 지내어 아침까지 두지 말 것이며 유월절 제사를 네 하나님 여호와께서 네게 주신 각 성에서 드리지 말고 오직 네 하나님 여호와께서 그 이름을 두시려고 택하신 곳에서 네가 애굽에서 나오던 시각 곧 초저녁 해 질 때에 드리고 네 하나님 여호와께서 택하신 곳에서 그 고기를 구워먹고 아침에 네 장막으로 돌아갈 것이니라. 너는 6일 동안은 무교병을 먹고 제7일에 네 하나님 여호와 앞에 성회로 모이고 아무 노동도 하지 말지니라.

유월절은 애굽으로부터 해방된 날을 기념하는 절기이며 무교절은 유월절에 이어 7일간 누룩 없이 만든 떡을 먹는 절기이다. 유월절은 유대인들의 달력으로 1월 14일 저녁이며, 무교절은 1월 15일부터 21일까지다. 유대인들은 해가 질 때부터 하루가 시작된다고 보므로(레 23:32), 유월절과 무교절의 첫날은 시간적으로 이어지며, 두 절기는 동일시 되기도 한다. 유대 땅에서 무교절 기간은 보리를 추수하는 때이다. 이스라엘 백성은 하나님께서 자기의 이름을 두시려고 택하신 성소에 올라가 유월절을 지켜야 했다. 무교절 첫날과 제7일은 성회로 모이고 아무 노동도 하지 않는 절기 안식일로 지켰다(레 23:7).

〔9-12절〕 7주를 계수할지니 곡식에 낫을 대는 첫날부터 7주를 계수하여 네 하나님 여호와 앞에 칠칠절을 지키되 네 하나님 여호와께서 네게 복을 주신 대로 네 힘을 헤아려 자원하는 예물을 드리고 너와 네 자녀와 노비

와 네 성중에 거하는 레위인과 및 너희 중에 있는 객과 고아와 과부가 함께 네 하나님 여호와께서 그 이름을 두시려고 택하신 곳에서 네 하나님 여호와 앞에서 즐거워할지니라. 너는 애굽에서 종 되었던 것을 기억하고 이 규례를 지켜 행할지니라.

칠칠절은 맥추절 혹은 '밀 초실절'(출 23:16)이라고도 하는데, 밀을 추수하는 계절 초에 지키는 절기이다. 무교절 기간에 보리 한 단을 처음 추수한 후에 안식일 다음날 하나님께 드리는 것을 '보리 초실절'이라고 부르며(레 23:10-11), 보리 초실절로부터 7주간을 지나고 그 다음날, 즉 50일째 되는 날이 칠칠절이며(레 23:16) 그 날은 신약성경에서 오순절이라고도 불렸다(행 2:1). 그때는 이스라엘의 온 가족들이 종들과 레위인들과 객들과 고아들과 과부들과 함께 성소에 올라가 음식을 먹고 즐거워하여야 했다. 맥추절에는 특히 누룩 넣은 떡 두 개를 하나님께 드렸다(레 23:17). 그것은 죄성을 가진 우리들, 유대인과 이방인을 상징했다고 보인다. 누룩은 죄성을 상징한다고 본다.

〔13-15절〕 너희 타작 마당과 포도주 틀의 소출을 수장(收藏)한[거두어 들인] **후에 7일 동안 초막절을 지킬 것이요 절기를 지킬 때에는 너와 네 자녀와 노비와 네 성중에 거하는 레위인과 객과 고아와 과부가 함께 연락(宴樂)**[기뻐]**하되 네 하나님 여호와께서 택하신 곳에서 너는 7일 동안 네 하나님 여호와 앞에서 절기를 지키고 네 하나님 여호와께서 네 모든 물산과 네 손을 댄 모든 일에 복 주실 것을 인하여 너는 온전히 즐거워**[기뻐]**할지니라.**

초막절은 수장절(收藏節)이라고 부르기도 하며(출 23:16) 가을에 포도주, 감람유, 무화과, 견과류의 추수를 다 마치고 그것들을 창고에다 저장한 후 7일 동안 지키는 절기이다. 7월 15일부터 7일간이었고 첫째날과 제8일은 성회로 모이고 아무 노동도 하지 않는 절기 안식일로 지켰다. 그때 이스라엘 백성은 옛날 애굽에서 나온 후 40년간의 광야생활을 기념하여 7일 동안 나뭇가지들로 만든 초막에 거했다(레 23:40-43). 초막절은 1년 중에 가장 기쁜 절기이었다. 본문은 '온전히 기뻐하라'고 말한다. 그때 이스라엘 온 가족들은 종들과 성읍에 거하는 레위인들과 객들(손님들, 이방인들)과 고아들과 과부들과 함께 7일 동안 초막에 거하며 음식을 먹고 기뻐해야 했다.

〔16-17절〕 너의 중 모든 남자는 1년 3차 곧 무교절과 칠칠절과 초막절에 네 하나님 여호와의 택하신 곳에서 여호와께 보이되 공수(空手)로[빈손으로] **여호와께 보이지 말고 각 사람이 네 하나님 여호와의 주신 복을 따라 그 힘대로[5] 물건을 드릴지니라.**

이 연중 세 절기는 이스라엘의 모든 남자들이 하나님께서 택하신 성소에 모여야 하는 절기이었고 그들이 모일 때는 빈손으로 나오지 말고 하나님께서 각 사람에게 주신 복을 따라 예물을 드려야 했다.

〔18-20절〕 네 하나님 여호와께서 네게 주시는 각 성에서 네 지파를 따라 재판장과 유사[관리]**를 둘 것이요 그들은 공의로 백성을 재판할 것이니라. 너는 굽게 판단하지 말며 사람을 외모로 보지 말며 또 뇌물을 받지 말라. 뇌물은 지혜자의 눈을 어둡게 하고 의인의 말을 굽게 하느니라. 너는 마땅히 공의만**(체데크 체데크 צֶדֶק צֶדֶק)[오직 공의만] **좇으라. 그리하면 네가 살겠고 네 하나님 여호와께서 네게 주시는 땅을 얻으리라.**

공의는 하나님의 법에 맞는 것을 말하며(신 6:25), 한마디로 경건과 도덕성이다. 각 성에 세움 받은 재판장들과 관리들은 공의를 행해야 하고 사람을 외모로 보고 판단하거나 뇌물을 받지 말아야 한다. 뇌물은 지혜자의 눈을 어둡게 하며 의인의 말을 굽게 한다. 하나님의 뜻은 우리가 공의, 오직 공의만 행하는 것이다. 죄는 죽음을 가져오지만, 의는 생명을 가져온다(레 18:5; 롬 10:5; 갈 3:12). 또 사람이 오직 공의를 행할 때 하나님께서 주시는 가나안 땅을 얻을 것이다. 땅은 천국을 예표한다. 의는 생명을 가져오고 결국 천국에 들어가게 한다.

〔21-22절〕 네 하나님 여호와를 위하여 쌓은 단 곁에 아무 나무로든지 아세라 상을 세우지 말며 자기를 위하여 주상(柱像)을 세우지 말라. 네 하

---

5) '그 힘대로'라는 원어(케맛테낫 야도 כְּמַתְּנַת יָדוֹ)는 '그의 손의 선물(혹은 제물)을 따라'(그의 능력대로)(BDB)라는 뜻이다.

나님 여호와께서 미워하시느니라.

사람이 하나님 외에 다른 신을 두고 아세라 상과 주상을 세우는 것은 십계명의 제1, 2계명을 어기는 죄이다. 그것은 하나님께서 미워하시는 바이다. 하나님만 바르게 섬기는 것이 경건이요 의이다.

본장의 교훈을 정리해보자. 첫째로, 이스라엘 백성은 무교절 기간의 보리, 칠칠절 때의 밀, 초막절 때의 포도주, 기름, 무화과 등을 하나님께 감사해야 하였다. 오늘날 우리도 우리에게 먹을 것과 입을 것과 거처할 곳을 주신 하나님께 감사 드려야 한다. 또 우리는 각종 질병과 전염병, 특히 코로나 19로부터 또 각종 사고로부터 우리와 우리 가족들과 우리 교회와 우리나라를 이만큼 지켜주신 하나님께 감사 드려야 한다.

둘째로, 이스라엘 백성은 애굽의 노예 생활로부터의 구원과 가나안 땅에 들어가기까지 광야생활을 지켜주심을 감사해야 하였다. 구약의 연중 3대 절기는 하나님의 구원의 은혜를 예표하였다. 유월절은 예수 그리스도의 대속의 죽음을 예표한다. 예수께서는 유월절 어린양이 되셨다(고전 5:7). 보리 초실절은 예수님의 부활을 예표한다. 예수께서는 부활의 첫열매이시다(고전 15:20). 칠칠절은 우리의 구원을 예표한다. 우리는 성령님의 첫열매이다(롬 8:23; 약 1:18). 초막절 혹은 수장절은 광야 같은 세상 생활과 천국에 들어감을 예표했다. 이것은 다 하나님께서 우리에게 주신 구원의 은혜이다. 우리는 그 은혜를 감사해야 한다.

셋째로, 우리는 세상에서 공의만 행해야 한다(20절). 공의는 하나님의 법을 지키는 것이다. 하나님의 법은 십계명에 요약되어 있고 그 요점은 경건과 도덕성이다. 그것이 의와 선이다. 우리는 경건하고 의롭고 선한 삶을 살아야 한다. 사도 바울은, "너희 지체를 불의의 도구로 죄에게 드리지 말고 오직 너희 자신을 죽은 자 가운데서 다시 산 자같이 하나님께 드리며 너희 지체를 의의 도구로 하나님께 드리라"고 말하였다(롬 6:13). 우리는 오직 경건하게 살고 의롭고 선하게만 살아야 한다.

17장: 왕에 대한 명령

〔1절〕 무릇 흠이나 악질이 있는[결함이 있는] **우양(牛羊)은 네 하나님 여호와께 드리지 말지니 이는 네 하나님 여호와께 가증한 것이 됨이니라.**

어떤 흠이나 결함이 있는 소나 양을 제물로 드리는 것은 하나님께 가증한 것이 된다. 그것은 하나님을 섬기는 바른 방법이 아니다. 사람은 그런 선물을 왕에게라도 드리지 못할 것이다. 그러므로 레위기는 흠 없는 제물을 하나님께 드리라고 명하였다(레 1:3). 흠 없는 제물은 또한 죄 없으신 예수 그리스도를 예표했다. 죄인은 남을 위해 제물이 될 자격이 없고 오직 자기 죄로 죽어야 마땅할 뿐이다. 죄 없으신 예수 그리스도께서만 죄인들을 위한 대속 제물이 되실 수 있다. 과연 예수 그리스도께서는 우리를 위한 대속 제물이 되셨다.

〔2-7절〕 네 하나님 여호와께서 네게 주시는 어느 성중에서든지 너의 가운데 혹시 어떤 남자나 여자가 네 하나님 여호와의 목전에[눈앞에] **악을 행하여 그 언약을 어기고 가서 다른 신들을 섬겨 그것에게 절하며 내가 명하지 아니한 일월성신**[해와 달과 별들]**에게 절한다 하자. 혹이 그 일을 네게 고하므로 네가 듣거든 자세히 사실(査實)하여**[사실을 조사하여] **볼지니 만일 그 일과 말이 확실하여 이스라엘 중에 이런 가증한 일을 행함이 있으면 너는 그 악을 행한 남자나 여자를 네 성문으로 끌어내고 돌로 그 남자나 여자를 쳐죽이되 죽일 자를 두 사람이나 세 사람의 증거로 죽일 것이요 한 사람의 증거로는 죽이지 말 것이며 이런 자를 죽임에는 증인이 먼저 그에게 손을 댄 후에 뭇 백성이 손을 댈지니라. 너는 이와 같이 하여 너의 중에 악을 제할지니라.**

어느 성에 다른 신을 섬기는 자가 있으면 그 사실을 자세히 조사해 확인한 후 그를 성문으로 끌어내어 돌로 쳐죽여야 했다. 그를 죽일 때 두세 증인이 필요하고 그들이 먼저 손을 댄 후 모든 백성이 손을 대어 그를 죽여야 했다. 그렇게 함으로써 우상숭배의 큰 악을 그 성에서 제거해야 했다. 악은 전염성이 있기 때문에 그것을 제거하지 않으면 온 교회가 점점 해이해져서 우상숭배에 떨어질 것이다. 그러므로 악을 제거함으로써 이스라엘 사회는 순결함을 지켜야 하였다.

〔8-13절〕 네 성중에서 송사로 다투는 일이 있으되 서로 피를 흘렸거나 다투었거나 구타하였거나 하여 네가 판결하기 어려운 일이 생기거든 너는 일어나 네 하나님 여호와의 택하실 곳으로 올라가서 레위 사람 제사장과[제사장이나][6] **당시 재판장에게로 나아가서 물으라. 그리하면 그들이 어떻게 판결할 것을 네게 가르치리니 여호와께서 택하신 곳에서 그들이 네게 보이는 판결의 뜻대로 네가 행하되 무릇 그들이 네게 가르치는 대로 삼가 행할 것이니 곧 그들이 네게 가르치는 법률의 뜻대로, 그들이 네게 고하는 판결대로 행할 것이요 그들이 네게 보이는 판결을 어기어서 좌로나 우로나 치우치지 말 것이니라. 사람이 만일 천자(擅恣)히**(베자돈 בְּזָדוֹן)[건방지게, 오만하게] **하고 네 하나님 여호와 앞에 서서 섬기는 제사장이나 재판장을 듣지 아니하거든 그 사람을 죽여 이스라엘 중에서 악을 제하여 버리라. 그리하면 온 백성이 듣고 두려워하여 다시는 천자히**[오만하게] **행치 아니하리라.**

만일 이스라엘 백성이 각 성에서 판단하기 어려운 일이 있으면 그들은 중앙성소로 올라와서 레위 사람 제사장이나 당시 재판관에게로 가서 판단을 받아야 하였다. 본문은, "그들이 네게 보이는 판결의 뜻대로"(10절), "그들이 네게 가르치는 대로"(10절), "그들이 네게 가르치는 법률(토라 תּוֹרָה)[율법]의 뜻대로"(11절), "그들이 네게 고하는 판결대로"(11절), "그들이 네게 보이는 판결"(11절) 등 비슷한 문구를 다섯 번 반복했다. 이스라엘 백성은 제사장이나 재판관이 가르치는 대로 판단을 받고 그대로 행해야 하였다. 그들 중에 오만하게 행하고 제사장이나 재판관의 가르치는 판결을 듣지 않는 자가 있으면, 그를 죽여 이스라엘 중에서 악을 제거해야 하였다. 그래야 온 백성이 듣고 두려워하고 다시는 오만하게 행하지 않을 것이기 때문이다.

---

6) 히브리어 웨(וְ)는 때때로 '혹은'이라고 번역되기도 하며(BDB), 본문의 경우도 그러하다(NASB). 12절은 오(אוֹ)[혹은]라는 말로 대체되었다.

〔14-15절〕 네가 네 하나님 여호와께서 네게 주시는 땅에 이르러서 그 땅을 얻어 거할 때에 만일 우리도 우리 주위의 열국같이 우리 위에 왕을 세우리라는 뜻이 나거든 반드시 네 하나님 여호와의 택하신 자를 네 위에 왕으로 세울 것이며 네 위에 왕을 세우려면 네 형제 중에서 한 사람으로 할 것이요 네 형제 아닌 타국인을 네 위에 세우지 말 것이며.

이스라엘 백성은 가나안 땅에 정착하게 된 후 이방 나라들처럼 왕을 세우기를 원할 것이다. 그들은 과연 사사 시대 말에 사무엘에게 왕 세우기를 구하였다. 그들이 왕 세우기를 구한 것은 악한 일이었다. 왜냐하면 그것은 하나님의 왕 되심을 부정한 일이었기 때문이다. 그러나 하나님께서 그들의 요구대로 왕의 제도를 허락하신 것은 아마 인간 왕국의 실패를 통해 사람의 뿌리깊은 죄성을 깨우치기 원하셨고 또 하나님만 참 왕이심을 깨닫게 하기 위함이셨을 것이다.

모세는 왕의 자격에 대해 두 가지 점을 말하였다. 첫째는 하나님의 선택하신 자를 왕으로 세우라는 것이다. 그들은 인기 투표하듯 하지 말아야 했다. 하나님께서는 사람의 인격성을 보신다. 사람의 인격성의 요소는 경건과 도덕성이다. 하나님을 두려워하며 악을 떠나고 의와 선을 행하는 자가 왕이 될 만할 것이다. 둘째는 이스라엘 백성 중에서 세우라는 것이다. 이스라엘 백성은 언약의 표인 할례를 받은 자들이므로 그들 중에서 세우고 타국인을 세워서는 안 되었다.

〔16-17절〕 왕된 자는 **말을 많이 두지 말 것이요 말을 많이 얻으려고 그 백성을 애굽으로 돌아가게 말 것이니 이는 여호와께서 너희에게 이르시기를**[말씀하시기를] **너희가 이 후에는 그 길로 다시 돌아가지 말 것이라 하셨음이며 아내를 많이 두어서 그 마음이 미혹되게 말 것이며 은금을 자기를 위하여 많이 쌓지 말 것이니라.**

모세는 왕이 주의해야 할 점 세 가지를 말한다. 첫째는 말을 많이 두지 말아야 한다. 그것은 하나님을 의지하는 대신 군사력을 의지하지 말라는 뜻이다. 우리는 살아계신 하나님을 믿는 자들이다. 다윗은 시편 20:7에서 고백하기를, “혹은 병거, 혹은 말을 의지하나 우리는 여호와 우리 하나님의 이름을 자랑하리로다”라고 하였다.

둘째는 아내를 많이 두지 말아야 한다. 그것은 무절제하게 육신의 정욕과 쾌락을 따르는 것을 금한 것이다. 일부일처는 하나님의 뜻이다. 노아 시대의 사람들은 여자들의 아름다움을 보고 자기들이 좋아하는 모든 자로 아내를 삼았다가(창 6:1-2) 결국 홍수로 멸망하였다.

셋째는 은금을 많이 소유하지 말아야 한다. 물질적 부요와 사치는 사람의 마음을 안일하고 교만하게 만들며 경건생활에 방해가 된다. 주께서는 부자가 천국에 들어가기가 어렵다고 말씀하셨다(마 19:23).

솔로몬은 하나님의 은혜와 복을 많이 받은 왕이었지만, 이 세 가지에 다 부족하였다. 그는 애굽에서 말을 많이 수입해왔고(왕상 4:26; 10:28-29) 7백명의 왕후와 3백명의 첩을 거느렸고(왕상 11:3) 은금을 많이 모았다(왕상 10:14, 21-22). 그는 결국 실패한 왕이 되었다.

〔18-20절〕 그가 왕위(王位)에 오르거든 레위 사람 제사장 앞에 보관한 **이 율법서를 등사하여 평생에 자기 옆에 두고 읽어서 그 하나님 여호와 경외하기를 배우며 이 율법의 모든 말과 이 규례를 지켜 행할 것이라. 그리하면 그의 마음이 그 형제 위에 교만하지 아니하고 이 명령에서 떠나 좌로나 우로나 치우치지 아니하리니 이스라엘 중에서 그와 그의 자손의 왕위(王位)에 있는 날이 장구하리라.**

모세는 왕이 행해야 할 한 중요한 의무도 말했다. 그것은 율법책을 복사하여 평생 곁에 두고 읽고 하나님 경외하기를 배우며 그 율법의 모든 말씀을 지켜 행하는 것이다. 왕이 그 의무를 잘 행하면 사람들 위에 교만한 마음을 가지지 않고 하나님의 명령을 떠나 좌로나 우로 치우치지 않을 수 있고 그의 왕위(王位)가 든든히 지속될 것이다.

본장의 교훈을 정리해보자. 첫째로, 이스라엘 백성은 우상을 섬기지 말고 하나님만 섬기며 또 성경의 규례대로 하나님께 흠 없는 제물을 드려야 했다. 하나님께서는 십계명의 제1계명에서 “너는 나 외에는 다른 신들을 네게 있게 말지니라"고 말씀하셨다(출 20:3). 모세는 "너는 마음을 다하고 성품을 다하고 힘을 다하여 네 하나님 여호와를 사랑하라"고 말했다(신 6:5). 마음을 다하여 하나님을 사랑하는 것은 율법 중에 가장 중요한 계명이다(마 22:36-38). 이것은 신약시대에도 여전히 유효하다.

더욱이, 신약 성도들은 예수 그리스도께서 오셔서 십자가에 죽으시고 부활하심으로 이루신 대속의 은혜를 받은 자들이다. 그러므로 우리는 오직 하나님만 섬겨야 하며 또 우리의 몸을 하나님께 산 제물로 드려야 하며 살든지 죽든지 오직 하나님만 위해야 한다(롬 12:1; 14:7-8).

둘째로, 이스라엘 사회는 각 성에서 우상숭배의 악이 있으면 그 사실을 자세히 조사하여 확인한 후 그런 자를 사형시켜야 했고, 그 외의 악들도 재판장들의 판결을 따라 제거해야 했다. 만일 어떤 사람이 무례하게, 오만하게 재판장의 판결을 순종하지 않으면, 그 사람을 죽여 이스라엘 나라 중에서 악을 제거해야 했다. 신약성경도 교리적, 도덕적 악에 대하여 충실히 권징을 시행하라고 교훈한다. 우리는 교회 안에서 악을 제거해야 한다. 우리는 교회가 거룩한 교회가 되도록 잘 지켜야 한다.

셋째로, 왕이 말과 아내와 은금을 많이 소유하지 말아야 하듯이, 우리는 세상의 권력이나, 육신의 정욕과 쾌락이나, 돈 사랑을 조심해야 한다. 사도 바울은 "우리가 세상에 아무것도 가지고 온 것이 없으매 또한 아무것도 가지고 가지 못하리니 우리가 먹을 것과 입을 것이 있은즉 족한 줄로 알 것이니라"고 교훈하였고(딤전 6:7-8), 사도 요한은 "이 세상이나 세상에 있는 것들을 사랑치 말라"고 교훈하였다(요일 2:15).

넷째로, 왕이 율법책을 평생 곁에 두고 읽어야 하듯이, 우리는 성경을 평생 곁에 두고 읽어 하나님 경외함을 배우고 겸손히 하나님의 모든 교훈을 잘 지켜 행해야 한다. 그렇게 할 때 우리는 교만에 떨어지지 않고 하나님의 명령에서 떠나 좌로나 우로 치우치지 않을 것이며, 우리의 현세의 삶도 복되고 장차 영광의 천국, 영생의 나라에 넉넉히 들어갈 것이다. 경건은 범사에 유익하며 현세와 내세에 약속이 있다(딤전 4:8).

18장: 거짓된 신비주의를 경계하라

〔1-5절〕 레위 사람 제사장과 레위의 온 지파는 이스라엘 중에 분깃도 없고 기업도 없을지니 그들은 여호와의 화제물과 그 기업[분깃](민 18:21, 24, 26)**을 먹을 것이라. 그들이 그 형제 중에 기업이 없을 것은 그들에게 대하여 말씀하심같이 여호와께서 그들의 기업이 되심이니라. 제사장이 백성에게서 받을 응식**[몫, due(KJV, NASB)]**은 이러하니 곧 그 드리는 제물의 우양을 물론하고 그 앞 넓적다리와 두 볼과 위라.** 이것을 **제사장에게 줄 것이요 또 너의 처음 된 곡식과 포도주와 기름과 너의 처음 깎은 양털을 네가 그에게 줄 것이니 이는 네 하나님 여호와께서 네 모든 지파 중에서 그를 택하여 내시고 그와 그의 자손으로 영영히 여호와의 이름으로 서서 섬기게 하셨음이니라.**

모세는 레위 사람 제사장과 레위의 온 지파가 이스라엘 중에 기업과 분깃이 없고 하나님께서 그들의 기업이 되심을 말한다. 제사장이 받을 몫은 이스라엘 백성이 하나님께 드리는 제물들, 특히 우양의 앞 넓적다리와 두 볼과 위와 우양이나 곡식 등의 첫 새끼나 첫 열매 등이다. 그것들은 그의 소득이 될 것이다.

〔6-8절〕 이스라엘의 온 땅 어느 성읍에든지 거하는 레위인이 간절한 소원이 있어 그 거한 곳을 떠나 여호와의 택하신 곳에 이르면 여호와 앞에 선 그 형제 모든 레위인과 일반으로 그 하나님 여호와의 이름으로 섬길 수 있나니 그 사람의 응식[먹을 양식]**은 그들과 같을 것이요 그 상속 산업을 판** 돈**은 이 외에 그에게 속할 것이니라.**

이스라엘 땅의 어떤 성읍에 거하는 레위 사람이 간절한 소원이 있어서 자기의 거하는 성읍을 떠나 하나님께서 택하신 곳 즉 성막이 있는 곳에 와서 살고자 하면 그렇게 할 수 있고 거기에서 동료 레위인들과 함께 그들에게 주어진 음식을 먹을 수 있었다.

〔9-14절〕 네 하나님 여호와께서 네게 주시는 땅에 들어가거든 너는 그 민족들의 가증한 행위를 본받지 말 것이니 그 아들이나 딸을 불 가운데로 지나게 하는 자나 복술자나 길흉을 말하는 자나 요술하는 자나 무당이나 진언

자나 신접자나 박수나 초혼자를 너의 중에 용납하지 말라. 무릇 이런 일을 행하는 자는 여호와께서 가증히 여기시나니 이런 가증한 일로 인하여 네 하나님 여호와께서 그들을 네 앞에서 쫓아내시느니라. 너는 네 하나님 여호와 앞에 완전하라. 네가 쫓아낼 이 민족들은 길흉을 말하는 자나 복술자의 말을 듣거니와 네게는 네 하나님 여호와께서 이런 일을 용납지 아니하시느니라.

모세는 가나안 족속들의 가증한 행위들을 본받지 말라고 교훈하였다. 그는 먼저 아들과 딸을 불 가운데로 지나게 하는 행위, 즉 자녀를 제물로 불태워 죽이는 행위를 본받지 말라고 말했다. 스발와임 사람들은 그 자녀를 불살라 그 신 아드람멜렉과 아남멜렉에게 드렸었다(왕하 17:31). 레위기 18:21에 보면, 하나님께서는 "너는 결단코 자녀를 몰렉에게 주어 불로 통과케 말아서 네 하나님의 이름을 욕되게 하지 말라"고 말씀하셨다. 그러나 이스라엘 백성은 이방인들의 풍습을 본받아 자기 자녀들을 불태워 제물로 삼은 일들이 있었다. 유다 왕 아하스는 힌놈의 아들 골짜기에서 분향하고 이방 사람들의 가증한 일을 본받아 그 자녀를 불살랐다(대하 28:3). 시편 106:37은 이스라엘 백성이 그 자녀를 사신(邪神)에게 제사하였다고 증거한다. 예레미야 7:31은 유다 백성이 힌놈의 아들 골짜기에 도벳 사당을 건축하고 그 자녀를 불에 살랐다고 말하며, 예레미야 19:5도 그들이 자기 아들들을 바알에게 번제로 불살라 드렸다고 말한다. 에스겔 16:20도 그들이 그 자녀를 우상들에게 드려 제물을 삼아 불살랐다고 말하며, 에스겔 23:37도 그들이 자식들을 우상을 위하여 화제로 살랐다고 말한다. 이처럼 이스라엘 백성은 이방인들의 가증한 풍습을 본받아 행하였다.

모세는 특히 거짓된 신비주의를 경계하라고 교훈하였다. 그는 그들이 경계해야 할 자들을 여덟 가지 용어로 말하였다.

첫째는 '복술자(卜術者)'이다. '복술자'(코셈 케사밈 קֹסֵם קְסָמִים)라는 원어는 '점치는 자'라는 뜻이다(BDB, KJV, NASB).

둘째는 길흉을 말하는 자이다. '길흉을 말하는 자'라는 원어(메오넨

מְעוֹנֵן)도 '예언을 하는(soothsaying) 자'라는 뜻이다(BDB, KB).

셋째는 요술하는 자이다. '요술하는 자'라는 원어(메나케쉬 מְנַחֵשׁ)도 '징조를 보는(observe signs) 자'라는 뜻이다(BDB, NASB).

넷째는 무당이다. '무당'이라는 원어(메캇쉐프 מְכַשֵּׁף)는 '마술사'(sorcerer)라는 뜻이다(BDB, NASB).

다섯째는 '진언자(嗔言者)'이다. '진언자'라는 원어(코베르 카베르 חֹבֵר חָבֶר)도 '마법(spell)을 거는 자'라는 뜻이다(BDB, NASB).

여섯째는 '신접자(神接者)'이다. '신접자'라는 원어(쇼엘 오브 אוֹב שֹׁאֵל)는 '무당, 영매'(medium)라는 뜻이다(BDB, NASB).

일곱째는 '박수'이다. '박수'라는 원어(이드오니 יִדְּעֹנִי)는 '귀신과 통하는 자'(BDB), '강신술자(降神術者)'(spiritist)라는 뜻이다(NASB).

여덟째는 '초혼자(招魂者)'이다. '초혼자'라는 원어(도레쉬 엘 함메심 דֹּרֵשׁ אֶל־הַמֵּתִים)는 '죽은 자를 불러내는 자'라는 뜻이다(NASB).

하나님께서는 이와 같이 모세를 통해 이스라엘 백성이 점치는 자, 예언을 하는 자, 징조를 보는 자, 마술사, 마법사, 무당, 강신술자, 죽은 자를 불러내는 자 등 거짓된 신비주의자들을 용납하지 말고 경계하라고 교훈하신 것이다. 이것은 신약교회에서도 유효한 교훈이다.

이런 거짓된 신비주의는 하나님께서 가증히 여기시는 바이며, 이런 일들 때문에 하나님께서 가나안 족속들을 그 땅에서 쫓아내시는 것이다. 모세는 또 "너는 네 하나님 여호와 앞에 완전하라"고 교훈했다. 이스라엘 백성은 하나님 앞에서 흠과 점이 없이 완전하여야 했다. 그들은 조금이라도 거짓된 신비주의에 물들지 말아야 했다. 하나님께서는 그러한 이방 풍습들을 구약교회에서 뿐만 아니라 또한 신약교회에서도 용납하지 않으신다(마 24:24; 살후 2:9-10).

[15-22절] 네 하나님 여호와께서 너의 중 네 형제 중에서 나와 같은 선지자 하나를 너를 위하여 일으키시리니 너희는 그를 들을지니라. 이것이 곧 네가 총회의 날에 호렙산에서 너의 하나님 여호와께 구한 것이라. 곧 네가

말하기를 나로 다시는 나의 하나님 여호와의 음성을 듣지 않게 하시고 다시는 이 큰 불을 보지 않게 하소서. 두렵건대 내가 죽을까 하나이다 하매 여호와께서 내게 이르시되[말씀하시되] **그들의 말이 옳도다. 내가 그들의 형제 중에 너와 같은 선지자 하나를 그들을 위하여 일으키고 내 말을 그 입에 두리니 내가 그에게 명하는 것을 그가 무리에게 다 고하리라. 무릇 그가 내 이름으로 고하는 내 말을 듣지 아니하는 자는 내게 벌을 받을 것이요 내가 고하라고 명하지 아니한 말을 어떤 선지자가 만일 방자히**[오만하게] **내 이름으로 고하든지 다른 신들의 이름으로 말하면 그 선지자는 죽임을 당하리라 하셨느니라. 네가 혹시 심중에 이르기를 그 말이 여호와의 이르신 말씀인지 우리가 어떻게 알리요 하리라. 만일 선지자가 있어서 여호와의 이름으로 말한 일에 증험(證驗)도 없고**[일이 일어나지도 않고] **성취함도 없으면 이는 여호와의 말씀하신 것이 아니요 그 선지자가 방자히 한 말이니 너는 그를 두려워 말지니라.**

하나님께서는 모세가 죽은 후에도 이스라엘 백성에게 모세와 같은 선지자를 주실 것을 약속하셨다. 그러나 거짓 선지자도 나타날 것인데, 참과 거짓을 구별하는 법은 그 선지자의 예언이 성취되는가 여부이다. 예언의 성취가 없는 자는 거짓 선지자로 판명될 것이다.

구약시대에 참 선지자와 거짓 선지자를 구별하는 법은 첫째로 그가 전하는 말씀이 모세의 율법에 맞는지 여부이며, 둘째로 그가 예언한 바가 성취되는지 여부이다. 22절, "만일 선지자가 있어서 여호와의 이름으로 말한 일에 증험(證驗)도 없고 성취함도 없으면 이는 여호와의 말씀하신 것이 아니요 그 선지자가 방자히 한 말이니 너는 그를 두려워 말지니라." 이사야 8:20, "마땅히 율법과 증거의 말씀을 좇을지니 그들의 말하는 바가 이 말씀에 맞지 아니하면 그들이 정녕히 아침 빛을 보지 못하고[그들 속에 빛이 없음이니라]."

오늘날 예수 그리스도의 재림이 가까운 때를 당하여서 예수 그리스도와 사도들의 예언대로(마 24:11, 24; 살후 2:9-10) 많은 거짓 목사들이 나타나서 여러 가지 거짓말을 퍼뜨리고 있다. 여러 이단들이 활동하고 있고 또 거짓된 신비주의가 난무하고 있다. 방언, 예언, 입신, 육체 이탈, 투시, 병고침, 천사 만남, 천국과 지옥에 다녀옴 등의 온갖 신비한 말로 사람들을 미혹하게 하고 있는 것이다. 그러나 우리는 거짓된 신비주의를 용납지 말고 그런 것들을 본받지 말아야 한다. 우리는 하나님 앞에서 완전해야 한다. 정통기독교는 언제나 그러하였듯이 신구약성경말씀에 입각한 건전한 신앙생활을 추구한다. 우리는 역사적 기독교의 바른 교리들을 이해하고 믿고 확신하고 견고히 지키고 보수(保守)해야 하고 성경의 명백한 생활교훈을 잘 묵상하며 온전하게 실천해야 한다.

주께서는 부자와 나사로의 이야기에서 지옥에 간 부자가 "구하노니 아버지여, 나사로를 내 아버지의 집에 보내소서. 내 형제 다섯이 있으니 저희에게 증거하게 하여 저희로 이 고통 받는 곳에 오지 않게 하소서"라고 하자, 아브라함이 "저희에게 모세와 선지자들이 있으니 그들에게 들을지니라"고 말했고, "그렇지 아니하니이다. 아버지 아브라함이여, 만일 죽은 자에게서 저희에게 가는 자가 있으면 회개하리이다"라고 말하자, "모세와 선지자들에게 듣지 아니하면 비록 죽은 자 가운데서 살아나는 자가 있을지라도 권함을 받지 아니하리라 하였다"고 말씀하셨다(눅 16:27-31). 그것은 우리의 신앙생활이 현재적 기적이나 신비체험으로가 아니고 오직 기록된 책인 성경으로 충족함을 증거하신 것이다.

사도 바울은 "유대인은 표적을 구하고 헬라인은 지혜를 찾으나 우리는 십자가에 못박힌 그리스도를 전한다"고 말하였고(고전 1:22-23), 또 "모든 성경은 하나님의 감동으로 된 것으로 교훈과 책망과 바르게 함과 의로 교육하기에 유익하니 이는 하나님의 사람으로 온전케 [하려 함이니라]"고 말했다(딤후 3:16-17). 요한계시록 22:18-19는 하나님께서 사도 요한에게 계시해주시고 그 예언에 무엇을 더하거나 무엇을 빼지 말라고 말했고 그것에 가감하는 자에게 엄한 벌을 경고하였다. 우리는 오늘날 유행하는 거짓된 신비주의, 은사주의를 조심하고 오직 신구약성경을 열심히 읽고 묵상하고 바른 교리와 바른 생활교훈을 실천해야 한다.

19장: 도피성, 지계표, 위증자

〔1-3절〕 네 하나님 여호와께서 이 열국을 멸절하시고 네 하나님 여호와께서 그 땅을 네게 주시므로 네가 필경 그것을 얻고 그들의 각 성읍과 각 가옥에 거할 때에 네 하나님 여호와께서 네게 기업으로 주신 땅 가운데서 세 성읍을 너를 위하여 구별하고 네 하나님 여호와께서 네게 유업으로 주시는 땅의 전체를 삼구(三區)로 분하여 그 도로를 닦고 무릇 살인자를 그 성읍으로 도피케 하라.

모세는 도피성의 규례에 대해 말한다. 도피성의 규례는 하나님께서 출애굽기 21:13에서 처음 약속하셨고 민수기 35:9-15에서 명하신 규례이었다. 이스라엘 백성은 하나님께서 약속하시고 허락하신 가나안 땅을 얻은 후 그 땅을 세 구역으로 나누고 각 구역에 한 성읍씩 구별하고 그 성으로 연결하는 도로를 닦아서 부지중, 실수로 살인한 자가 도피할 수 있는 성으로 삼아야 하였다.

〔4-7절〕 살인자가 그리로 도피하여 살 만한 경위는 이러하니 곧 누구든지 본래 혐원(嫌怨)[미움]이 없이 부지중에 그 이웃을 죽인 일, 가령 사람이 그 이웃과 함께 벌목하러 삼림에 들어가서 손에 도끼를 들고 벌목하려고 찍을 때에 도끼가 자루에서 빠져 그 이웃을 맞춰 그로 죽게 함 같은 것이라. 이런 사람은 그 성읍 중 하나로 도피하여 생명을 보존할 것이니라. 그 사람이 그에게 본래 혐원(嫌怨)[미움]이 없으니 죽이기에 합당치 아니하나 두렵건대 보수자(報讐者)의 마음이 뜨거워서 살인자를 따르는데 그 가는 길이 멀면 그를 따라 미쳐서 죽일까 하노라. 그러므로 내가 네게 명하기를 세 성읍을 너를 위하여 구별하라 하노라.

모세는 도피성으로 도피할 수 있는 사람에 대해 말한다. 그 도피성으로 도피할 수 있는 사람은 그가 죽인 자를 과거에 미워하는 마음이 없었고 부지중에, 실수로 그를 죽인 자이어야 했다. 모세는 예를 들기를, 사람이 그 이웃과 함께 벌목하러 삼림에 들어가서 손에 도끼를 들고 벌목하다가 도끼가 자루에서 빠져 그 이웃을 맞춰 그로 죽게 함

같은 것이라고 했다. 모세는 "그는 죽이기에 합당치 않다"고 말한다. 그러나 죽은 자의 가족이나 친구는 마음이 상해 그 부지중에 살인한 자를 죽이려 할 수 있다. 그러므로 그는 부득이 그 도피성으로 피신해야 하고 그러면 죽음을 면할 것이다.

〔8-10절〕 네 하나님 여호와께서 네 열조에게 맹세하신 대로 네 지경을 넓혀 네 열조에게 주리라고 말씀하신 땅을 다 네게 주실 때 또 네가 나의 오늘날 네게 명하는 이 모든 명령을 지켜 행하여 네 하나님 여호와를 사랑하고 항상 그 길로 행할 때에는 이 셋 외에 세 성읍을 더하여 네 하나님 여호와께서 네게 기업으로 주시는 땅에서 무죄한 피를 흘림이 없게 하라. 이같이 하면 그 피가 네게로 돌아가지 아니하리라.

9절에 "이 셋 외에 세 성읍을 더하라"는 말씀의 뜻은 분명해 보이지 않는다. 민수기 35:13-14에서, 하나님께서는"너희가 줄 성읍 중에 여섯으로 도피성이 되게 하되 세 성읍은 요단 이편에서 주고 세 성읍은 가나안 땅에서 주어 도피성이 되게 하라"고 말씀하셨고, 여호수아 20:7-8은, "무리가 납달리의 산지 갈릴리 게데스와 에브라임 산지의 세겜과 유다 산지의 기럇 아르바 곧 헤브론을 구별하였고 또 여리고 동쪽 요단 저편 르우벤 지파 중에서 평지 광야의 베셀과 갓 지파 중에서 길르앗 라못과 므낫세 지파 중에서 바산 골란을 택하였다"고 말했다. 그러나 9절 본문은 요단강 동쪽에 세 성읍과 요단강 서쪽 즉 가나안 땅에 세 성읍, 모두 여섯 외에 세 성읍을 더 만들라는 뜻 같으나(카일-델리취), 그러나 이스라엘 역사에서 추가적 세 성읍을 도피성으로 구별하는 일은 이루어지지 않았다고 보인다.

하나님께서 도피성을 구별케 하신 목적은 무죄한 피 흘림이 없게 하기 위해서이었다. 10절, "네 하나님 여호와께서 네게 기업으로 주시는 땅에서 무죄한 피를 흘림이 없게 하라. 이같이 하면 그 피가 네게로 돌아가지 아니하리라." 과거에 또 평소에 상대를 미워함이 없이 부지중에, 실수로 남을 죽인 자는 죽이기에 합당치 않은 자이었다(6

절). 그러므로 그는 죽도록 버려두어서는 안 되고 보호되어야 했다. 도피성은 바로 그 목적을 위해 필요하였다.

〔11-13절〕 그러나 만일 사람이 그 이웃을 미워하여 엎드려 그를 기다리다가 일어나 쳐서 그 생명을 상하여 죽게 하고 이 한 성읍으로 도피하거든 그 본 성읍 장로들이 사람을 보내어 그를 거기서 잡아다가 보수자(報讐者)의 손에 넘겨 죽이게 할 것이라. 네 눈이 그를 긍휼히 보지 말고 무죄한 피 흘린 죄를 이스라엘에서 제하라. 그리하면 네게 복이 있으리라.

고의적인 살인자의 경우는 달랐다. 그러므로 모세는 상대를 미워하는 마음을 품고 고의적으로 그를 죽인 자는 반드시 죽이라고 말했다. 이스라엘 회중은 그런 사람에 대해 긍휼히 생각지 말아야 했다. 이스라엘 사회는 고의적 살인자를 죽임으로 악을 제거해야 했다. 그래야 이스라엘 백성에게 복이 있을 것이다. 하나님께서는 이스라엘 사회가 고의적 살인을 허용해서는 안 된다고 분명하게 말씀하셨다.

〔14절〕 네 하나님 여호와께서 네게 주어 얻게 하시는 땅 곧 네 기업된 소유의 땅에서 선인(先人)의 정한 네 이웃의 경계표를 이동하지 말지니라.

본절은 이웃의 경계표를 이동하지 말라는 교훈이다. 그것은 이웃의 재산권을 인정하고 존중해야 한다는 내용이다. 그것이 하나님의 뜻이다. 성경적 사회제도는 기본적으로 개인의 사유재산권을 인정하지 않는 사회주의나 공산주의가 아니고, 사유재산권을 인정하고 자유시장경제를 주장하는 자본주의이다. 사유재산권의 인정은 도적질하지 말라는 제8계명에 기본적으로 담겨 있는 정신이다. 우리는 남의 물건을 훔치거나 남에게 물질적 손실을 끼치지 말아야 한다. 우리는 남에게서 돈을 빌렸으면 꼭 갚아야 한다. 돈이 생기면 자기를 위해 쓰기 전에 빌린 돈을 먼저 갚으려 해야 한다. 또 교인들 간에는 어려운 사람을 도와주는 구제는 좋지만, 계를 한다든지 돈을 빌려주는 등의 돈 거래를 하는 것은 경험적으로 좋지 않다. 또 돈을 빌려줄 때에는 떼일 각오를 해야 한다. 그래야 그 일 때문에 낙심하지 않는다. 물론 돈을 떼어먹는 사람과는 성도로서의 교제가 끊어질 것이다.

〔15-21절〕 사람이 아무 악이든지 무릇 범한 죄는 한 증인으로만 정할 것이 아니요 두 증인의 입으로나 세 증인의 입으로 그 사건을 확정할 것이며 만일 위증하는 자가 있어 아무 사람이 악을 행하였다 말함이 있으면 그 논쟁하는 양방(兩方)이 같이 하나님 앞에 나아가 **당시 제사장과 재판장 앞에 설 것이요 재판장은 자세히 사실(査實)하여**[사실을 조사하여] **그 증인이 위증인(僞證人)이라, 그 형제를 거짓으로 무함(誣陷)**[모함]**한 것이 판명되거든 그가 그 형제에게 행하려고 꾀한 대로 그에게 행하여 너희 중에서 악을 제하라. 그리하면 그 남은 자들이 듣고 두려워하여 이 후부터는 이런 악을 너희 중에서 다시 행하지 아니하리라. 네 눈이 긍휼히 보지 말라. 생명은 생명으로, 눈은 눈으로, 이는 이로, 손은 손으로, 발은 발로니라.**

본문은 위증자를 징벌할 것에 대해 말한다. 죄인을 정죄할 때는 한 사람의 증인으로만 하지 말고 두 사람이나 세 사람의 증인으로 해야 하였다. 또 제사장과 재판장 앞에서 위증자로 판명되는 자가 있으면 그는 그가 행하려 한 그대로 징벌을 받아야 하였다. 이스라엘 백성은 그런 자를 긍휼히 보지 말고 생명은 생명으로, 눈은 눈으로, 이는 이로, 손은 손으로, 발은 발로 보복해야 했다. 그렇게 하면, 모든 사람은 두려워하고 이스라엘 사회에서는 악을 행하는 자가 없어질 것이다.

본장의 교훈을 정리해보자. <u>첫째로, 하나님께서는 부지중, 실수로 남을 죽인 자를 위해 도피성을 구별케 하셨다.</u> 이스라엘 사회는 구약교회이다. 교회는 거룩한 회가 되어야 한다. 사람에게 실수는 있을 수 있다. 비록 그것이 흠과 부족이기는 하지만 그것이 치명적 죄악이지는 않다. 심지어 부지중, 실수로 남을 죽인 것도 사형에 해당하는 죄악은 아니다. 그러나 교인인 우리는 마음으로 남을 미워하거나 살인하는 자가 되어서는 안 된다. 하나님의 뜻은 우리가 형제를 미워하지 말고 서로 사랑하며 이웃을 우리의 몸과 같이 사랑하는 것이다. 하나님께서는, "너는 네 형제를 마음으로 미워하지 말며 이웃을 인하여 죄를 당치[짓지] 않도록 그를 반드시 책선[책망]하라. 원수를 갚지 말며 동포를 원망하지 말며 이웃 사랑하기를 네 몸과 같이 하라"고 말씀하셨다(레 19:17-18). 그러므로 사도 요한은, "우리가 형제를 사랑함으로 사망에서 옮겨 생명으로 들어간 줄을 알거니와 사랑치 아니하는 자는 사망에 거하느니라. 그 형제를 미워하는 자마다 살인하는 자니 살인하는 자마다 영생이 그 속에 거하지 아니하는 것을 너희가 아는 바라"고 교훈했다(요일 3:14-16).

둘째로, 우리는 이웃의 땅의 경계표를 이동하지 말아야 한다. 땅의 경계표를 이동하는 것은 일종의 도적질이다. 십계명의 제8계명은 도적질하지 말라는 것이다. 하나님의 뜻은 우리가 남의 것을 도적질하지 않고 도리어 빈궁한 자를 구제하는 것이다. 사도 바울은, "도적질하는 자는 다시 도적질하지 말고 돌이켜 빈궁한 자에게 구제할 것이 있기 위하여 제 손으로 수고하여 선한 일을 하라"고 교훈했다(엡 4:28). 구제는 이웃을 사랑하고 불쌍히 여기는 마음에서 가능하다. 우리는 이웃에 대해 악한 마음을 품지 말고 그가 물질적 어려움을 당했을 때 그를 동정하고 불쌍히 여기는 마음을 가져야 한다. 사도 요한은 "누가 이 세상 재물을 가지고 형제의 궁핍함을 보고도 도와줄 마음을 막으면 하나님의 사랑이 어찌 그 속에 거할까보냐? 자녀들아, 우리가 말과 혀로만 사랑하지 말고 오직 행함과 진실함으로 하자"라고 교훈했다(요일 3:17-18).

셋째로, 우리는 이웃에 대해 거짓 증거하지 말아야 한다. 제9계명은 거짓 증거하지 말라는 것이다. 위증자는 엄격히 징벌되어야 했다. 그런 악은 이스라엘 사회에서 제거되어야 했다. 위증자는 이웃에게 행하려 했던 그대로 자신이 받도록 명령되었다. 21절, "생명은 생명으로, 눈은 눈으로, 이는 이로, 손은 손으로, 발은 발로니라." 그래야 이스라엘 사회의 도덕성이 유지될 것이다. 우리는 거짓과 위선을 버리고 진실을 말하는 자가 되어야 한다. 사도 바울은, "사랑엔 거짓이 없다"고 말하였고(롬 12:9), 또 "그런즉 거짓을 버리고 각각 그 이웃으로 더불어 참된 것을 말하라. 이는 우리가 서로 지체가 됨이니라"고 교훈했다(엡 4:25).

20장: 전쟁에 대한 법

〔1-4절〕 네가 나가 대적과 싸우려 할 때에 말과 병거와 민중이 너보다 많음을 볼지라도 그들을 두려워 말라. [이는] **애굽 땅에서 너를 인도하여 내신 네 하나님 여호와께서 너와 함께하시느니라**[함께하심이니라]. **너희가 싸울 곳에 가까이 가거든 제사장은 백성에게 나아가서 고하여 그들에게 이르기를**[말하기를] **이스라엘아, 들으라. 너희가 오늘날 너희의 대적과 싸우려고 나아왔으니 마음에 겁내지 말며 두려워 말며 떨지 말며 그들로 인하여 놀라지 말라.** [이는] **너희 하나님 여호와는**[께서는] **너희와 함께 행하시며 너희를 위하여 너희 대적을 치고 너희를 구원하시는 자니라**[자임이니라] **할 것이며.**

이스라엘 백성은 전쟁을 할 때 상대방의 군사력이 더 강해도 그들을 두려워 말아야 했다. 왜냐하면 하나님께서 이스라엘 백성과 함께하시기 때문이며, 그는 이스라엘 백성을 애굽에서 건져내신 능력의 하나님, 기적의 하나님이시기 때문이다. 그는 말씀으로 천지만물을 창조하신 전능의 하나님이시며 열 가지 재앙들을 내려 애굽 왕 바로의 완고한 마음을 꺾으신 하나님이시다. 모세의 하나님께서는 또한 엘리야와 엘리사의 하나님이시며 다니엘과 세 친구들의 하나님이시며 예수 그리스도의 아버지시며 사도들의 하나님이시다. 그는 신약교회의 하나님이시다. 그는 자기 백성된 우리와 늘 함께하신다.

전쟁터에 가까이 갈 때 제사장은 백성에게 나아가서 마음에 겁내지 말며 두려워 말며 떨지 말며 놀라지 말라고 격려해야 하였고 그 이유로 여호와 하나님께서 그들과 함께 행하시며 그들을 위해 싸우시고 그 대적을 치시고 그들을 구원하시는 자이기 때문임을 말해야 하였다. 전쟁에서 두려워 말아야 할 이유는 세 가지다. 첫째, 하나님께서 그들과 함께 행하시기 때문이고, 둘째, 하나님께서 그들을 위해 싸우시고 그들의 대적을 치실 것이기 때문이고, 셋째, 하나님께서 그들을 구원하실 것이기 때문이다. 이것은 오늘날 신약성도들이 전쟁터 같은 이 세상에서 두려워하지 말고 겁내지 말아야 할 이유이다.

〔5-9절〕 **유사**[관리]**들은 백성에게 고하여 이르기를**[말하기를] **새집을 건축하고 낙성식을 행치 못한 자가 있느냐? 그는 집으로 돌아갈지니 전사(戰死)하면 타인이 낙성식을 행할까 하노라. 포도원을 만들고 그 과실을 먹지 못한 자가 있느냐? 그는 집으로 돌아갈지니 전사하면 타인이 그 과실을 먹을까 하노라. 여자와 약혼하고 그를 취하지 못한 자가 있느냐? 그는 집으로 돌아갈지니 전사하면 타인이 그를 취할까 하노라 하고 유사**[관리]**들은 오히려 또 백성에게 고하여 이르기를**[말하기를] **두려워서 마음에 겁내는 자가 있느냐? 그는 집으로 돌아갈지니 그 형제들의 마음도 그의 마음과 같이 떨어질까 하노라 하여 백성에게 이르기를**[말하기를] **필한**[마친] **후에 군대의 장관들을 세워 무리를 거느리게 할지니라.**

관리들은 전투에서 제외될 자들에 대해 말해야 했다. 새집을 짓고 낙성식을 못한 자, 포도원을 만들고 그 과일을 먹지 못한 자, 여자와 약혼하고 그를 취하지 못한 자 등이 그러했다. 그들은 전쟁 때 전투에 집중하지 못하고 마음이 흐트러질 가능성이 있었다. 그런 자들은 오히려 군대의 전투력을 약화시킬 우려가 있었다. 또 마음이 약하여 두려워하고 겁내는 자들도 제외시켰다. 그것은 그들이 다른 병사들의 마음도 약하게 만들 가능성이 있기 때문이었을 것이다.

〔10-14절〕 **네가** 어떤 **성읍으로 나아가서 치려 할 때에 그 성에 먼저 평화를 선언하라. 그 성읍이 만일 평화하기로 회답하고 너를 향하여 성문을 열거든 그 온 거민으로 네게 공을 바치고**[(강제)노역자가 되고] **너를 섬기게 할 것이요 만일 너와 평화하기를 싫어하고 너를 대적하여 싸우려 하거든 너는 그 성읍을 에워쌀 것이며 네 하나님 여호와께서 그 성읍을 네 손에 붙이시거든 너는 칼날로 그 속의 남자를 다 쳐죽이고 오직 여자들과 유아들과 육축과 무릇 그 성중에서 네가 탈취한 모든 것은 네 것이니 취하라. 네가 대적에게서 탈취한 것은 네 하나님 여호와께서 네게 주신 것인즉 너는 그것을 누릴지니라.**

〔15-18절〕 **네가 네게서 멀리 떠난 성읍들 곧 이 민족들에게 속하지 아니한 성읍들에게는 이같이 행하려니와 오직 네 하나님 여호와께서 네게 기**

업으로 주시는 이 민족들의 성읍에서는 호흡 있는 자를 하나도 살리지 말지니 곧 헷 족속과 아모리 족속과 가나안 족속과 브리스 족속과 히위 족속과 여부스 족속을 네가 진멸하되 네 하나님 여호와께서 네게 명하신 대로 하라. 이는 그들이 그 신들에게 행하는 모든 가증한 일로 너희에게 가르쳐 본받게 하여 너희로 너희의 하나님 여호와께 범죄케 할까 함이니라.

가나안 일곱 족속들(기르가스 족속을 포함하여)(신 7:1)의 성읍들은 하나도 남기지 말고 다 죽여야 했다. 그 이유는, 첫째로, 그것이 그들의 우상숭배와 음행에 대해(레 18장) 하나님께서 내리는 심판이기 때문이었고, 둘째로, 만일 그들을 살려두면 이스라엘 백성이 그들을 본받아 우상숭배와 음행에 떨어져 부패되고 그렇게 되면 그들도 하나님의 심판을 받을 것이기 때문이었다. 이스라엘 백성이 기업으로 얻는 땅에는 불경건과 음행의 악이 허용되어서는 안 되었다.

〔19-20절〕 너희가 어느 성읍을 오래 동안 에워싸고 쳐서 취하려 할 때에도 도끼를 둘러 그 곳의 나무를 작벌하지 말라. 이는 너희의 먹을 것이 될 것임이니 찍지 말라. 밭의 수목이 사람이냐? 너희가 어찌 그것을 에워싸겠느냐? 오직 과목이 아닌 줄로 아는 수목은 작벌하여 너희와 싸우는 그 성읍을 치는 기구를 만들어 그 성읍을 함락시킬 때까지 쓸지니라.

본장의 교훈을 정리해보자. 첫째로, 이스라엘 백성은 전쟁 때에 두려워하거나 겁내지 말아야 했다. 하나님께서는 그들과 함께하시며 그들을 위해 싸우시고 그들의 대적을 치시며 그들을 죽음의 위험에서 구원하실 것이기 때문이다. 우리도 전쟁터 같은 이 세상에서 두려워하거나 겁내지 말아야 한다. 하나님께서 우리와 함께하시기 때문이다. 하나님께서는 전능의 하나님, 능력의 하나님이시다. 그는 말씀으로 천지만물을 창조하셨고 이스라엘 백성을 애굽 왕의 권세에서 건져내신 자이시다. 그는 모세의 하나님이시며 엘리야와 엘리사의 하나님이시며 다니엘과 세 친구들의 하나님이시며 예수 그리스도의 아버지이시며 사도들의 하나님이시다. 그 하나님께서 우리와 함께하시고 우리와 함께 행하시며 우리를 위해 싸우시고 우리를 구원하실 것이다. 우리는 오직 죄를 멀리하고 하나님만 경외하고 의지하며 그의 계명들을 지켜야 한다.

둘째로, 모세는 이스라엘 군대 중에 전투에 마음을 집중할 수 없는 자들이나 마음이 약하여 두려워하거나 겁내는 자들을 집으로 돌아가게 했다. 그것은 그들이 군대의 전투력과 사기를 오히려 약화시킬 우려가 있기 때문이다. 신약교회도 비슷하다. 교회는 마귀와 악령들과 세상과 세상의 악한 풍조들과 싸우며 하나님의 택하신 자들, 주께서 구속(救贖)하신 자들을 구원해내는 일을 하고 있다. 그러므로 목사들과 장로들과 직분자들은 강하고 담대한 마음을 가져야 한다. 주께서는 "손에 쟁기를 잡고 뒤를 돌아보는 자는 하나님의 나라에 합당치 않다"고 말씀하셨다(눅 9:62). 사도 바울은 고린도 교인들에게 "믿음에 굳게 서서 남자답게 강건하여라"고 교훈하였고(고전 16:13), 에베소 교인들에게는 "너희가 주 안에서와 그 힘의 능력으로 강건하여지라"고 권면했고(엡 6:10), 또 디모데에게 "네가 그리스도 예수의 좋은 군사로 나와 함께 고난을 받을지니 군사로 다니는 자는 자기 생활에 얽매이는 자가 하나도 없나니 이는 군사로 모집한 자를 기쁘게 하려 함이라"고 말했다(딤후 2:3-4).

셋째로, 이스라엘 백성은 가나안 땅의 원주민들이 섬기는 신들과 그 우상숭배의 행위들과 그들의 부도덕하고 음란한 행위들을 본받지 말고 그들을 다 멸해야 했다. 우리는 이 세상의 불경건하고 부도덕한 풍조에 물들어서는 안 된다. 오늘날의 우상은 인간 숭배이며 돈과 육신의 쾌락을 최고의 가치로 여기는 것이다. 우리는 그것들을 매우 경계해야 한다. 또 성도들은 오늘날 폭력적이고 음란한 영상물들이 많은 영화 문화나 인터넷 문화를 조심해야 한다. 우리가 경계해야 할 세상 풍조 중에는 단정치 못한 복장도 포함된다. 여성도들은 치마가 너무 짧거나 노출이 심한 옷을 입지 않도록 조심해야 한다. 성경은 여성도들이 아담한 옷, 즉 단정한 옷을 입으라고 교훈한다(딤전 2:9). 우리는 하나님의 불심판을 재촉하는 현시대의 폭력적이고 음란한 문화를 매우 경계해야 한다.

21장: 패역한 아들에 관한 법

〔1-9절〕 네 하나님 여호와께서 네게 주어 얻게 하시는 땅에서 혹시 피살한 시체가 **들에 엎드러진 것을 발견하고 그 쳐죽인 자가 누구인지 알지 못하거든 너의 장로들과 재판장들이 나가서 그 피살한 곳에서 사면에 있는 각 성읍의** 원근을 **잴 것이요 그 피살한 곳에서 제일 가까운 성읍 곧 그 성읍의 장로들이** 아직 **부리우지 아니하고 멍에를 메지 아니한 암송아지를 취하고 성읍의 장로들이 물이 항상 흐르고 갈지도 심지도 못하는 골짜기로 그 송아지를 끌고가서 그 골짜기에서 그 송아지의 목을 꺾을 것이요 레위 자손 제사장들도 그리로 올지니 그들은 네 하나님 여호와께서 택하사 자기를 섬기게 하시며 또 여호와의 이름으로 축복하게 하신 자라. 모든 소송과 모든 투쟁이 그들의 말대로** 판결**될 것이니라. 그 피살된 곳에서 제일 가까운 성읍의 모든 장로들은 그 골짜기에서 목을 꺾은 암송아지 위에 손을 씻으며 말하기를 우리의 손이 이 피를 흘리지 아니하였고 우리의 눈이 이것을 보지도 못하였나이다. 여호와[시]여, 주께서 속량하신 주[님]의 백성 이스라엘을 사하시고 무죄한 피를 주[님]의 백성 이스라엘 중에 머물러 두지 마옵소서 하면 그 피 흘린 죄가 사함을 받으리니 너는 이와 같이 여호와의 보시기에 정직한 일을 행하여 무죄자의 피** 흘린 **죄를 너희 중에서 제할지니라.**

모세는 살인 사건이 생겼으나 살해범을 알 수 없는 경우에 어떻게 행할지에 대해 명하였다. 그 피살된 시체가 있는 곳에서 가장 가까운 성읍의 장로들은 한 어린 암송아지를 취하고 물이 항상 흐르는 거친 골짜기로 끌고가서 그 송아지의 목을 꺾고 레위 자손 제사장들 앞에서 그 송아지 위에 손을 씻으며 그들의 손이 이 피를 흘리지 않았고 그들의 눈이 이 사건을 보지 못했다고 말해야 했다. 암송아지의 목을 꺾는 것은 고의적 살인에 대한 벌을 상징한다. 고의적 살인은 사형에 해당하는 큰 죄악이며 결코 허용되거나 은닉되어서는 안 되었다.

〔10-14절〕 네가 나가서 대적과 싸움함을 당하여 네 하나님 여호와께서 그들을 네 손에 붙이시므로 네가 그들을 사로잡은 후에 네가 만일 그 포로

중의 아리따운(야페 יְפַת)[아름다운] **여자를 보고 연련(戀戀)하여**[끌려] **아내를 삼고자 하거든 그를 네 집으로 데려갈 것이요 그는 그 머리를 밀고 손톱을 베고 또 포로의 의복을 벗고 네 집에 거하며 그 부모를 위하여 1개월 동안 애곡한 후에 네가 그에게로 들어가서 그 남편이 되고 그는 네 아내가 될 것이요** 그 후에 **네가 그를 기뻐하지 아니하거든 그 마음대로 가게 하고 결코 돈을 받고 팔지 말지라. 네가 그를 욕보였은즉 종으로 여기지 말지니라.**

모세는 사람이 전쟁 포로를 아내로 맞을 경우에 대해 행할 바를 명하였다. 그 여자가 그 머리를 밀고 손톱을 베는 것은 이방인으로서의 자신의 과거의 삶을 청산하고 이스라엘 백성으로서 새 삶을 시작함을 상징할 것이다. 그 부모를 위해 1개월간 애곡하는 것은 부모에 대한 공경과 존중의 마음을 나타낼 것이다. 결혼은 자녀가 부모의 품을 떠나 새 가정을 이루는 것이다. 결혼한 후 남자가 아내를 기뻐하지 않게 될지라도 그는 그 아내를 종처럼 돈을 받고 팔아서는 안 되었다. 그것은 여성에 대한 존중을 나타낼 것이다. 이 법은 사람이 부모와 아내를 존중하는 것이 사람으로서 기본적 의무임을 교훈한다.

〔15-17절〕 어떤 사람이 두 아내를 두었는데 하나는 사랑을 받고 하나는 미움을 받다가 그 사랑을 받는 자와 미움을 받는 자가 둘 다 아들을 낳았다 하자. 그 미움을 받는 자의 소생이 장자여든 자기의 소유를 그 아들들에게 기업으로 나누는 날에 그 사랑을 받는 자의 아들로 장자를 삼아 참 장자 곧 미움을 받는 자의 아들보다 **앞세우지 말고 반드시 그 미움을 받는 자의 아들을 장자로 인정하여 자기의 소유에서 그에게는 두 몫을 줄 것이니 그는 자기의 기력의 시작이라. 장자의 권리가 그에게 있음이니라.**

모세는 부모가 자녀들에게 재산을 상속할 때 공정하게 할 것을 명했다. 부모는 자녀에 대해 편견이나 편애를 가지고 대하지 말고 장자에게 두 몫을 주는 관습을 따라 행해야 하였다. 그것은 자녀들에게 유산을 상속할 때 율법과 관습을 따라 공정하게 행해야 함을 말한 것이다. 율법과 관습을 어기고 무리하게 행함으로 자녀들 간에 불화를 일으키게 하는 것은 바르지 못할 뿐 아니라, 지혜롭지 못한 일이다.

〔18-21절〕 사람에게 완악하고(소레르 סוֹרֵר)[완고하고, 반항적이고] **패역한**(모레 מוֹרֶה)[불순종적인, 반항적인](BDB) **아들이 있어 그 아비**[아버지]**의 말이나 그 어미**[어머니]**의 말을 순종치 아니하고 부모가 징책하여도 듣지 아니하거든 그 부모가 그를 잡아가지고 성문에 이르러 그 성읍 장로들에게 나아가서 그 성읍 장로들에게 말하기를 우리의 이 자식은 완악하고 패역하여 우리 말을 순종치 아니하고 방탕하며 술에 잠긴 자라 하거든 그 성읍의 모든 사람들이 그를 돌로 쳐죽일지니 이같이 네가 너의 중에 악을 제하라. 그리하면 온 이스라엘이 듣고 두려워하리라.**

모세는 완악하고 패역한 아들을 징벌하는 일에 대해서도 명했다. 완악하고 패역한 자녀는 부모의 말을 듣지 않고 불순종하고 반항적인 자녀이며 방탕하고 술에 잠겨 사는 자로 묘사되었다. 부모는 이런 자녀를 데리고 성문 앞 장로들에게로 나아가 그 사실을 고하고 모든 사람들이 돌로 그를 쳐죽여야 하였다. 엄하고 무서운 법이다.

자녀들이 부모를 공경하고 순종하는 것은 하나님의 뜻이다. 부모 공경과 순종이 무너지면, 그 사회는 혼란해지고 말 것이다. 사도 바울은 에베소서 6:1-3에서 "자녀들아, 너희 부모를 주 안에서 순종하라. 이것이 옳으니라. 네 아버지와 어머니를 공경하라. 이것이 약속 있는 첫 계명이니 이는 네가 잘되고 땅에서 장수하리라"고 교훈하였다.

부모 공경과 순종의 의무를 지키지 않는 것은 사형을 시킬 큰 죄악이다. 율법은 또 부모를 치거나 저주하는 자는 반드시 죽이라고 명했다. 출애굽기 21:15, 17, "자기 아비나 어미를 치는 자는 반드시 죽일지니라," "그 아비나 어미를 저주하는 자는 반드시 죽일지니라." 잠언 30:17은, "아비를 조롱하며 어미 순종하기를 싫어하는 자의 눈은 골짜기의 까마귀에게 쪼이고 독수리 새끼에게 먹히리라"고 말했다.

〔22-23절〕 사람이 만일 죽을죄를 범하므로 네가 그를 죽여 나무 위에 달거든 그 시체를 나무 위에 밤새도록 두지 말고 당일에 장사하여 네 하나님 여호와께서 네게 기업으로 주시는 땅을 더럽히지 말라. 나무에 달린 자는 하나님께 저주를 받았음이니라.

모세는 사형하여 나무에 단 시체의 처리에 대해 명하였다. 사형수를 나무에 단 것은 그 사형수에게 큰 수치이며 죄에 대한 충분한 벌이 되었으므로 그 시신을 나무에 매단 채 밤을 새우는 것은 그에 대한 지나친 학대로 간주된 것 같고 사형수의 시신도 존중되어야 함을 보인 것 같다. 이 법대로 여호수아는 가나안 정복 시 아모리 다섯 왕을 죽이고 다섯 나무에 매어 달았으나 석양까지만 그렇게 했고 해 질 때 그 시체들을 나무에서 내려 굴 속에 던져 넣고 굴 어귀를 큰돌로 막았다고 보인다(수 10:26-27). 이 법은 특히 예수께서 십자가에 달려 죽으신 죽음이 저주의 죽음이었음을 증거한다(갈 3:13).

본장의 교훈을 정리해보자. 첫째로, 사람은 다른 사람을 존중해야 한다. 살인자는 응징되어야 하고 은닉되어서는 안 되었다. 전쟁 포로가 된 여자 한 사람도 귀히 여겨져야 했다. 미움 받는 아내의 아들이 장자일 경우도 장자로서 갑절의 상속을 주어야 했다. 사형수의 시체라도 밤새도록 나무 위에 방치하지 말아야 했다. 우리는 자신의 생명이든지 타인의 생명이든지 존중해야 하고, 부모를 공경하고 아내를 존중하고 자녀들을 공정하게 대해야 하고 시신까지라도 학대하지 말아야 한다.

둘째로, 부모를 거역하는 죄는 엄하게 다스려야 했다. 이것은 부모와 자녀 모두가 명심해야 할 하나님의 뜻이다. 에베소서 6:1-3, "자녀들아, 너희 부모를 주 안에서 순종하라. 이것이 옳으니라. 네 아버지와 어머니를 공경하라. 이것이 약속 있는 첫 계명이니 이는 네가 잘 되고 땅에서 장수하리라." 또 부모는 자녀들을 교훈하고 그들이 잘못했을 때 책망하고 체벌함으로 그들을 바른 인격자로 양육해야 할 책임이 있음을 기억해야 한다. 잠언 13:24, "초달을 차마[매를 들지] 못하는 자는 그 자식을 미워함이라. 자식을 사랑하는 자는 근실히 징계하느니라." 잠언 23:13-14, "아이를 훈계하지 아니치 말라 채찍으로 그를 때릴지라도 죽지 아니하리라. 그를 채찍으로 때리면 그 영혼을 지옥에서 구원하리라."

22장: 의복, 씨뿌림, 음행에 대한 법

〔1-4절〕 네 형제의 우양의 길 잃은 것을 보거든 못 본 체하지 말고 너는 반드시 끌어다가 네 형제에게 돌릴 것이요 네 형제가 네게서 멀거나 네가 혹 그를 알지 못하거든 그 짐승을 네 집으로 끌고 와서 네 형제가 찾기까지 네게 두었다가 그에게 돌릴지니 나귀라도 그리하고 의복이라도 그리하고 무릇 형제의 잃은 아무것이든지 네가 얻거든 다 그리하고 못 본 체하지 말 것이며 네 형제의 나귀나 소가 길에 넘어진 것을 보거든 못 본 체하지 말고 너는 반드시 형제를 도와서 그것을 일으킬지니라.

모세는 이웃 사랑 실천에 관한 한 법을 말한다. 우리는 이웃의 길 잃은 소나 양이나 나귀를 못 본 체하지 말고 또 이웃의 옷이나 기타 그가 잃어버린 물건도 그렇게 하지 말고 또 이웃의 나귀나 소가 길에 넘어진 것을 보면 못 본 체하지 말고 반드시 그를 도와 그것을 일으켜야 한다. 우리는 이웃의 재산을 보호하고 이웃이 어려운 일을 당했을 때 도와야 한다. 이것은 이웃 사랑의 실천이다. 이 일은 시간과 힘이 필요하고 때로는 돈도 필요하다.

〔5절〕 여자는 남자의 의복을 입지 말 것이요 남자는 여자의 의복을 입지 말 것이라. 이같이 하는 자는 네 하나님 여호와께 가증한 자니라.

모세는 남녀가 구별된 옷을 입어야 할 것을 말한다. 남녀의 구별은 하나님의 창조의 질서이다. 하나님께서 자연만물을 창조하실 때에 암수를 만드셨고 사람도 남자와 여자를 창조하셨다. 우리는 하나님께서 정하신 남녀의 구별을 귀하게 여기고 보존해야 한다.

〔6-7절〕 노중(路中)에서 나무에나 땅에 있는 새의 보금자리에 새 새끼나 알이 있고 어미새가 그 새끼나 알을 품은 것을 만나거든 그 어미새와 새끼를 아울러 취하지 말고 어미는 반드시 놓아 줄 것이요 새끼는 취하여도 가하니 그리하면 네가 복을 누리고 장수하리라.

이것은 새들을 보호하고 배려하는 법이라고 본다. 어미새와 새끼를 함께 취하지 말고 어미는 반드시 놓아주라는 것은 어미새는 보통 새끼를 출산할 가능성이 있기 때문일 것이다. 그래야 새들의 번식이 보장될 것이다. 또 어미새와 새끼 간에는 본성적 감정이 있기 때문에 새끼 앞에서 어미를 죽이거나 어미 앞에서 새끼를 죽이는 것은 그것들의 본성적 감정을 손상시키는 잔인함으로 간주되는 것 같다. 성도는 생물까지도 배려하며 살아야 한다. 잠언 12:10은, "의인은 그 육축의 생명을 돌아보나 악인의 긍휼은 잔인이니라"고 말했다.

〔8절〕 네가 새 집을 건축할 때에 지붕에 난간을 만들어 사람으로 떨어지지 않게 하라. 그 피 흐른 죄**가 네 집에 돌아갈까 하노라.**

지붕에 낙상 위험을 방지하는 안전장치를 설치하라는 이 법은 우리가 사람의 목숨을 보호하는 태도를 가져야 함을 교훈한다.

〔9-11절〕 네 포도원에 두 종자를 섞어 뿌리지 말라. 그리하면 네가 뿌린 씨의 열매**와 포도원의 소산이 다 빼앗김이 될까**[7] **하노라. 너는 소와 나귀를**[로] **겨리하여**[함께] **갈지 말며 양털과 베실로 섞어 짠 것을 입지 말지니라.**

이 법은 하나님의 창조 질서대로 종(種)을 섞지 말라는 뜻이라고 본다. 하나님께서는 세상에서 종(種)들의 순수성이 보존되기를 원하신다. 또 이 법은 결혼이나 종교에 있어서 악인들이나 이방인들과의 혼합을 피하라는 영적 의미도 있다고 본다(매튜 풀). 그것은 교제의 원리를 지킬 것을 교훈한다고 본다. 하나님의 백성은 세상 사람들과 구별되어야 한다. 하나님의 진리는 세상의 잘못된 사상들과 섞이지 말아야 하고, 의와 불의, 선과 악은 혼합되어서는 안 된다.

〔12절〕 입는 겉옷 네 귀에 술을 만들지니라.

민수기 15:38은 좀더 자세히 말한다. "이스라엘 자손에게 명하여 그들의 대대로 그 옷단 귀에 술을 만들고 청색[보라색] 끈을 그 귀의

---

7) '빼앗김이 된다'는 원어(티크다쉬 תִּקְדַּשׁ)는 원래는 '거룩해진다'는 뜻이지만, '거룩한 용도로 구별되어 일반 용도로 쓸 수 없게 된다'는 뜻을 가지며, 영어성경들은 '더럽혀진다'라고 번역하였다(KJV, NASB, NIV).

술에 더하라." 민수기 15:39-40은 이 규례가 하나님의 계명을 기억하는 뜻이 있음을 말한다. 특히 옷술의 보라색 끈은 그 계명을 어길 때 죽을 것이라는 경고의 뜻이 있어 보인다. 또 겉옷 네 귀에 술을 다는 것은 하나님의 백성과 이방인들을 구별하는 표도 된다고 보인다.

[13-21절] 누구든지 아내를 취하여 그와 동침한 후에 그를 미워하여 비방거리를 만들어 그에게 누명을 씌워 가로되[말하되] **내가 이 여자를 취하였더니 그와 동침할 때에 그의 처녀인 표적을 보지 못하였노라 하면 그 처녀의 부모가 처녀의 처녀인 표를 얻어 가지고 그 성읍문 장로들에게로 가서 처녀의 아비**[아버지]**가 장로들에게 말하기를 내 딸을 이 사람에게 아내로 주었더니 그가 미워하여 비방거리를 만들어 말하기를 내가 네 딸의 처녀인 표적을 보지 못하였노라 하나, 보라, 내 딸의 처녀인 표적이 이것이라 하고 그 부모가 그** 자리**옷**(시멜라 שִׂמְלָה)[침대보]**을 그 성읍 장로들 앞에 펼 것이요 그 성읍 장로들은 그 사람을 잡아 때리고 이스라엘 처녀에게 누명 씌움을 인하여 그에게서 은 1백 세겔을 벌금으로 받아 여자의 아비**[아버지]**에게 주고 그 여자로 그 남자의 평생에 버리지 못할 아내가 되게 하려니와 그 일이 참되어 그 처녀에게 처녀인 표적이 없거든 처녀를 그 아비**[아버지] **집 문에서**[문으로] **끌어내고 그 성읍 사람들이 그를 돌로 쳐죽일지니 이는 그가 그 아비**[아버지] **집에서 창기의 행동을 하여 이스라엘 중에서 악을 행하였음이라. 너는 이와 같이 하여 너의 중에 악을 제할지니라.**

사람이 그 아내를 미워해 처녀의 표가 없다고 누명을 씌우려 할 때 그의 부모는 첫날밤의 침대보를 증거물로 제시하면 되고 그 남자는 매를 맞고 은 1백 세겔(약 1킬로그램)을 벌금으로 장인에게 주고 그 여자를 버리지 말고 평생 아내로 삼아야 했다. 그러나 만일 그 처녀에게 처녀의 표가 없었다면, 그를 그 아버지 집 문으로 끌어내어 그 성읍 사람들이 그를 돌로 쳐죽여야 했다. 그것은 그가 그 아버지 집에서 창녀의 행동을 하여 이스라엘 중에서 악을 행했기 때문이다.

간음이나 매춘(賣春)은 엄격히 금지되었다. 특히 처녀가 결혼 전에 은밀하게 이런 일을 행한다면 그것은 사형에 해당하는 큰 죄이었다.

하나님께서는 이스라엘 백성에게 성적 순결을 강조하셨다.

〔22절〕 남자가 유부녀와 통간함을 보거든 그 통간한 남자와 그 여자를 둘 다 죽여 이스라엘 중에 악을 제할지니라.

19세 이상의 성인들에게는 음행이 허용되는 것이 아니다. 유부녀와의 음행은 둘 다 사형시킬 죄악이며 그렇게 함으로써 이스라엘 중에 악을 제거해야 하였다. 이것은 성도덕의 중요성을 잘 보인다.

〔23-27절〕 처녀인 여자가 남자와 약혼한 후에 어떤 남자가 그를 성읍 중에서 만나 통간하면 너희는 그들을 둘 다 성읍문으로 끌어내고 그들을 돌로 쳐죽일 것이니 그 처녀는 성읍 중에 있어서도 소리지르지 아니하였음이요 그 남자는 그 이웃의 아내를 욕보였음이라. 너는 이같이 하여 너의 중에 악을 제할지니라. 만일 남자가 어떤 약혼한 처녀를 들에서 만나서 강간하였거든 그 강간한 남자만 죽일 것이요 처녀에게는 아무것도 행치 말 것은 처녀에게는 죽일 죄가 없음이라. 이 일은 사람이 일어나 그 이웃을 쳐죽인 것과 일반이라. 남자가 처녀를 들에서 만난 까닭에 그 약혼한 처녀가 소리질러도 구원할 자가 없었음이니라.

약혼한 후 이루어진 음행도 간음으로 간주되었다. 약혼녀는 이웃의 아내로 간주된다. 그러므로 약혼한 여자와 음행한 사람은 둘 다 사형에 처해야 하고 그럼으로써 이스라엘 중에 악을 제거해야 했다.

남자가 어떤 약혼한 처녀를 들에서 만나 강간했을 경우에는 남자만 죽이는 것이 합당하다고 규정되었다. 성읍 안에서는 여자가 소리칠 수 있으나, 들에서는 소리쳐도 구해줄 사람이 없기 때문이다. 그것은 공의로운 규정이다.

〔28-29절〕 만일 남자가 어떤 약혼하지 아니한 처녀를 만나 그를 붙들고 통간하는 중 그 두 사람이 발견되거든 그 통간한 남자는 그 처녀의 아비[아버지]**에게 은 50세겔**(약 500그램)**을 주고 그 처녀로 아내를 삼을 것이라. 그가 그 처녀를 욕보였은즉 평생에 그를 버리지 못하리라.**

여자의 순결성은 한 남자와의 결혼에서 가장 복되다.

〔30절〕 사람이 그 아비의 후**실**(에쉗 아비우 אֵשֶׁת אָבִיו)[그의 아버지의

아내]**을 취하여 아비**[아버지]**의 하체를 드러내지 말지니라**.

아버지의 아내는 자기 어머니와 같은 자이다. 이 법은 근친상간을 금한 법이다. 레위기 18장은 자세히 근친상간을 금했는데, 구체적으로 어머니, 자매, 손녀, 외손녀, 계모의 딸, 고모, 이모, 제수, 며느리 등과의 성관계를 금했다. 근친상간은 하나님 앞에서 큰 죄악이다.

본장의 교훈을 정리해보자. 첫째, 우리는 이웃의 재산을 보호해야 한다. 그것은 이웃 사랑의 실천이다. 둘째, 우리는 남녀의 복장을 구별해야 한다. 그것도 하나님의 뜻이다. 셋째, 우리는 새에게도 자비를 베풀어야 한다. 넷째, 우리는 사람의 생명을 존중하고 보호해야 한다. 다섯째, 우리는 하나님께서 창조하신 자연세계의 종(種)의 구별을 존중해야 한다. 우리는 식물의 씨들이나 동물의 종류들의 구별도 존중해야 한다. 여섯째, 우리는 계명을 준수하고 계명을 어기면 죽는다는 경고를 기억해야 한다. 일곱째, 우리는 아내를 미워하여 누명을 씌우지 말아야 한다. 여덟째, 유부녀나 약혼한 여자와의 음행은 사형에 해당하는 큰 죄이다. 아홉째, 강간은 남자만 죽일 죄이다. 열째, 처녀와 음행한 자는 그의 부모에게 벌금을 물고 그 처녀를 아내로 맞아야 한다. 열한째, 아버지의 후실 혹은 아내와 동침하지 말아야 한다.

하나님께서는 세상이 질서 있게 유지되기를 원하신다. 그는 남녀가 구별되고 사람이나 짐승의 생명이 존중되고 식물과 동물의 종도 구별되기를 원하시고 결혼 제도도 귀히 여기신다. 그것들은 다 하나님께서 세상에 주신 질서이다. 우리는 언제나 이 질서를 지키며 다른 사람의 인격과 생명과 재산을 존중하고 보호해야 한다. 특히 본장은 성적 순결을 강조한다. 이 세상은 악하고 음란할지라도, 적어도 이스라엘 사회 즉 교회는 거룩해야 한다. 그래야 하나님께서 기뻐하시고 복 주실 것이다. 그러나 만일 교인들의 삶이 거룩하지 못하면, 하나님께서 근심하시고 진노하시고 징벌하실 것이다. 구원 얻은 성도는 거룩하게 살아야 한다.

23장: 총회에서 제외될 자들

1-8절, 총회에서 제외될 자들

〔1절〕 **신낭(腎囊)**[고환, 불알]**이 상한 자나 신(腎)**[남자의 성기]**을 베인 자는 여호와의 총회에 들어오지 못하리라.**

고환이 상한 자나 남자의 성기가 베인 자는 자녀 생산의 능력이 없는 자이다. 그는 생육하고 번성하라는 창조주 하나님의 뜻을 행할 수 없으며 그것은 남자로서 큰 결함이었다. 이방인들 가운데는 종교적 풍습으로 고자(鼓子)가 되게 하는 일이 있었다고 한다. 그러나 자녀 출산은 인류의 보존과 택자들의 구원에 필수적이었다.

그러므로 고환이 상한 자나 남자의 성기가 베인 자, 즉 고자(鼓子)는 여호와의 총회에 들어오지 못했다. 그는 이스라엘 땅에 살지라도 이방인처럼 살 수밖에 없고 이스라엘 백성의 특권을 누리지 못했다. 그는 하나님의 백성의 언약의 표인 할례를 받지 못했고 절기 때 하나님의 성막이나 성전에 나아가지 못하였고 평소에도 하나님께 제사를 통해 죄사함을 얻지 못하고 하나님과 교제하지 못했다.

이 법은 하나님께서 주신 몸, 특히 남자의 성기를 손상시키지 말아야 함을 보인다. 그러나 이사야 56:3-5는 하나님께서 장차 고자(鼓子)에게도 구원의 은혜 주실 것을 암시하기를, "여호와께 연합한 이방인은 여호와께서 나를 그 백성 중에서 반드시 갈라내시리라 말하지 말며 고자(鼓子)도 나는 마른 나무라 말하지 말라. 여호와께서 이같이 말씀하시기를 나의 안식일을 지키며 나를 기뻐하는 일을 선택하며 나의 언약을 굳게 잡는 고자(鼓子)들에게는 내가 내 집에서, 내 성안에서 자녀보다 나은 기념물과 이름을 주며 영영한 이름을 주어 끊치지[끊어지지] 않게 할 것이며"라고 했다. 이것은 신약시대에 주시는 하나님의 구원의 은혜를 가리킨다.

이 법은 우리가 영적 생산 능력을 가져야 함을 암시한다. 중생한 성도에게는 생명의 씨가 심겨졌다. 그것은 하나님의 씨이다. 요한일서 3:9는 "하나님께로서 난 자마다 죄를 짓지 아니하나니 이는 하나님의 씨가 그의 속에 거함이요"라고 말했다. 그 생명의 씨는 재생산의 힘이 있다. 사도 바울은 고린도전서 4:15에서 "그리스도 안에서 일만 스승이 있으되 아비는 많지 아니하니 그리스도 예수 안에서 복음으로써 내가 너희를 낳았음이라"고 말했다. 성도는 전도를 통해 영적 자녀들을 출산할 수 있다. 중생(重生)의 새 생명을 가진 자들은 그런 영적 생산 능력을 가지고 있는 자들이다.

〔2절〕 사생자는 여호와의 총회에 들어오지 못하리니 10대까지라도 여호와의 총회에 들어오지 못하리라.

사생자는 합법적 부부관계에서 나지 않은 자이다. 때로는 아버지가 분명치 않은 자도 있다. '십대까지라도'라는 표현은 '영원히'라는 뜻이라고 본다. 하나님께서는 결혼제도를 귀히 여기시고 결혼관계를 벗어난 음행을 단호히 정죄하신다. 사생자는 영원히 여호와의 총회, 즉 구약교회의 교인이 될 수 없었다. 그는 평생 이방인으로 살 수밖에 없었다. 이 법은 결혼제도의 보호를 위해 필요했고 또 음란 풍조의 방지를 위해서와 족보의 유지를 위해서도 필요하였다.

그러나 하나님께서는 이런 구약의 율법시대에도 하나님의 교회에서 제외되어야 마땅한 죄인들을 장차 신약시대에 은혜로 구원하실 것을 예시하셨다. 그것은 사사시대에 입다의 경우이다. 입다는 기생이 길르앗에게 낳은 아들이었다(삿 11:1). 그러나 그는 하나님을 경외하는 자이었고 이스라엘 나라를 위기에서 구원한 사사가 되었다.

그러나 이 법은 우리가 어떻게 결혼제도를 귀하게 여겨야 할지와 어떻게 음란 풍조를 배격해야 할지를 잘 보인다. 히브리서 13:4는, "모든 사람은 혼인을 귀히 여기고 침소를 더럽히지 않게 하라. 음행하는 자들과 간음하는 자들을 하나님께서 심판하시리라"고 말했다.

또 장차 천국에 들어갈 사람들은 중생하고 하나님의 자녀의 특권을 받은 자들뿐이다. 주 예수 그리스도를 영접하고 믿는 자들만 하나님의 자녀가 된다. 요한복음 1:12-13은, "영접하는[영접한] 자 곧 그 이름을 믿는 자들에게는 하나님의 자녀가 되는 권세를 주셨으니 이는 혈통으로나 육정으로나 사람의 뜻으로 나지 아니하고 오직 하나님께로서 난 자들이니라"고 말하였다. 신약교회에서도 사생자와 참 아들은 분명히 구별된다. 그러므로 히브리서 12:8은, "징계는 다 받는 것이거늘 너희에게 없으면 사생자요 참 아들이 아니니라"고 말했다.

〔3-6절〕 암몬 사람과 모압 사람은 여호와의 총회에 들어오지 못하리니 그들에게 속한 자는 10대뿐 아니라[10대까지라도] **영원히 여호와의 총회에 들어오지 못하리라. 그들은 너희가 애굽에서 나올 때에 떡과 물로 너희를 길에서 영접하지 아니하고 메소보다미아의 브돌 사람 브올의 아들 발람에게 뇌물을 주어 너희를 저주케 하려 하였으나 네 하나님 여호와께서 너를 사랑하시므로 발람의 말을 듣지 아니하시고 그 저주를 변하여 복이 되게 하셨나니 너의 평생에 그들의 평안과 형통을 영영히 구하지 말지니라.**

암몬 사람들과 모압 사람들이 여호와의 총회에 들어오지 못하는 이유는 이스라엘 백성이 애굽에서 나와 광야를 지나 가나안 땅으로 향하였을 때 그들이 이스라엘 백성에게 떡과 물로 영접하기는커녕 도리어 거짓 선지자 발람을 통해 그들을 저주하게 하려 하였기 때문이었다. 그러므로 그들의 자손들은 10대까지라도 영원히 여호와의 총회에 들어올 수 없었다. '10대까지라도'는 '영원히'라는 뜻이다.

그러므로 에스라와 느헤미야 때에 이스라엘 백성이 암몬과 모압 여인들을 아내와 며느리로 삼았던 결혼의 죄를 회개하고 이방 여인들을 다 돌려보내었다(스 9:1-2; 10:3-4, 10-11, 44; 느 13:23-28).

그러나 구약시대에도 하나님께서 장차 그의 긍휼과 은혜로 이방 사람들도 구원하실 것을 암시하신 일이 있었다. 그것은 사사 시대에 모압 여인 룻의 경우이었다. 룻기는 '모압 여자 룻'[8]이라는 표현을 다섯 번이나 사용하였고 그가 하나님의 은혜를 입어 이스라엘 하나님을 경외하게 되었고 다윗의 조상의 족보에 들게 되었음을 증거한다.

모세의 이 법은 또 신약교회 교인들이 서로 사랑하고 어려움 당한 형제를 욕하거나 저주해서는 안 되고 그를 돌아보며 돕는 선한 자들이 되어야 함을 보인다. 사람이 형제를 미워하는 것은 영생의 구원을 얻지 못한 표이며 천국에 들어가지 못할 큰 악이다. 요한일서 3:15, "그 형제를 미워하는 자마다 살인하는 자니 살인하는 자마다 영생이 그 속에 거하지 아니하는 것을 너희가 아는 바라."

〔7-8절〕 너는 에돔 사람을 미워하지 말라. 그는 너의 형제니라. 애굽 사람을 미워하지 말라. 네가 그의 땅에서 객이 되었었음이니라. 그들의 3대 후 자손[제3대 자손들](원문)(KJV, NASB, NIV)**은 여호와의 총회에 들어올 수 있느니라.**

에돔 사람들은 야곱의 형 에서의 자손들로서 이스라엘과는 형제 관계이다. 비록 그들이 이스라엘 백성을 영접하지는 않았고 때때로 미워했지만, 그들은 이스라엘의 형제로 여겨졌다. 또 애굽 사람들은, 비록 그들의 왕 바로가 이스라엘 백성을 학대했으나, 이스라엘 백성이 오랜 세월 동안 신세를 지며 살았던 땅의 백성이며 이스라엘의 이웃 사람들이었다. 하나님께서는 그들에 대해 너그럽게 여기시고 삼대 자손들은 여호와의 총회에 들어올 수 있게 하셨다. 할아버지가 이스라엘 땅에 거주하며 이스라엘 종교를 받아들이기를 원하였다면, 그 손자 대에 와서는 이스라엘 회중에 소속할 수 있었다.

본문의 교훈을 정리해보자. <u>첫째로, 우리는 하나님의 교회를 거룩한 교회가 되게 해야 한다.</u> 2절, "사생자는 여호와의 총회에 들어오지 못하

---

8) 룻기에는 '모압 여인 룻'이라는 표현이 5회(1:22; 2:2, 21; 4:5, 10), '모압 여자'라는 표현이 1회(1:4), '모압 소녀'라는 표현이 1회(2:6) 나온다.

리니 십대까지라도 여호와의 총회에 들어오지 못하리라." 하나님께서는 교회를 거룩하고 흠 없는 영광스러운 교회로 만들기로 계획하셨다. 에베소서 5:26-27, "이는 곧 물로 씻어 말씀으로 깨끗하게 하사 거룩하게 하시고 자기 앞에 영광스러운 교회로 세우사 티나 주름잡힌 것이나 이런 것들이 없이 거룩하고 흠이 없게 하려 하심이니라." 신약교회는 중생하지 못한 영적 사생자들이나 세속주의, 이방 사상을 가진 자들을 포용해서는 안 된다. 물론 그런 자가 구도자(求道者)나 학습교인은 될 수 있으나, 교회의 책임 있는 구성원인 세례교인은 될 수 없다.

둘째로, 하나님께서는 하나님의 나라의 백성이 될 자격이 없는 우리 같은 이방 죄인들을 택하시고 은혜로 구원하셔서 하나님의 자녀가 되고 그 나라의 백성이 되게 하셨다. 우리는 전에 그리스도 밖에 있었고 이스라엘 나라 밖의 사람이며 약속의 언약들에 대하여 외인이며 세상에서 소망이 없고 하나님도 없는 자이었다(엡 2:12-13). 그러나 하나님께서는 죄가 많은 곳에 은혜를 많이 주셨다(롬 5:20). 그러므로 우리는 이제 하나님의 은혜를 감사하며 우리의 몸을 하나님께서 기뻐하시는 거룩한 산 제사로 드려야 하며(롬 12:1) 우리의 몸으로 하나님께 영광을 돌려야 한다(고전 6:19-20). 즉 하나님의 기뻐하시는 삶을 살아야 한다.

셋째로, 우리는 형제 사랑과 이웃 사랑을 실천해야 한다. 7절, "너는 에돔 사람을 미워하지 말라. 그는 너의 형제니라. 애굽 사람을 미워하지 말라. 네가 그의 땅에서 객이 되었었음이니라." 우리는 형제를 사랑하고 그를 미워하거나 욕하거나 저주하지 말아야 하며 또 형제나 이웃이 어려움을 당했을 때 위로하고 또 힘이 있으면 물질로 도와야 한다.

넷째로, 우리는 새 생명을 받은 자들로서 영혼들을 구원하고 살리는 일에 동참해야 한다. 1절, "신낭이 상한 자나 신을 베인 자는 여호와의 총회에 들어오지 못하리라." 중생한 성도는 생명의 씨를 가진 자이며 그는 전도를 통해 영적 자녀를 출산할 수 있다. 전도는 하나님의 뜻이며 우리는 이 일을 위해 기도하고 헌금하며 직접 전도에 참여해야 한다.

9-25절, 경건, 거룩, 사랑

〔9절〕 네가 대적을 치러 출진할 때에 모든 악한 일을 스스로 삼갈지니.

이스라엘 백성은 전쟁을 하기 위해 나아갈 때 모든 악한 일을 버려야 했다. 악을 행하는 것은 패전의 근본적 원인이며 의를 행하는 것은 승전의 필수적 조건이었다. 옛날 이스라엘 백성이 애굽에서 나와 가나안 땅을 정복할 때 큰 성 여리고를 하나님의 은혜로 쉽게 점령했으나 작은 성 아이에서는 패전의 쓴잔을 마셨다. 그것은 아간이 하나님의 명령을 어겼기 때문이었다. 그러므로 이스라엘 백성이 아간을 처단한 후에야 아이 성을 정복할 수 있었다. 이 세상의 삶은 전쟁과 같다. 우리는 모든 악을 버리고 의를 행해야 승리의 삶을 살 수 있다. 개인의 삶도, 교회의 진행도, 세속 국가의 형편도 비슷하다.

〔10-14절〕 너희 중에 누가 밤에 몽설(夢泄)함으로[꿈에 정액을 배출함으로] **부정하거든 진 밖으로 나가고 진 안에 들어오지 아니하다가 해 질 때에 목욕하고 해 진 후에 진에 들어올 것이요 너의 진 밖에 변소를 베풀고 그리로 나가되 너의 기구에 작은 삽을 더하여 밖에 나가서 대변을 통할 때에 그것으로 땅을 팔 것이요 몸을 돌이켜 그 배설물을 덮을지니 이는 네 하나님 여호와께서 너를 구원하시고 적군을 네게 붙이시려고 네 진중에 행하심이라. 그러므로 네 진을 거룩히 하라. 그리하면 네게서 불합한**[불결한(KJV), 합당치 않은(NASB)] **것을 보시지 않으므로 너를 떠나지 아니하시리라.**

모세는 이스라엘의 진이 하나님께서 행하시는 곳이므로 그 진을 거룩하게 하라고 말하였다. 그러므로 모든 불결을 제거해야 하였다. 혹시 밤에 몽설(夢泄)하는 경우도 진 밖에 나가 있어야 했고 저녁에 몸을 씻은 후에 들어와야 했다. 이것은 레위기 15:16에 명령된 바이었다. 거기에 보면, "설정(泄精)한 자는 전신[온 몸]을 물로 씻을 것이며 저녁까지 부정(不淨)하리라"고 말씀하였다. 또 변을 볼 때도 진 밖으로 나가 일을 보고 작은 삽으로 배설물을 덮어야 하였다.

〔15-16절〕 종이 그 주인을 피하여 네게로 도망하거든 너는 그 주인에게

로 돌리지 말고 그가 너의 성읍 중에서 기뻐하는 곳을 택하는 대로 너와 함께 네 가운데 거하게 하고 그를 압제하지 말지니라.

본문은 학대받는 종을 도와주게 하는 법이다. 그 종은 주인의 부당한 학대를 못 이겨 그 주인을 피하여 도망쳐 왔다. 피신할 곳을 찾아온 그 종을 그의 주인에게 돌려보내면 그는 더 심한 학대를 받을 것이다. 종이 주인에게 순종하는 것은 당연하지만, 지나친 학대는 옳지 않다. 종을 압제하거나 학대하는 것은 옳지 않다.

신약성경도 주인들이 종들에게 어떻게 대해야 할지에 대해 교훈했다. 에베소서 6:9, "주인들아, 너희도 저희에게 이와 같이 하고 위협을 그치라. 이는 저희와 너희의 주인이 하늘에 계시고 그에게는 외모로 사람을 취하는 일이 없는 줄 너희가 앎이니라." 골로새서 4:1, "주인들아, 의와 공평을 종들에게 베풀지니 너희에게도 하늘에 주인이 계심을 알지어다."

〔17-18절〕 **이스라엘 여자 중에 창기가 있지 못할 것이요 이스라엘 남자 중에 미동(美童)**(카데쉬 קָדֵשׁ)[남자 동성애자, 매춘남(賣春男)]**이 있지 못할지니 창기의 번 돈과 개** 같은 자**의 소득은 아무 서원하는 일로든지 네 하나님 여호와의 전에 가져오지 말라. 이 둘은 다 네 하나님 여호와께 가증한 것임이니라.**

본문은 이스라엘 사회에 음란이 허용되어서는 안 됨을 가리키는 법이다. 신약교회도 마찬가지다. 세상은 항상 악하고 음란할지라도, 교회는 거룩해야 한다. 성도 개개인은 죄에서 구원 얻어 거룩한 삶을 살아야 한다. 고린도전서 6:18-20, "음행을 피하라. 사람이 범하는 죄마다 몸 밖에 있거니와 음행하는 자는 자기 몸에게 죄를 범하느니라. 너희 몸은 너희가 하나님께로부터 받은 바 너희 가운데 계신 성령의 전인 줄을 알지 못하느냐? 너희는 너희의 것이 아니라 값으로 산 것이 되었으니 그런즉 너희 몸으로 하나님께 영광을 돌리라."

〔19-20절〕 **네가 형제에게 꾸이거든**[돈을 빌려주거든] **이식(利息)**[이자]

을 취하지 말지니 곧 돈의 이식[이자], **식물의 이식**[이자], **무릇 이식**[이자]**을 낼 만한 것의 이식**[이자]**을 취하지 말 것이라. 타국인에게 네가 꾸이면 이식**[이자]**을 취하여도 가하거니와 너의 형제에게 꾸이거든 이식**[이자]**을 취하지 말라. 그리하면 네 하나님 여호와께서 네가 들어가서 얻을 땅에서 네 손으로 하는 범사에 복을 내리시리라.**

이 규례는 출애굽기 22:25에 명령된 바이다: "네가 만일 너와 함께 한 나의 백성 중 가난한 자에게 돈을 빌려주거든 너는 그에게 채주같이 하지 말며 이자를 받지(혹은 고리대금하지) 말 것이며." 이스라엘 백성은 동족들에게 돈을 빌려주고 이자를 받는 일을 해서는 안 되었다. 시편 15:5도 하나님의 성산에 거할 자는 "이자로 돈을 빌려주지 않는" 자라고 말했다. '이자'라는 원어(네쉐크 נֶשֶׁךְ)는 '높은 이자'(고리(高利))(usury)(KJV)라는 뜻이 있으나(*Theological Wordbook of the Old Testament* (Moody Press, 1980), II, 605), '이자'라는 뜻이 일반적이라고 보인다(KB, NASB, NIV; BDB 사전은 두 의미가 다 있다고 봄).

〔21-23절〕 네 하나님 여호와께 서원하거든 갚기를 더디하지 말라. 네 하나님 여호와께서 반드시 그것을 네게 요구하시리니 더디면 네게 죄라. 네가 서원치 아니하였으면 무죄하니라마는 네 입에서 낸 것은 그대로 실행하기를 주의하라. 무릇 자원한 예물은 네 하나님 여호와께 네가 서원하여 입으로 언약한 대로 행할지니라.

서원은 하나님 앞에서 약속하는 것, 즉 맹세하며 약속하는 것이므로 반드시 지켜야 한다. 그렇지 않으면 하나님 앞에 죄를 짓는 일이다. 서원을 갚는 여부는 그가 하나님을 두려워하는 여부를 나타낸다. 사사시대에 입다나 선지자 사무엘의 모친 한나가 믿음의 본이 된 것은 서원을 갚은 데 있었다. 입다는 암몬과의 전쟁에 나가기 전 하나님께 서원한 대로, 승리하고 돌아온 후에 하나밖에 없는 딸을 번제로 드렸다(삿 11장). 한나는 자녀가 없는 상태에서 서원하여 얻은 아들 사무엘을 서원대로 하나님의 성막의 봉사자로 드렸다. 그러나 하나님을 경외함이 부족하였던 사울은 맹세를 여러 번 저버렸다.

〔24-25절〕 네 이웃의 포도원에 들어갈 때에 마음대로 그 포도를 배불리 먹어도 가하니라. 그러나 그릇에 담지 말 것이요 네 이웃의 곡식밭에 들어갈 때에 네가 손으로 그 이삭을 따도 가하니라. 그러나 네 이웃의 곡식 밭에 낫을 대지 말지니라.

이 법은 가난한 자들을 위한 법이다. 이스라엘 백성은 이웃 사람의 포도원에 들어가서 포도를 배불리 먹을 수 있었고 곡식밭에 들어가 손으로 이삭을 따먹을 수 있었다. 구제는 하나님의 뜻이다. 신약성경도 가난한 자들을 도우라고 교훈하였다. 요한일서 3:17-18, "누가 이 세상 재물을 가지고 형제의 궁핍함을 보고도 도와줄 마음을 막으면 하나님의 사랑이 어찌 그 속에 거할까보냐? 자녀들아, 우리가 말과 혀로만 사랑하지 말고 오직 행함과 진실함으로 하자."

본문의 교훈을 정리해보자. 첫째로, 하나님을 경외하는 자는 하나님의 법을 힘써 지키며 하나님께 한 서원을 반드시 갚아야 한다. 서원은 하나님께 한 약속이므로 우리는 하나님께 서원한 것을 반드시 이행해야 한다. 그렇지 않으면 그것은 하나님 앞에서 벌받을 죄가 된다. 우리는 하나님을 경외하며 그의 법을 지키며 서원을 갚는 자가 되어야 한다.

둘째로, 사람의 삶은 영적 전투와 같고 우리가 이 전투에서 승리하려면, 우리는 모든 악을 버려야 한다. 거룩하게 사는 것이 인생의 승리의 비결이다. 그러므로 우리는 우리 자신이나 우리의 가정을 깨끗케 해야 한다. 우리는 죄로 우리의 몸이나 우리의 가정이나 우리의 교회를 더러워지지 않게 해야 한다. 우리는 특히 음란의 죄를 멀리해야 한다.

셋째로, 이스라엘 백성은 종을 학대하지 말고 가난한 동족 이웃에게 이자를 받지 말고 가난한 자로 곡식밭에서 이삭을 잘라 먹을 수 있게 해야 했다. 신약 성도들도 가난한 이웃들을 돌아보고 구제하기를 힘써야 하고 이웃 사랑을 실천해야 한다. 구제는 하나님의 명령이며 하나님께서 기뻐하시는 선한 일이다. 히브리서 13:16, "오직 선을 행함과 서로 나눠주기를 잊지 말라. 이 같은 제사는 하나님께서 기뻐하시느니라."

24장: 이혼, 신혼, 가난한 자들 배려

〔1-4절〕 사람이 아내를 취하여 데려온 후에 수치되는 일(에르왓 다바르 עֶרְוַת דָּבָר)[불결한 일(KJV), 합당치 않은(indecent) 일(BDB, NASB, NIV)]**이 그에게 있음을 발견하고 그를 기뻐하지 아니하거든 이혼 증서를 써서 그 손에 주고 그를 자기 집에서 내어 보낼 것이요 그 여자는 그 집에서 나가서 다른 사람의 아내가 되려니와 그 후부(後夫)**[후남편]**도 그를 미워하여 이혼 증서를 써서 그 손에 주고 그를 자기 집에서 내어 보내었거나 혹시 그를 아내로 취한 후부(後夫)**[후남편]**가 죽었다 하자. 그 여자가 이미 몸을 더럽혔은즉 그를 내어 보낸 전부(前夫)**[전남편]**가 그를 다시 아내로 취하지 말지니 이 일은 여호와 앞에 가증한 것이라. 네 하나님 여호와께서 네게 기업으로 주시는 땅으로 너는 범죄케 하지 말지니라.**

결혼은 복된 제도이며 그 관계는 존중되고 거룩하게 지켜져야 한다. 한 남자가 한 여자만 알고, 한 여자가 한 남자만 아는 것이 창조주 하나님의 본래의 뜻이다(창 2:18-24). 이혼은 극히 삼가야 한다. 이혼 후 재결합은 가능하지만(고전 7:11), 상대가 타인과 재혼하고 이혼했거나 사별했을 때 재결합하는 것은 무질서한 일로 간주되었다.

〔5절〕 사람이 새로이 아내를 취하였거든 그를 군대로 내어 보내지 말 것이요 무슨 직무든지 그에게 맡기지 말 것이며 그는 1년 동안 집에 한가히(나키 נָקִי)[자유로이] **거하여 그 취한 아내를 즐겁게 할지니라.**

여자는 결혼하면 변화된 새 가정 환경과 주부로서의 의무 때문에 남자보다 보통 더 많이 긴장하고 수고하게 될 것이다. 그런데 남편이 1년 동안 자유로이 아내와 함께 지내며 그를 기쁘게 한다면 여자에게는 큰 위로와 행복이 될 것이다. 지금부터 약 3,500년 전에 하나님께서 이렇게 여성을 배려하는 법을 주셨다니 참으로 놀랍다!

〔6절〕 사람이 맷돌의 전부나 **그 위짝만이나 전집(典執)하지**[담보물을 취하지] **말지니 이는 그 생명을 전집함**[담보물로 취함]**이니라.**

옛 시대에 맷돌은 식생활을 위한 필수적 도구이었다. 그것이 없으면 곡식을 가루로 만들어 빵을 만드는 일을 하기 어려웠을 것이다. 사람이 하루 세 끼를 먹는 것은 기본적인 일이다. 그러므로 맷돌의 전부나 그 위짝만이라도 담보물로 취한다는 것은 이웃의 식생활을 위협하는 것, 곧 그의 생명을 위협하는 것이므로 금지되었다.

〔7절〕 사람이 자기 형제 곧 이스라엘 자손 중 한 사람을 후려다가[납치하여] **그를 부리거나**(힛암메르 הִתְעַמֵּר)[학대하거나](BDB) **판 것이 발견되거든 그 후린**[납치한] **자를 죽일지니 이같이 하여 너의 중에 악을 제할지니라.**

이것은 납치나 인신매매를 금한 법이다. 사람이 사람을 유괴하거나 납치하여 그를 종처럼 학대하거나 그를 다른 사람에게 판다면, 그런 사람은 사형을 시켜야 할 큰 악을 범한 자로 간주되었다.

〔8-9절〕 너는 문둥병[나병]**에 대하여 삼가서 레위 사람 제사장들이 너희에게 가르치는 대로 네가 힘써 다 행하되 곧 내가 그들에게 명한 대로 너희는 주의하여 행하라. 너희가 애굽에서 나오는 길에서 네 하나님 여호와께서 미리암에게 행하신 일**(민 12:9-16)**을 기억할지니라.**

나병은 전염성을 가진 악성 피부병이다. 나병 환자는 이스라엘 백성이 거주하는 마을 밖에 거해야 했고, 다 나은 후에도 정결 의식을 행한 후 이스라엘 백성이 거하는 마을 안으로 들어올 수 있었다.

〔10-13절〕 무릇 네 이웃에게 꾸어줄 때에 네가 그 집에 들어가서 전집물을 취하지 말고 너는 밖에 섰고 네게 꾸는 자가 전집물을 가지고 나와서 네게 줄 것이며 그가 가난한 자여든 너는 그의 전집물을 가지고 자지 말고 해 질 때에 그 전집물을 반드시 그에게 돌릴 것이라. 그리하면 그가 그 옷을 입고 자며 너를 위하여 축복하리니 그 일이 네 하나님 여호와 앞에서 네 의로움이 되리라.

이 법은 가난한 자의 인격을 존중하고 배려하는 법이다. 전집물을 취하기 위해 그의 집에 함부로 들어가는 것은 상대방의 인격을 무시하는 행동이다. 또 해질 때에 전집한 그의 옷을 돌려주지 않는 것은 그로 하여금 밤에 춥게 자게 하는 일이 될 수 있었다. 그러므로 그렇게 하지 못하게 규정한 것이다. 이것은 가난한 자를 배려한 것이다. 이웃에 대한 선한 마음과 행위는 하나님 앞에 의가 된다.

[14-15절] 곤궁하고 빈한한 품군은 너의 형제든지 네 땅 성문 안에 우거하는 객이든지 그를 학대하지 말며 그 품삯을 당일에 주고 해진 후까지 끌지 말라. 이는 그가 빈궁하므로 마음에 품삯을 사모함이라. 두렵건대 그가 너를 여호와께 호소하면 죄가 네게로 돌아갈까 하노라.

이 법은 가난한 자나 국내 체류 외국인을 학대하지 말고 그의 품삯을 그 날 해지기 전에 지불하라고 말한다. 이것도 가난한 자를 배려하는 법이며 사람의 인권과 외국인의 인권을 존중하는 법이다.

[16절] 아비[아버지]**는 그 자식들을 인하여 죽임을 당치 않을 것이요 자식들은 그 아비**[아버지]**를 인하여 죽임을 당치 않을 것이라. 각 사람은 자기 죄에 죽임을 당할 것이니라.**

이 법은 아버지나 아들이나 각자 자기 행위에 대한 도덕적 책임을 져야 하고, 또 벌을 받을 것이 있으면 각자가 받아야 함을 보인다. 이 진리는 마지막 심판 때에 그대로 적용될 것이다. 그러므로 에스겔 18:20, "범죄하는 그 영혼은 죽을지라. 아들은 아비의 죄악을 담당치 아니할 것이요 아비는 아들의 죄악을 담당치 아니하리니 의인의 의도 자기에게로 돌아가고 악인의 악도 자기에게로 돌아가리라."

[17-18절] 너는 객[외국인](NASB, NIV)**이나 고아의 송사를 억울하게 말며 과부의 옷을 전집(典執)하지 말라. 너는 애굽에서 종이 되었던 일과 네 하나님 여호와께서 너를 거기서 속량하신 것을 기억하라. 이러므로 내가 네게 이 일을 행하라 명하노라.**

이 법은 사회에서 약자인 국내 체류 외국인과 고아와 과부를 배려하는 법이다. 이스라엘 백성은 국내 체류 외국인이나 고아의 송사를 억울하게 하지 말고 과부의 옷을 보증물로 취하지 말아야 했다.

[19-22절] 네가 밭에서 곡식을 벨 때에 그 한 뭇을 밭에 잊어버렸거든 다시 가서 취하지 말고 객[외국인]**과 고아와 과부를 위하여 버려두라. 그리하면 네 하나님 여호와께서 네 손으로 하는 범사에 복을 내리시리라. 네가**

네 감람나무를 떤 후에 그 가지를 다시 살피지 말고 그 남은 것은 객과 고아와 과부를 위하여 버려두며 네가 네 포도원의 포도를 딴 후에 그 남은 것을 다시 따지 말고 객과 고아와 과부를 위하여 버려두라. 너는 애굽 땅에서 종 되었던 것을 기억하라. 이러므로 내가 네게 이 일을 행하라 명하노라.

하나님께서는 국내 체류 외국인과 고아와 과부에 대해 배려하시는 법을 추가로 더 주셨다. 이스라엘 백성은 추수할 때 잊어버린 곡식단이 밭에 있어도 다시 가서 취하지 말고 외국인과 고아와 과부를 위해 버려두어야 했고, 감람나무나 포도원의 포도나무도 따고 남은 것은 외국인과 고아와 과부를 위해 버려두어야 했다. 레위기 19:10에도 "가난한 사람과 타국인을 위하여 버려두라"고 명하셨다. 이렇게 선한 일을 하면 하나님께서 이스라엘 백성의 범사에 복을 주실 것이다.

본장의 교훈을 정리해보자. 첫째로, 이스라엘 백성은 사람을 납치하여 학대하거나 인신매매하지 말아야 했고 전집물을 취한다고 남의 집에 함부로 들어가서도 안 되었다. 특히 사람의 납치와 학대와 인신매매는 사형에 해당하는 악한 일이었다. 우리는 모든 사람의 인권을 존중해야 하고 특히 가난한 자의 인격을 무시하거나 학대하지 말아야 한다.

둘째로, 이스라엘 남자들은 결혼하면 1년 동안 자유로이 집에 거하며 아내를 기쁘게 해야 했다. 이것은 남편이 아내를 자기 몸같이 사랑하고, 그리스도께서 교회를 사랑하시고 위해 자신을 주심같이 아내를 조건 없이, 희생적으로 사랑하라고 가르친 신약성경의 교훈에서 강화된다(엡 5:25, 28). 결혼한 남자는 자기의 아내를 존중하고 사랑해야 한다.

셋째로, 이스라엘 백성은 가난한 자의 맷돌을 담보물로 취하지 말고, 해지기 전에 옷 같은 전집물은 돌려주고, 가난한 품꾼과 외국인을 학대하지 말고 품삯을 당일에 해지기 전에 주고, 외국인과 고아와 과부의 송사를 억울케 하지 말고 추수할 때 남은 것들을 그들을 위해 버려두어야 했다. 이것은 가난한 자들을 배려하는 법들이다. 가난한 자와 고아와 과부를 배려하는 것은 성도들의 기본적 의무이다(갈 2:10; 약 1:27).

25장: 공의, 수혼(嫂婚) 제도

〔1-3절〕 사람과 사람 사이에 시비가 생겨서 재판을 청하거든 재판장은 그들을 재판하여 의인은 의롭다 하고 악인은 정죄할 것이며 악인에게 태형이 합당하거든 재판장은 그를 엎드리게 하고 그 죄의 경중대로 여수(如數)이[그 수대로] **자기 앞에서 때리게 하라. 40까지는 때리려니와 그것을 넘기지는 못할지니 만일 그것을 넘겨 과다히 때리면 네가 네 형제로 천히 여김을 받게 할까 하노라.**

사람과 사람 사이에 시비가 생겨서 재판을 청하면 재판장은 옳고 그름을 밝혀야 했다. 진리와 비진리, 의와 불의, 선과 악은 분별되고 판단되어야 한다. 재판장은 의인은 의롭다고 말하고 악인은 정죄해야 했다. 또 악인은 그 악의 경중(輕重)에 따라 처벌받아야 했다. 죄에는 크고 작음이 있다. 죄인은 재판장 앞에서 공정하게 벌을 받아야 했다. 태형은 죄의 정도에 따라 수를 정하고 시행해야 한다. 그러나 40대까지만 때리고 그 이상은 금지되었다. 40대는 태형의 최대의 수이며 그것을 넘기면 사람의 인격을 천시하는 일로 간주되었다.

〔4절〕 곡식 떠는 소의 입**에 망을 씌우지 말지니라.**

짐승에게라도 일을 시킬 때에는 먹이면서 시켜야 하였다. 이 법은 짐승에게뿐 아니라 사람에게도 적용되며, 또 세상일뿐 아니라 교회일에도 적용된다. 구약시대에 성전의 일을 하는 이들은 성전에서 나는 것을 먹었다. 사도 바울은 이 법을 인용하면서 전도자들이 생활비를 받는 것이 합당하며 주께서도 복음 전하는 자들이 복음으로 말미암아 살리라고 말씀하셨다고 말하였다(고전 9:9-14).

〔5-6절〕 형제가 동거하는데 그 중 하나가 죽고 아들이 없거든 그 죽은 자의 아내는 나가서 타인에게 시집가지 말 것이요 그 남편의 형제가 그에게로 들어가서 그를 취하여 아내를 삼아 그의 남편의 형제된 의무를 그에게 다 행할 것이요 그 여인의 낳은 첫 아들로 그 죽은 형제의 후사를 잇게 하여

그 이름을 이스라엘 중에서 끊어지지 않게 할 것이니라.

이것은 '수혼(嫂婚) 제도' 즉 형제와 결혼하는 제도라고 불리는 법이다. 이것은 옛 시대에, 결혼한 아들이 아들이 없이 죽음으로 대가 끊어지는 것을 방지한 법이다. 아들이 없이 죽은 사람의 아내는 그 형제와 결혼해야 했다. 형제가 이미 결혼한 자이면 그는 부득이 두 아내를 얻는 것이 될 것이다. 남편이 죽은 여인이 남편 형제와 결혼하여 낳은 첫 아들은 죽은 남편의 대를 잇는 자가 된다. 그렇게 함으로써 죽은 남편의 이름이 이스라엘 중에서 끊어지지 않게 했다.

〔7-10절〕 그러나 그 사람이 만일 그 형제의 아내 취하기를 즐겨하지 아니하거든 그 형제의 아내는 그 성문 장로들에게로 나아가서 말하기를 내 남편의 형제가 그 형제의 이름을 이스라엘 중에 잇기를 싫어하여 남편의 형제된 의무를 내게 행치 아니하나이다 할 것이요 그 성읍 장로들은 그를 불러다가 이를[말할] **것이며 그가 이미 정한 뜻대로 말하기를 내가 그 여자 취하기를 즐겨 아니하노라 하거든 그 형제의 아내가 장로들 앞에서 그에게 나아가서 그의 발에서 신을 벗기고 그 얼굴에 침을 뱉으며 이르기를**[말하기를] **그 형제의 집 세우기를 즐겨 아니하는 자에게는 이같이 할 것이라 할 것이며 이스라엘 중에서 그의 이름을 신 벗기운 자의 집이라 칭할 것이니라.**

죽은 형제에 대한 의무를 행하기 싫어하는 자는 '신 벗기운 자'라고 불리며 사람들에게 부끄러움을 당하게 하였다.

〔11-12절〕 두 사람이 서로 싸울 때에 한 사람의 아내가 그 남편을 그 치는 자의 손에서 구하려 하여 가까이 가서 손을 벌려 그 사람의 음낭(은밀한 부분, 생식기, 불알)**을 잡거든 너는 그 여인의 손을 찍어 버릴 것이고 네 눈이 그를 불쌍히 보지 말지니라.**

그 여자가 상대방 남자의 음낭을 잡는 것을 엄하게 정죄한 것은, 남자의 생식기를 잡는 것은 그의 급소를 치는 것으로 그에게 큰 해가 되며 더욱이 남자의 생식기를 손상시키는 것은 자녀 출산의 기능을 막는 큰 잘못이기 때문이며, 또한 그것이 남자의 존엄성을 짓밟으며 여성으로서 가져야 할 덕을 저버리는 악이기 때문이라고 본다.

〔13-16절〕 너는 주머니에 같지 않은 저울추 곧 큰 것과 작은 것을 넣지 말 것이며 네 집에 같지 않은 되 곧 큰 것과 작은 것을 두지 말 것이요 오직 십분[완전히] **공정한 저울추를 두며 십분**[완전히] **공정한 되를 둘 것이라. 그리하면 네 하나님 여호와께서 네게 주시는 땅에서 네 날이 장구하리라. 무릇 이같이 하는 자, 무릇 부정당히 행하는 자는 네 하나님 여호와께 가증하니라.**

이것은 공정한 상거래를 명한 법이다. 장사하는 이스라엘 백성은 물건을 팔 때 공정한 저울추와 공정한 되를 사용해야 하였다. 오늘날에도 공의와 공정은 하나님의 백성의 기본적 생활규칙이다.

〔17-19절〕 너희가 애굽에서 나오는 길에 아말렉이 네게 행한 일을 기억하라. 곧 그들이 하나님을 두려워하지 아니하고 너를 길에서 만나 너의 피곤함을 타서 네 뒤에 떨어진 약한 자들을 쳤느니라. 그러므로 네 하나님 여호와께서 네게 주어 기업으로 얻게 하시는 땅에서 네 하나님 여호와께서 너로 사면에 있는 모든 대적을 벗어나게 하시고 네게 안식을 주실 때에 너는 아말렉의 이름을 천하에서 도말할지니라. 너는 잊지 말지니라.

아말렉의 악행에 대한 보응은 하나님의 심판이었다.

본장의 중요한 교훈은 두 가지이다. 첫째는 성도 간에 분쟁이 생기면 시시비비를 가리고 악을 행한 사람을 합당하게 징벌해야 한다는 것이다. 우리는 교리적인 문제나 윤리적인 문제에 있어서 옳고 그름을 분별하고 판단해야 한다. 적은 누룩이 온 덩이에 퍼지는 법이다. 교회 안에 작은 오류를 포용하기 시작하면 그것이 나중에는 제거할 수 없을 정도로 두루 퍼지게 된다. 그러므로 권징의 충실한 시행은 우리가 이 세상에서 바르고 거룩한 교회를 세우는 데 있어서 필수적인 일이다.

둘째는 공정한 상거래를 시행해야 한다는 것이다. 성도는 항상 정직하고 진실하게 돈을 벌어야 한다. 물건을 파는 성도에게는 다른 저울추나 다른 되가 있어서는 안 된다. 성도는 모든 일을 정직하고 진실하게 행해야 한다. 성도는 세상의 법에도 저촉되지 않게 살아야 한다.

사람들은 오늘날 '경제민주화'라는 말을 사용한다. 그러나 경제민주화는 경제평등화라는 뜻으로 이해되어서는 안 된다. 부자와 가난한 자가 없는 사회를 추구하는 것은 사회주의 이념에 불과하다. 사회주의는 개인의 재산권을 부정하고 국가가 땅이나 노동력이나 자본을 소유한다고 보고 국가가 그것을 임의로 계획하여 나라 경제를 운영하는 제도이다. 그 이념을 혁명적 방식으로 이루려 했던 것이 공산주의 운동이었다. 그러나 그 운동은 1917년 러시아 혁명 이후 구소련과 중국 등에서 약 1억명의 피를 흘리며 행해졌으나 그 결과는 실패이었고 다같이 못사는 나라가 되었다고 평가되었다. 만일 그렇지 않았다면, 구소련이 붕괴되지 않았을 것이며 중공이 자본주의를 채택하지 않았을 것이다.

우리나라의 경제체제는 헌법의 정신대로 기본적으로 자본주의적이다(제23조와 제119조 1항). 자본주의는 개인의 재산권을 인정하고 자유로운 경제활동으로 돈을 버는 것을 인정하는 제도이다. 이것은 성경적 개념이다. 또 자유경쟁은 경제발전에도 도움이 된다. 자유로이 기업할 수 있는 여건이 조성되고 특히 기업에서 고용과 해고의 유연성이 있을 때 기업이 발전할 수 있고 또 그래야 일자리가 늘어나고 시장이 활성화되고 경제가 살아나며 서민들의 경제 생활도 나아질 것이다.

경제민주화는 자본주의의 틀 안에서 단지 법을 악용하는 행위들 즉 소위 불공정 거래 행위들에 대한 규제와 처벌을 강화하고 공정거래를 실천하는 데서 찾아야 할 것이다. 예를 들어, 기업들이 투명한 경영을 하고 이중장부를 없애고 대기업들이 하도급 중소기업들에게 현금결제의 원칙을 지키고 독점이나 가격담합 등이 없도록 하는 것 등이다.

교육에 있어서도, 획일적인 고교평준화는 하향평준화를 이루고 있다고 보인다. 사교육 근절에 목표를 두기보다 국가의 간섭을 최소화하고 학교의 자율성과 학생들의 자유 선택권과 공정한 경쟁을 최대한 보장하는 것이 훨씬 더 좋은 생각이고 사회적으로도 학생들의 실력 향상과 고급인재 양성과 전체적 나라 발전에 도움이 된다고 보인다.

26장: 첫 열매, 제3년 십일조

〔1-4절〕 네 하나님 여호와께서 네게 기업으로 주사 얻게 하시는 땅에 네가 들어가서 거기 거할 때에 네 하나님 여호와께서 네게 주시는 땅에서 그 토지 모든 소산의 맏물을 거둔 후에 그것을 취하여 광주리에 담고 네 하나님 여호와께서 그 이름을 두시려고 택하신 곳으로 그것을 가지고 가서 당시 제사장에게 나아가서 그에게 이르기를[말하기를] **내가 오늘날 당신의 하나님 여호와께 고하나이다. 내가 여호와께서 우리에게 주리라고 우리 열조에게 맹세하신 땅에 이르렀나이다 할 것이요 제사장은 네 손에서 그 광주리를 취하여다가 네 하나님 여호와의 단 앞에 놓을 것이며**

첫 열매에 대한 규례이다. 모든 토지 소산물의 맏물 곧 첫 열매를 하나님께 드리는 것은 지극한 정성의 표현이다. 하나님께서는 우리의 가장 좋은 것을 받으시기에 합당하신 분이시다. 우리의 모든 것은 다 하나님께로부터 왔기 때문이다. 그는 우리의 생명과 복의 원천이시다. 우리는 우리의 가진 가장 좋은 것을 하나님께 드려야 한다.

〔5-11절〕 너는 또 네 하나님 여호와 앞에 아뢰기를 내 조상은 유리(流離)하는(오베드 אֹבֵד)['멸망할'(KJV), '길 잃은'(BDB), '떠도는'(NASB, NIV)] **아람 사람으로서 소수의 사람을 거느리고 애굽에 내려가서 거기 우거(寓居)하여 필경은 거기서 크고 강하고 번성한 민족이 되었더니 애굽 사람이 우리를 학대하며 우리를 괴롭게 하며 우리에게 중역(重役)**[무거운 일]**을 시키므로 우리가 우리 조상의 하나님 여호와께 부르짖었더니 여호와께서 우리 음성을 들으시고 우리의 고통과 신고(辛苦)**[수고]**와 압제를 하감(下鑑)하시고**[내려다보시고] **여호와께서 강한 손과 편 팔과 큰 위엄과 이적**[들]**과 기사**[들]**로 우리를 애굽에서 인도하여 내시고 이 곳으로 인도하사 이 땅 곧 젖과 꿀이 흐르는 땅을 주셨나이다. 여호와**[시]**여, 이제 내가 주께서 내게 주신 토지 소산의 맏물을 가져왔나이다 하고 너는 그것을 네 하나님 여호와 앞에 두고 네 하나님 여호와 앞에 경배할 것이며 네 하나님 여호와께서 너와 네 집에 주신 모든 복을 인하여 너는 레위인과 너의 중에 우거하는 객과 함께 즐거워할지니라.**

이스라엘 백성은 그들이 어떻게 애굽 땅으로부터 나와 가나안 땅에 정착하게 되었는지를 회고하며 하나님의 구원의 은혜를 인정하고 감사해야 했다. 그들의 조상 야곱은 본래 떠도는 아람 사람이었다. 그는 66명의 가족을 데리고 애굽으로 내려가 거주하게 되었고 거기서 크고 강하고 번성한 민족이 되었다. 그러나 애굽 사람들이 그들에게 무거운 짐을 지우고 학대하고 압제하므로 그들은 고통 중에 하나님께 부르짖었고, 하나님께서는 강한 손과 편 팔과 큰 위엄과 이적들과 기사들로 그들을 애굽에서, 그 종살이하던 곳에서 구원하여 우유와 꿀이 풍성한 가나안 땅으로 인도하여 그 땅을 기업으로 주셨던 것이다. 그러므로 그들은 이제 하나님의 이 구원의 은혜를 인정하고 감사하며 첫 열매를 하나님께 정성껏 드려야 하고 하나님께서 주신 모든 복을 인해 레위인과 객들과 함께 즐거워해야 할 것이다.

〔12-15절〕 제3년 곧 십일조를 드리는 해에 네 모든 소산의 십일조 다 내기를 마친 후에 그것을 레위인과 객과 고아와 과부에게 주어서 네 성문 안에서 먹어 배부르게 하라. 그리할 때에 네 하나님 여호와 앞에 고하기를 내가 성물을 내 집에서 내어 레위인과 객과 고아와 과부에게 주기를 주께서 내게 명하신 명령대로 하였사오니 내가 주[님]**의 명령을 범치도 아니하였고 잊지도 아니하였나이다. 내가 애곡하는 날에 이 성물을 먹지 아니하였고 부정한 몸으로 이를 떼어두지 아니하였고 죽은 자를 위하여 이를 쓰지 아니하였고 내 하나님 여호와의 말씀을 청종하여 주께서 내게 명령하신 대로 다 행하였사오니 원컨대 주의 거룩한 처소 하늘에서 하감(下鑑)하시고**[내려보시고] **주**[님]**의 백성 이스라엘에게 복을 주시며 우리 열조에게 맹세하여 우리에게 주신 바 젖과 꿀이 흐르는 땅에 복을 내리소서 할지니라.**

십일조 규례는 레위기 27:30과 민수기 18:21에 규정된 바이다. 이런 일반적 규례에 더하여, 본문과 같이 신명기 14:28-29는 제3년 십일조에 대해 말했었다. 이것은 매년 드리는 십일조 외에 추가적 십일조를 가리키는 것 같다. 십일조는 레위인들을 위한 것이지만, 매 3년마다 레위인들뿐 아니라, 객들과 고아들과 과부들을 위해 추가적으로 구제의 십일조를 드리라는 뜻인 것 같다. 하나님께서 명하신 사람의 두 가지 중요한 의무는 첫째, 하나님을 사랑하는 것과 둘째, 이웃을 사랑하는 것이다. 그 둘은 별개가 아니고 상호 연관되어 있다. 구제는 서로 사랑하라는 주께서 주신 새 계명에 포함되어 있다. 초대 예루살렘 교회 신자들은 다 함께 있어 모든 물건을 서로 통용하고 또 자기의 재산과 소유를 팔아 각 사람의 필요를 따라 나눠주었다(행 2:44-45).

〔16-19절〕 오늘날 네 하나님 여호와께서 이 규례와 법도를 행하라고 네게 명하시나니 그런즉 너는 마음을 다하고 성품을 다하여 지켜 행하라. 네가 오늘날 여호와를 네 하나님으로 인정하고 또 그 도를 행하고 그 규례와 명령과 법도를 지키며 그 소리를 들으리라 확언하였고 **여호와께서도 네게 말씀하신 대로 오늘날 너를 자기의 보배로운 백성**(암 세굴라 עַם סְגֻלָּה)**으로 인정하시고 또 그 모든 명령을 지키게 하리라 확언하셨은즉 여호와께서 너의 칭찬과 명예와 영광으로 그 지으신 모든 민족 위에 뛰어나게 하시고 그 말씀하신 대로 너로 네 하나님 여호와의 성민(聖民)**[거룩한 민족]**이 되게 하시리라.**

모세는 신명기에 기록된 율법 강론의 결론으로 이제 율법의 내용을 읽고 이해한 모든 성도가 그 내용들을 지키고 행해야 한다고 교훈한다. 이스라엘 백성은 여호와 하나님을 자기들의 하나님으로 인정하였고 또 그의 모든 계명과 법도를 지키겠다고 확언하였고, 여호와께서는 그들을 자기의 보배로운 백성으로 인정하셨고 그들을 모든 민족들 중에 뛰어난 여호와의 거룩한 민족이 되게 하시겠다고 말씀하셨다. 그러므로 그들은 마음을 다하고 성품을 다하여 하나님의 모든 계명들과 규례들과 법도들을 행해야 한다. 우리가 마음을 다하고 성품을 다하고 힘을 다하여 하나님을 사랑해야 하듯이, 우리는 하나님의 명하신 율법도 마음을 다하고 성품을 다하고 힘을 다하여 지켜 행해야 한다. 그것은 모든 이스라엘 백성의 마땅한 의무이었다.

본장의 교훈을 정리해보자. 첫째로, 우리는 우리를 죄와 불행과 영원한 지옥 형벌에서 구원하신 하나님을 인정하고 우리의 소득의 첫 열매와 십일조, 즉 우리의 가장 귀한 것을 하나님께 드려야 한다. 하나님께서는 창세 전에 그리스도 안에서 우리를 택하셔서 흠과 점이 없는 하나님의 거룩한 자녀를 만들기를 원하셨다. 예수께서는 우리를 사랑하셨고 우리를 위해 자기 몸을 버리셨고 그의 핏값으로 우리를 사셨다. 그러므로 이제 우리 몸은 우리의 것이 아니고 주 예수님의 것이다. 그러므로 우리는 우리의 몸을 하나님의 거룩한 산 제사로 드리며 오직 하나님의 영광만을 위해 최선으로 살아야 한다(롬 12:1; 고전 6:19-20).

둘째로, 율법은 레위인들과 국내 체류 외국인들과 고아들과 과부들과 가난한 자들을 배려하는 규정들을 담고 있다. 제3년 구제의 십일조 규례도 그런 것이다. 우리가 세상 사는 동안 가난한 자들은 항상 우리 곁에 있을 것이다. 하나님께서는 자비의 하나님이시며 자기 백성된 우리가 그런 마음을 가지고 살기를 원하신다. 구제는 하나님의 명령이요 기쁘신 뜻이며 우리의 의무이다. 신명기 15:11, "땅에는 언제든지 가난한 자가 그치지 아니하겠으므로 내가 네게 명하여 이르노니 너는 반드시 네 경내 네 형제의 곤란한 자와 궁핍한 자에게 네 손을 펼지니라." 우리는 하나님의 뜻대로 가난한 성도들과 이웃들을 돌아보아야 한다.

셋째로, 이스라엘 백성은 하나님의 거룩한 백성으로서 마음을 다하고 성품을 다하고 힘을 다하여 하나님을 사랑하고 그의 모든 말씀을 귀히 여기고 듣고 배우고 믿고 실천해야 했다. 그것은 하나님의 뜻이었다. 예수 그리스도를 믿고 구원 얻은 신약 성도들도 하나님의 택하신 족속이요 거룩한 나라요 그의 소유된 백성이다(벧전 2:9). 우리도 성경 중심의 삶을 살아야 한다. 사도 바울은 "모든 성경은 하나님의 감동으로 된 것으로 교훈과 책망과 바르게 함과 의로 교육하기에 유익하니 이는 하나님의 사람으로 온전케 하며 모든 선한 일을 행하기에 온전케 하려 함이니라"고 말하였다(딤후 3:16-17). 오늘날 우리는 하나님의 모든 말씀, 즉 성경의 모든 교훈을 힘써 읽고 듣고 배우고 믿고 실천해야 한다.

27장: 저주들의 선언

〔1절〕 모세가 이스라엘 장로들로 더불어 백성에게 명하여 가로되[말하되] **내가 오늘날 너희에게 명하는 이 명령을 너희는 다 지킬지니라.**

이스라엘 백성은 하나님께서 모세를 통해 주신 율법과 명령을 다 지켜야 했다. 이것이 하나님의 요구이며 하나님의 뜻이었다.

〔2-8절〕 너희가 요단을 건너 네 하나님 여호와께서 네게 주시는 땅에 들어가는 날에 큰돌들을 세우고 석회를 바르라. 이미 건넌 후에 이 율법의 모든 말씀을 그 위에 기록하라. 그리하면 네 하나님 여호와께서 네게 주시는 땅 곧 젖과 꿀이 흐르는 땅에 네가 들어가기를 네 열조의 하나님 여호와께서 네게 말씀하신 대로 하리니 너희가 요단을 건너거든 내가 오늘날 너희에게 명하는 이 돌들을 에발산에 세우고 그 위에 석회를 바를 것이며 또 거기서 네 하나님 여호와를 위하여 단 곧 돌단을 쌓되 그것에 철기를 대지 말지니라. 너는 다듬지 않은 돌로 네 하나님 여호와의 단을 쌓고 그 위에 네 하나님 여호와께 번제를 드릴 것이며 또 화목제를 드리고 거기서 먹으며 네 하나님 여호와 앞에서 즐거워하라. 너는 이 율법의 모든 말씀을 그 돌들 위에 명백히 기록할지니라.

이스라엘 백성은 요단강을 건너 가나안 땅에 들어가는 날에 큰돌들을 세우고 석회를 바른 후에 이 모든 율법과 명령을 거기에 명백하게 기록하여야 했다. 또 그들은 거기서 철기를 대지 않은 돌단을 쌓아서 하나님께 번제와 화목제를 드려야 했다. 그들은 하나님의 모든 율법과 명령을 큰돌들에 기록해 모든 백성에게 분명하게 알려지게 해야 했고, 또 후에 책에 기록해 영속적으로 기억되게 해야 했다.

〔9-10절〕 모세가 레위 제사장들로 더불어 온 이스라엘에게 고하여 가로되[말하되] **이스라엘아, 잠잠히 들으라. 오늘날 네가 네 하나님 여호와의 백성이 되었으니 그런즉 네 하나님 여호와의 말씀을 복종하여 내가 오늘날 네게 명하는 그 명령과 규례를 행할지니라.**

모세는 하나님께서 이스라엘을 자기 백성으로 삼으시며 이 율법과 명령을 명하신 것이므로, 이스라엘 백성은 하나님의 말씀을 복종하며 그 명령들을 지켜 행해야 함을 다시 강조하였다.

〔11-15절〕 **모세가 당일에 백성에게 명하여 가로되**[말하되] **너희가 요단을 건넌 후에 시므온과 레위와 유다와 잇사갈과 요셉과 베냐민은 백성을 축복하기 위하여 그리심산에 서고 르우벤과 갓과 아셀과 스불론과 단과 납달리는 저주하기 위하여 에발산에 서고 레위 사람은 큰 소리로 이스라엘 모든 사람에게 말하여 이르기를**[말하기를] **장색**[장인들]**의 손으로 조각하였거나 부어만든 우상은 여호와께 가증하니 그것을 만들어 은밀히 세우는 자는 저주를 받을 것이라 할 것이요 모든 백성은 응답하여 아멘 할지니라.**

율법과 명령들은 큰돌들에 기록될 뿐 아니라, 이스라엘 회중 앞에서 선언되어야 했다. 모세는 특히 율법의 많은 말씀들 중에 대표적으로 몇 가지 저주들을 레위 사람들이 큰 소리로 말하게 했고 이스라엘 백성이 '아멘'으로 화답하게 하였다. '아멘'은 '참되다'는 뜻이다.

우선, 새겨만들거나 부어만든 우상은 가증한 것이며 그것을 만들어 은밀히 세우는 자는 저주를 받을 것이다. 그것은 십계명의 제1, 2계명을 어기는 죄악이다. 사람이 하나님을 바로 섬기지 않는 데에서 모든 잘못이 나온다. 우리는 사시고 참되신 하나님 한 분만 섬기며 그의 명령에 복종해야 하며 그러므로 모든 우상을 버려야 한다.

〔16절〕 **그 부모를 경홀히 여기는 자는 저주를 받을 것이라 할 것이요 모든 백성은 아멘 할지니라.**

부모를 공경하라는 것은 제5계명이며 하나님께서 주신 인간 관계의 계명들 중 첫째 계명이다. 그것은 부모에 대한 자식의 의무이며 거기서부터 사회 질서가 바로 잡힌다. 그러므로 부모를 경멸하는 것은 사회의 모든 무질서의 주요 원인이며 큰 죄악으로 간주된다.

〔17-19절〕 **그 이웃의 지계표**[땅 경계표]**를 옮기는 자는 저주를 받을 것이라 할 것이요 모든 백성은 아멘 할지니라. 소경으로 길을 잃게 하는 자는 저주를 받을 것이라 할 것이요 모든 백성은 아멘 할지니라. 객이나 고아나 과부의 송사를 억울케 하는 자는 저주를 받을 것이라 할 것이요 모든 백성**

은 아멘 할지니라.

'지계표'는 토지의 경계표를 가리킨다. 이웃의 지계표를 옮기는 것은 남의 땅을 도적질하는 것, 곧 제8계명을 어기는 것이다. 사유재산권의 존중은 사람들이 세상에 살 때 기본적으로 필요한 일이다. 사람의 죄성(罪性)에는 물질에 대한 욕심이 있고 이것은 남의 것을 더 가지려는 마음으로 발전되지만, 이것은 저주받을 죄악이다.

소경으로 길을 잃게 하는 것은 소경을 속이는 일이다. 어떤 동기로 그런 일을 하였든지 간에 그것은 악한 일이다. 남을 속임으로 자기의 이익을 구했다면 그것은 더욱 정당하지 못한 것이며 제9계명을 어기는 죄이며, 또 그런 일을 재미로 했다면 그는 이웃 사랑이 없는 참으로 악한 자이다. 그런 사람은 저주를 받을 것이다.

국내 체류 외국인이나 고아나 과부의 송사를 억울하게 하는 것도 보통 거짓말을 통해 그렇게 한다. 우리는 부자에게나 가난한 자에게나 똑같이 항상 정직하고 진실하게 대해야 한다. 하나님께서는 국내 체류 외국인이나 고아나 과부를 사랑하시고 그들의 억울함을 살피신다. 우리는 그들을 무시하지 말고 공의롭고 공정하게 대해야 한다. 그들의 송사를 억울하게 하는 것은 저주를 받을 악한 일이다.

〔20-23절〕 계모[그 아버지의 아내]**와 구합(苟合)하는**[함께 눕는] **자는 그 아비**[아버지]**의 하체를 드러내었으니 저주를 받을 것이라 할 것이요 모든 백성은 아멘 할지니라. 무릇 짐승과 교합하는**[함께 눕는] **자는 저주를 받을 것이라 할 것이요 모든 백성은 아멘 할지니라. 그 자매 곧 그 아비**[아버지]**의 딸이나 어미**[어머니]**의 딸과 구합하는**[함께 눕는] **자는 저주를 받을 것이라 할 것이요 모든 백성은 아멘 할지니라. 장모와 구합하는**[함께 눕는] **자는 저주를 받을 것이라 할 것이요 모든 백성은 아멘 할지니라.**

'구합(苟合), 교합(交合)하다'는 원어(솨카브 שָׁכַב)는 '눕다'는 뜻이다. 그것은 성관계를 가짐을 부드럽게 표현한 말이다. 계모나 짐승이나 여동생이나 장모 등과 성관계를 가지는 것은 제7계명을 어기는 큰 죄악이다. 이 법들은 당시에 그런 일들이 있었음을 보이는 것 같다. 부패된 인간 사회에는 이런 근친상간적인 음행이나 심지어 짐승과의 음행이 있었다. 이런 가증한 일을 행하는 자는 하나님 앞에서 저주를 받을 것이다. 성은 부부관계에서만 절제 있게 사용되어야 한다.

〔24-25절〕 그 이웃을 암살하는 자는 저주를 받을 것이라 할 것이요 모든 백성은 아멘 할지니라. 무죄자를 죽이려고 뇌물을 받는 자는 저주를 받을 것이라 할 것이요 모든 백성은 아멘 할지니라.

그 이웃을 암살하는 자나 죄 없는 자를 죽이려고 뇌물을 받는 자는 저주를 받을 것이다. 그것은 제6계명을 어기거나 거기에 관계된 죄악이다. 사사로이 다른 사람을 죽이는 것은 저주받을 큰 죄악이다.

〔26절〕 이 율법의 모든 말씀을 실행치 아니하는[견고히 하여 실행치 않는](원문) **자는 저주를 받을 것이라 할 것이요 모든 백성은 아멘 할지니라.**

본장은 모세를 통해 선포된 율법의 모든 말씀을 어기거나 행하지 않는 것은 저주를 받을 일임을 강조한다. 율법의 저주들을 선언한 것이다. 율법은 사람으로 죄를 깨닫고 절망케 하는 목적이 있다.

본장의 교훈을 정리해보자. 첫째로, 하나님의 법 앞에서 의인은 아무도 없고 모든 사람이 하나님의 저주 아래 있다. 갈라디아서 3:10, “무릇 율법 행위에 속한 자들은 저주 아래 있나니.” 우리는 온 세상이 죄와 하나님의 저주 아래 있고 구원이 필요하다는 것을 알아야 한다.

둘째로, 율법의 행위로 얻을 수 없었던 의를 이루기 위해 구주 예수께서 오셨고 십자가에 죽으셨다. 예수 그리스도를 믿음으로 의롭다 하심을 얻는 것이 복음의 요점이다. 죄인들은 구주 예수 그리스도의 의만 의지해야 한다. 우리는 오직 예수 그리스도의 의만 의지해야 한다.

셋째로, 죄를 짓지 말고 의를 행하는 것이 하나님의 명백한 뜻이요 명백한 요구요 명령이다. 구원은 믿음으로만 얻지만, 선행은 참 믿음의 증표와 열매이다. 우리는 그리스도의 의 안에서 율법을 행해야 한다.

28장: 복과 저주

1-35절, 복과 저주

〔1-2절〕 네가 네 하나님 여호와의 말씀을 삼가 듣고(솨모아 שָׁמוֹעַ 티쉐마 תִּשְׁמַע)[부지런히 순종하고(NASB), 온전히 순종하고(NIV)] **내가 오늘날 네게 명하는 그 모든 명령을 지켜 행하면 네 하나님 여호와께서 너를 세계 모든 민족 위에 뛰어나게 하실 것이라. 네가 네 하나님 여호와의 말씀을 순종하면 이 모든 복이 네게 임하며 네게 미치리니.**

모세는 율법의 강론을 마치면서 끝으로 복과 저주에 대해 말한다. 그는 먼저 약속된 복에 대해 말한다. 본장에 선언된 복은 하나님의 말씀을 순종하고 지켜 행하는 조건에 근거하여 약속된 것이다. 이스라엘 백성이 하나님의 모든 명령을 온전히 순종하면, 하나님께서는 그들을 모든 민족 위에 뛰어나게 하시고 모든 복을 주실 것이다.

〔3-6절〕 성읍에서도 복을 받고 들에서도 복을 받을 것이며 네 몸의 소생과 네 토지의 소산과 네 짐승의 새끼와 우양의 새끼가 복을 받을 것이며 네 광주리와 떡반죽 그릇이 복을 받을 것이며 네가 들어와도 복을 받고 나가도 복을 받을 것이니라.

모세는 그들에게 약속된 복을 열거한다. 그들은 도시와 시골이 함께, 즉 전국적으로 복을 얻을 것이다. 또 그들은 자녀의 복을 얻을 것이고, 소득의 복을 얻을 것이며, 양식의 복을 얻을 것이며, 또 가정적 복과 사회적 복, 혹은 국내적 복과 대외관계의 복을 얻을 것이다.

〔7-10절〕 네 대적들이 일어나 너를 치려 하면 여호와께서 그들을 네 앞에서 패하게 하시리니 그들이 한 길로 너를 치러 들어왔으나 네 앞에서 일곱 길로 도망하리라. 여호와께서 명하사 네 창고와 네 손으로 하는 모든 일에 복을 내리시고 네 하나님 여호와께서 네게 주시는 땅에서 네게 복을 주실 것이며 네가 네 하나님 여호와의 명령을 지켜 그 길로 행하면 여호와께서 네게 맹세하신 대로 너를 세워 자기의 성민(聖民)이 되게 하시리니 너를

여호와의 이름으로 일컬음을 세계 만민이 보고 너를 두려워하리라.

그들은 침략자들과 전쟁할 때 우세하게 승리할 것이다. 그들은 또 저축의 복과 사업의 복을 얻을 것이다. 그들은 하나님의 거룩한 백성으로 구별될 것이며 세계 만민들이 그들을 보고 두려워할 것이다.

〔11-12절〕 **여호와께서 네게 주리라고 네 열조에게 맹세하신 땅에서 네게 복을 주사 네 몸의 소생과 육축의 새끼와 토지의 소산으로 많게 하시며 여호와께서 너를 위하여 하늘의 아름다운 보고를 열으사 네 땅에 때를 따라 비를 내리시고 네 손으로 하는 모든 일에 복을 주시리니 네가 많은 민족에게 꾸어줄지라도 너는 꾸지 아니할 것이요.**

하나님께서는 계명을 순종하는 자에게 자녀와 우양과 토지 소산과 사업의 번창의 복을 주실 것이다. 번영은 분명히 하나님의 복이다. 그들은 남에게 꾸어주는 자가 될지언정 꾸는 자가 되지 않을 것이다.

〔13-14절〕 **여호와께서 너로 머리가 되고 꼬리가 되지 않게 하시며 위에만 있고 아래에 있지 않게 하시리니 오직 너는 내가 오늘날 네게 명하는 네 하나님 여호와의 명령을 듣고 지켜 행하며 내가 오늘날 너희에게 명하는 그 말씀을 떠나 좌로나 우로나 치우치지 아니하고 다른 신을 따라 섬기지 아니하면** 이와 같으리라.

또 그들은 머리가 되고 꼬리가 되지 않는 복, 곧 우등과 승진의 복을 얻을 것이다. 그러나 모세는 이 모든 복이 하나님의 말씀을 듣고 순종하고 지켜 행하며 좌우로 치우치지 않고 특히 다른 신을 섬기지 않는 조건 하에서만 약속됨을 강조하였다. 이것이 약속된 복이다.

〔15절〕 [그러나](웨 וְ)(KJV, NASB, NIV) **네가 만일 네 하나님 여호와의 말씀을 순종하지 아니하여 내가 오늘날 네게 명하는 그 모든 명령과 규례를 지켜 행하지 아니하면 이 모든 저주가 네게 임하고 네게 미칠 것이니.**

하나님의 복 약속과 정반대로, 모세는 이스라엘 백성이 하나님의 모든 명령과 규례를 순종치 않고 지켜 행하지 않으면 이 모든 저주가 임할 것이라고 말하며 저주에 대해서도 자세히 말한다.

〔16-19절〕 **네가 성읍에서도 저주를 받으며 들에서도 저주를 받을 것이**

요 또 네 광주리와 떡반죽 그릇이 저주를 받을 것이요 네 몸의 소생과 네 토지의 소산과 네 우양의 새끼가 저주를 받을 것이며 네가 들어와도 저주를 받고 나가도 저주를 받으리라.

모세는 그들에게 경고된 저주를 열거한다. 그들은 도시와 시골이 함께, 즉 전국적으로 저주를 받을 것이다. 또 그들은 양식의 저주를 받을 것이며, 자녀의 저주를 받을 것이고, 소득의 저주를 받을 것이며, 또 가정적 저주와 사회적 저주, 혹은 국내적 저주와 대외관계의 저주를 받을 것이다.

〔20-21절〕 네가 악을 행하여 그를 잊으므로[버림으로] **네 손으로 하는 모든 일에 여호와께서 저주와 공구**(恐懼)(메후마 מְהוּמָה)[소요, 혼란](NASB, NIV)**와 견책을 내리사 망하며 속히 파멸케 하실 것이며 여호와께서 네 몸에 염병**(데베르 דֶּבֶר)[악성 유행병, 전염병]**이 들게 하사 네가 들어가 얻을 땅에서 필경 너를 멸하실 것이며.**

그들은 그 손으로 하는 모든 일에 저주를 받을 것이며 그들의 가정과 사회는 혼란스러울 것이며, 몸은 악성 전염병에 걸릴 것이다.

〔22절〕 여호와께서 폐병과 열병과 상한(달레케스 דַּלֶּקֶת)(inflammation)(KJV, NASB)[염증]**과 학질**(카르쿠르 חַרְחֻר)[심한 열병](BDB, NASB)**과 한재**(케레브 חֶרֶב)[칼](KJV, NASB)**와 풍재**(쉿다폰 שִׁדָּפוֹן)[말라죽는 병](KJV, NASB)**와 썩는 재앙**(예라콘 יֵרָקוֹן)[흰가루병(백분병)](mildew)(KJV, NASB)**으로 너를 치시리니 이 재앙들이 너를 따라서 너를 진멸케**[멸망케] **할 것이라.**

그들은 여러 가지 질병들로 인하여 멸망할 것이다.

〔23-24절〕 네 머리 위의 하늘은 놋이 되고 네 아래의 땅은 철이 될 것이며 여호와께서 비 대신에 티끌과 모래를 네 땅에 내리시리니 그것들이 하늘에서 네 위에 내려서 필경 너를 멸하리라.

하늘에서는 비가 내리지 않고 땅에서는 농작물이 자라지 않을 것이다. 비 대신에 티끌과 모래, 즉 황사만 내릴 것이다.

〔25-26절〕 여호와께서 너로 네 대적 앞에 패하게 하시리니 네가 한 길로 그들을 치러 나가서는 그들의 앞에서 일곱 길로 도망할 것이며 네가 또

세계 만국 중에 흩음(자아와 זַעֲוָה)**을 당하고**[두려운 일이 되고] (NASB) **네 시체가 공중의 모든 새와 땅 짐승들의 밥이 될 것이나 그것들을 쫓아줄 자가 없을 것이며.**

그들은 전쟁에서 패전할 것이며 세계 만국 중에서 두려움이 될 것이며 그들의 시체는 공중의 새들과 땅 짐승들의 밥이 될 것이다.

〔27-29절〕 여호와께서 애굽의 종기와 치질(오팔림 עֳפָלִים)[종양(tumors)(BDB, NASB), 치질(KB)]**과 괴혈병**(가라브 גָּרָב)[붉은 곰팡이 병](scab)(BDB, KJV, NASB)**과 개창**(케레스 חֶרֶס)[옴, 개선, 가려움증(itch)](KJV, NASB)**으로 너를 치시리니 네가 치료함을 얻지 못할 것이며 여호와께서 또 너를 미침과 눈멂과 경심증**[마음의 놀람, 당황함]**으로 치시리니 소경이 어두운 데서 더듬는 것과 같이 네가 백주**[대낮]**에도 더듬고 네 길이 형통치 못하여 항상 압제와 노략을 당할 뿐이니 너를 구원할 자가 없을 것이며.**

그들은 종기, 종양, 붉은 곰팡이 병, 옴, 미침, 눈멂, 경심증 등의 병으로 고생할 것이며 항상 이웃 나라들의 압제와 노략을 당할 것이다.

〔30-33절〕 네가 여자와 약혼하였으나 다른 사람이 그와 같이 잘 것이요 집을 건축하였으나 거기 거하지 못할 것이요 포도원을 심었으나 네가 그 과실[열매]**을 쓰지 못할 것이며 네 소를 네 목전**[눈앞]**에서 잡았으나 네가 먹지 못할 것이며 네 나귀를 네 목전**[눈앞]**에서 빼앗아감을 당하여도 도로 찾지 못할 것이며 네 양을 대적에게 빼앗길 것이나 너를 도와줄 자가 없을 것이며 네 자녀를 다른 민족에게 빼앗기고 종일**[항상] **생각하고 알아봄으로 눈이 쇠하여지나 네 손에 능이 없을 것이며 네 토지 소산과 네 수고로 얻은 것을 네가 알지 못하는 민족이 먹겠고 너는 항상 압제와 학대를 받을 뿐이리니.**

그들은 결혼이나 집이나 과일 수확의 행복을 누리지 못할 것이다. 그들은 우양이나 자녀들을 빼앗기지만 도로 찾을 힘이 없을 것이며 항상 이웃 나라들의 압제와 학대를 받을 것이다.

〔34-35절〕 이러므로 네 눈에 보이는 일로 인하여 네가 미치리라. 여호와께서 네 무릎과 다리를 쳐서 고치지 못할 심한 종기로 발하게 하여 발바닥으로 정수리까지 이르게 하시리라.

그들은 정신적 안정을 잃고 온 몸에 심한 종기로 고생할 것이다.

본문의 교훈을 정리해보자. 첫째로, 하나님의 뜻은 우리가 하나님의 율법과 계명들을 듣고 온전히 순종하고 지켜 행하는 것이다. 신명기 4:1-2, "이제 내가 너희에게 가르치는 규례와 법도를 듣고 준행하라. . . . 내가 너희에게 명하는 말을 너희는 가감하지 말고 내가 너희에게 명하는 너희 하나님 여호와의 명령을 지키라." 신명기 5:32, "너희 하나님 여호와께서 너희에게 명령하신 대로 너희는 삼가 행하여 좌로나 우로나 치우치지 말라." 골로새서 1:28, "우리가 그를 전파하여 각 사람을 권하고 모든 지혜로 각 사람을 가르침은 각 사람을 그리스도 안에서 완전한 자로 세우려 함이니." 그리스도인의 성화의 목표는 도덕적 완전이다.

둘째로, 모세는 계명 순종에 근거하여 모든 복을 약속하였다. 본문은 도시의 복, 시골의 복, 자녀의 복, 소득의 복, 양식의 복, 가정의 복, 사회의 복, 국내의 복, 대외관계의 복, 직장의 복, 승전(勝戰)의 복, 저축의 복, 사업의 복, 번창의 복, 우등(優等)의 복, 승진의 복 등을 약속한다. 복의 근원이신 하나님께서는 단지 계명 순종을 요구하신다. 계명 순종이 의이며, 우리는 의로운 삶을 살 때 이 모든 복을 기대할 수 있다.

셋째로, 모세는 계명 불순종에 대해 모든 저주를 선언하였다. 본문은 도시의 저주, 시골의 저주, 먹을 양식의 저주, 자녀의 저주, 소득의 저주, 가정적 저주, 사회적 저주, 국내적 저주, 대외관계의 저주, 가정적, 사회적, 국가적 혼란, 악성 유행병, 각종 질병, 전쟁, 기근, 강탈, 압제, 학대 등의 저주를 선언한다. 우리는 범죄할 때 하나님의 모든 복을 기대할 수 없고 도리어 이 모든 저주를 받을 수밖에 없을 것이다.

넷째로, 복과 저주의 원리는 오늘날에도 유효하다고 보인다. 우리는 저주받을 죄인들이었으나, 예수 그리스도의 피로 죄씻음 받고 의롭다 하심을 얻었다. 우리는 하나님의 은혜로 값없이 구원의 복을 받았다. 그러나 우리가 하나님의 모든 말씀에 온전히 순종하고 지켜 행하지 않고 죄를 짓는다면 어떻게 현세에서의 복들을 기대할 수 있겠는가? 우리는 하나님의 말씀을 힘써 지킬 때 현세에서의 복들을 기대할 수 있다.

36-68절, 저주의 경고(계속)

〔36-37절〕 여호와께서 너와 네가 세울 네 임금을 너와 네 열조가 알지 못하던 나라로 끌어가시리니 네가 거기서 목석(木石)으로[나무와 돌로] **만든 다른 신들을 섬길 것이며 여호와께서 너를 끌어가시는 모든 민족 중에서 네가 놀램과 속담과 비방거리가 될 것이라.**

모세는 계속 저주를 경고한다. 이스라엘 백성이 하나님의 율법의 말씀을 지키지 않으면 그들과 그들의 왕이 이방나라에 포로로 잡혀갈 것이며 거기에서 나무나 돌로 만든 신을 섬기게 될 것이다. 이방 민족들은 그들을 보고 놀라며 속담과 비방거리를 삼을 것이다.

〔38-42절〕 네가 많은 종자를 들에 심을지라도 메뚜기가 먹으므로 거둘 것이 적을 것이며 네가 포도원을 심고 다스릴지라도 벌레가 먹으므로 포도를 따지 못하고 포도주를 마시지 못할 것이며 네 모든 경내에 감람나무가 있을지라도 그 열매가 떨어지므로 그 기름을 네 몸에 바르지 못할 것이며 네가 자녀를 낳을지라도 그들이 포로가 되므로 네게 있지 못할 것이며 네 모든 나무와 토지 소산은 메뚜기가 먹을 것이며.

이스라엘 백성이 율법을 지키지 않으면 곡식이나 포도주나 감람유 같은 토지 소산이 메뚜기나 벌레나 자연재해나 병충해로 인해 부족할 것이며 또 자녀들을 낳아도 그들이 포로로 잡혀갈 것이다.

〔43-44절〕 너의 중에 우거하는 이방인은 점점 높아져서 네 위에 뛰어나고 너는 점점 낮아질 것이며 그는 네게 꾸일지라도[빌려줄지라도] **너는 그에게 꿔지**[빌려주지] **못하리니 그는 머리가 되고 너는 꼬리가 될 것이라.**

모세는 앞에서 계명을 순종하는 자들에게 우등(優等)과 승진의 복을 말하였는데(13절), 여기서는 그와는 정반대로 계명을 지켜 행하지 않는 자가 낮아지고 가난한 자가 될 것을 경고하였다.

〔45-46절〕 네가 네 하나님 여호와의 말씀을 순종치 아니하고 네게 명하신 그 명령과 규례를 지키지 아니하므로 이 모든 저주가 네게 임하고 너를 따르고 네게 미쳐서 필경 너를 멸하리니 이 모든 저주가 너와 네 자손에게 영원히 있어서 표적과 감계(鑑戒)(모페스 מוֹפֵת)[놀라운 일]**가 되리라.**

이 모든 저주는 하나님의 말씀과 그 명령과 규례를 지키지 않는 자에게 선언된 경고이다. 모세는 본장에서 "필경 너를 멸하리라"는 말이나 그와 비슷한 표현을 열 번 하였다.[9] 또 그들이 받는 모든 저주는 그들과 그 자손들에게 영원한 표적과 놀라운 일이 될 것이다.

〔47-48절〕 네가 모든 것이 풍족하여도 기쁨과 즐거운 마음으로 네 하나님 여호와를 섬기지 아니함을 인하여 네가 주리고 목마르고 헐벗고 모든 것이 핍절한 중에서 여호와께서 보내사 너를 치게 하실 대적을 섬기게 될 것이니 그가 철 멍에를 네 목에 메워서 필경 너를 멸할 것이라.

이 말씀은 우리가 모든 것이 풍족할 때에 기쁨과 즐거운 마음으로 하나님을 섬기지 않는 것이 얼마나 큰 무지와 부족인지를 일깨워준다. 만일 그들이 그때 하나님을 잘 섬겼더라면, 그들에게 그런 굶주림과 헐벗음과 궁핍의 날이 오지 않았을 것이다.

〔49-51절〕 곧 여호와께서 원방에서, 땅끝에서 한 민족을 독수리의 날음 같이 너를 치러 오게 하시리니 이는 네가 그 언어를 알지 못하는 민족이요 그 용모가 흉악한 민족이라. 노인을 돌아보지 아니하며 유치[유아들]**를 긍휼히 여기지 아니하며 네 육축의 새끼와 네 토지의 소산을 먹어서 필경은 너를 멸망시키며 또 곡식이나 포도주나 기름이나 소의 새끼나 양의 새끼를 너를 위하여 남기지 아니하고 필경은 너를 멸절시키리라.**

그들의 멸망은 원방에서 오는 사나운 민족에 의해 이루어질 것이다. 침략자들은 노인들을 돌아보지 않고 유아들을 긍휼히 여기지 않고 토지 소산들이나 가축들의 새끼들도 남김 없이 다 취할 것이다.

〔52-53절〕 그들이 전국에서 네 모든 성읍을 에워싸고 네가 의뢰하는 바 높고 견고한 성벽을 다 헐며 네 하나님 여호와께서 네게 주시는 땅의 모든 성읍에서 너를 에워싸리니 네가 대적에게 에워싸이고 맹렬히 쳐서 곤란케 함을 당하므로 네 하나님 여호와께서 네게 주신 자녀 곧 네 몸의 소생의 고

---

9) 아드-힛솨메다크 עַד־הִשָּׁמְדָךְ(네가 멸망하기까지)라는 표현이 네 번(28:24, 45, 51a, 61), 그 외에 비슷한 표현들("그가 너를 멸망시키기까지")이 네 번(20, 21, 48, 51b절), 또 같은 동사가 두 번 더 사용되었다(63절).

기를 먹을 것이라.

모세는 또 매우 끔찍한, 비극적인 일을 예언한다. 이스라엘 백성은 침략자들에게 오랫동안 포위됨으로 굶주림이 극심하여 마침내 자기 몸에서 난 자녀들의 고기를 먹는 끔찍한 일까지 행할 것이다.

〔54-57절〕 너희 중에 유순하고 연약한 남자라도 그 형제와 그 품의 아내와 그 남은 자녀를 질시하여 자기의 먹는 그 자녀의 고기를 그 중 누구에게든지 주지 아니하리니 이는 네 대적이 네 모든 성읍을 에워싸고 맹렬히 너를 쳐서 곤란케 하므로 아무것도 그에게 남음이 없는 연고일 것이며 또 너희 중에 유순하고 연약한 부녀 곧 유순하고 연약하여 그 발바닥으로 땅을 밟아 보지도 아니하던 자라도 그 품의 남편과 그 자녀를 질시하여 그 다리 사이에서 나온 태와 자기의 낳은 어린 자식을 가만히 먹으리니 이는 네 대적이 네 생명을 에워싸고 맹렬히 쳐서 곤란케 하므로 아무것도 얻지 못함이리라.

그 날에는 가장 유순하고 연약한 남자라도 또 가장 유순하고 연약한 여자라도 너무 배가 고파서 자기의 몸에서 난 자녀의 고기를 먹으며 그것조차도 다른 사람에게 주지 않으려고 할 것이다.

〔58-59절〕 네가 만일 이 책에 기록한 이 율법의 모든 말씀을 지켜 행하지 아니하고 네 하나님 여호와라 하는 영화롭고 두려운 이름을 경외하지 아니하면 여호와께서 너의 재앙과 네 자손의 재앙을 극렬하게 하시리니 그 재앙이 크고 오래고 그 질병이 중하고 오랠 것이라.

하나님께서는 모세를 통해 주신 율법을 책에 기록케 하셨다. 신명기는 모세가 이 율법의 내용을 책에 기록하였다고 여러 번 증거하였다(28:58, 61; 29:20; 31:9). 모세의 강조하는 바는 우리가 "여호와라는 영화롭고 두려운 이름"을 경외하며 그의 모든 말씀들을 지켜 행해야 한다는 것이다. 여호와 우리 하나님을 경외하지 않고 그 모든 말씀들을 지켜 행하지 않는 자들에게는 극렬한 재앙들이 내려질 것이다. 그 재앙들은 크고 오랠 것이며 그 질병들은 중하고 오랠 것이다.

〔60-62절〕 여호와께서 네가 두려워하던 애굽의 모든 질병을 네게로 가져다가 네 몸에 들어붓게(웨다베쿠 וְדָבְקוּ)[그것들이 네게 들러붙게](KJV,

NASB, NIV) **하실 것이며 또 이 율법책에 기록지 아니한 모든 질병과 모든 재앙을 너의 멸망하기까지 여호와께서 네게 내리실 것이니 너희가 하늘의 별같이 많았을지라도 네 하나님 여호와의 말씀을 순종치 아니하므로 남는 자가 얼마 되지 못할 것이라.**

경고된 재앙들 안에는 애굽의 모든 질병들이 포함되며 또 이 율법책에 기록되어 있지 않은 모든 질병들과 모든 재앙들이 포함되었다. 하나님께서는 그들이 멸망하기까지 그들에게 재앙을 내리실 것이다. 그 결과 그들의 수효는 얼마되지 않을 것이다.

〔63-64절〕 이왕에 여호와께서 너희에게 선을 행하시고 너희로 번성케 하시기를 기뻐하시던 것같이 이제는 여호와께서 너희를 망하게 하시며 멸하시기를 기뻐하시리니 너희가 들어가 얻는 땅에서 뽑힐 것이요 여호와께서 너를 땅 이 끝에서 저 끝까지 만민 중에 흩으시리니 네가 그 곳에서 너와 네 열조의 알지 못하던 목석(木石)[나무와 돌] **우상을 섬길 것이라.**

하나님께서는 전에 이스라엘 백성에게 선을 베푸시고 그들로 번성케 하기를 기뻐하셨던 것처럼 이제는 그들이 멸망하기를 기뻐하실 것이다. 또 그는 그들을 온 세계에 흩으실 것이며 그들은 그 곳에서 그들이 알지도 못했던 나무와 돌 우상들을 섬길 것이다.

〔65-68절〕 그 열국 중에서 네가 평안함을 얻지 못하며 네 발바닥을 쉴 곳도 얻지 못하고 오직 여호와께서 거기서 너의 마음으로 떨고 눈으로 쇠하고 정신으로 산란케(다아본 דַאֲבוֹן)[쇠약케](BDB) **하시리니 네 생명이 의심나는 곳에 달린 것 같아서 주야로 두려워하며 네 생명을 확신할 수 없을 것이라. 네 마음의 두려움과 눈의 보는 것으로 인하여 아침에는 이르기를**[말하기를] **아하 저녁이 되었으면 좋겠다 할 것이요 저녁에는 이르기를**[말하기를] **아하 아침이 되었으면 좋겠다 하리라. 여호와께서 너를 배에 실으시고 전에 네게 고하여 이르시기를**[말씀하시기를] **네가 다시는 그 길을 보지 아니하리라 하시던 그 길로 너를 애굽으로 끌어가실 것이라. 거기서 너희가 너희 몸을 대적에게 노비로 팔려 하나 너희를 살 자가 없으리라.**

이스라엘 백성에게는 평안이 없을 것이다. 그들의 마음은 떨리고 그들의 눈은 쇠하며 그들의 영혼은 쇠약할 것이다. 그들은 주야로 두려워하며 자신의 목숨을 확신할 수 없을 것이다. 또 그들이 보는 것들의 두려움 때문에 하루의 시간이 너무 지루할 것이다. 또 그들은 전에 종살이했던 애굽으로 다시 들어갈 것이다.

본문은 하나님의 율법들과 계명들과 규례들을 지켜 행하지 않는 자들에게 내려질 재앙들에 대해 자세히 증거한다. 본장 앞부분(15-35절)도 많은 내용들을 증거했고 특히 여러 가지 질병들에 대해 경고하였으나, 본문은 포로됨, 곡식과 포도주와 감람유 같은 토지 소산들의 부족, 자녀들이 잡혀감, 낮아지고 가난해짐, 결국 멸망함, 사람들에게 놀램과 속담과 비방거리가 됨, 침략자들에게 포위됨, 가장 끔직하고 비극적인 일로 심지어 자기 자녀들의 고기를 먹음, 또 온갖 질병들과 모든 재앙들, 인구가 적어짐, 흩어짐, 이방인들의 우상들을 섬김, 평안 없음, 떨리는 마음, 쇠한 눈, 쇠약한 영혼, 생명을 확신할 수 없음, 하루의 시간이 지루함, 애굽으로 다시 들어감 등을 계속 경고했다. 하나님께서는 그가 사랑하신 선민(選民) 이스라엘 백성에게라도 계명을 순종치 않았을 때에 이런 재앙들을 내리실 것이다. 그것은 하나님의 불변적 공의이다.

물론, 우리는 하나님의 은혜와 구주 예수 그리스도의 대속 사역으로 죄와 죽음과 율법의 저주에서 구원을 얻었다. 그러나 우리는 더 이상 불순종의 죄 가운데 머물러서는 안 된다. 우리는 특히 평안하고 건강하고 먹을것이 풍족할 때 하나님을 경외하고 기쁨으로 그를 섬기며 환난날이 오기 전에 그렇게 해야 한다. 여호와 하나님께서는 모든 사람들이 섬겨야 할 영화롭고 두려운 이름이시다. 천지만물을 홀로 창조하시고 홀로 다스리시는 그는 창세 전부터 스스로 계신 영원하신 하나님이시다. 모든 피조물들은 그를 두려워하며 그 앞에 찬송과 경배와 영광을 돌려야 한다. 우리는 성경에 기록된 대로 그 복을 누리며 그 재앙을 피해야 한다. 성경은 우리에게 위로의 책인 동시에(롬 15:4) 교훈과 책망과 경고의 책이다(딤후 3:16; 4:2). 지금 우리의 형편이 어떠할지라도, 우리는 살아계시고 참되신 여호와 하나님을 기쁨으로 섬겨야 한다.

29장: 언약에 참여함

〔1절〕 호렙에서 이스라엘 자손과 세우신 언약 외에 여호와께서 모세에게 명하사 모압 땅에서 또 그들과 세우신 언약의 말씀이 이러하니라.

1절은 지난 장까지의 내용의 요약과 결론이다. 본장에는 '언약'이라는 말이 일곱 번 나온다(1, 1, 9, 12, 14, 21, 25절). 율법은 하나님과 이스라엘 백성과의 언약이었다. 하나님께서는 호렙산에서 처음 그들과 언약을 맺으셨고, 이제 모압 평지에서 그 언약을 재확인하셨다.

〔2-4절〕 모세가 온 이스라엘을 소집하고 그들에게 이르되[말하되] **여호와께서 애굽 땅에서 너희 목전에 바로와 그 모든 신하와 그 온 땅에 행하신 모든 일을 너희가 보았나니 곧 그 큰 시험과 이적**[표적들]**과 큰 기사를 네가 목도하였느니라**[네 눈이 보았느니라]. **그러나 깨닫는 마음과 보는 눈과 듣는 귀는 오늘날까지 여호와께서 너희에게 주지 아니하셨느니라.**

하나님께서는 이스라엘 백성에게 의로운 율법을 주셨으나 그것을 참으로 깨닫고 지킬 수 있는 지혜와 능력을 주지는 않으셨다. 율법의 깨달음과 그 법을 준행하는 것은 하나님의 은혜로 심령이 거듭나고 성령께서 오심으로써만 가능하다. 그것이 신약시대에 주신 은혜이다. 그것은 에스겔 36:26-27에 예언된 바이었다. 신약성경은 성화가 성령의 도우심으로 됨을 증거한다. 로마서 8:4, 13-14, "육신을 좇지 않고 그 영[성령]을 좇아 행하는 우리에게 율법의 요구를 이루어지게 하려 하심이니라." "너희가 육신대로 살면 반드시 죽을 것이로되 영[성령]으로써 몸의 행실을 죽이면 살리니 무릇 하나님의 영으로 인도함을 받는 그들은 곧 하나님의 아들이라."

〔5-9절〕 주께서[내가](원문) **40년 동안 너희를 인도하여 광야를 통행케 하셨**[였]**거니와 너희 몸의 옷이 낡지 아니하였고 너희 발의 신이 해어지지 아니하였으며 너희로 떡도 먹지 못하며 포도주나 독주를 마시지 못하게 하셨**[였]**음은 주는**(아니 אֲנִי)[나는] **너희 하나님 여호와이신**[인] **줄을 알게 하려**

하심[함]이니라. 너희가 이 곳에 올 때에 헤스본 왕 시혼과 바산 왕 옥이 우리와 싸우러 나왔으므로 우리가 그들을 치고 그 땅을 취하여 르우벤과 갓과 므낫세 반 지파에게 기업으로 주었나니 그런즉 너희는 이 언약의 말씀을 지켜 행하라. 그리하면 너희의 하는 모든 일이 형통하리라.

모세는 선지자로서 하나님의 말씀을 말한다. 그는 하나님께서 이스라엘을 애굽에서 인도하여 내시고 광야 40년을 지키시고 인도하시고 요단강 동쪽의 땅을 정복케 하신 것을 회상시키며, 오직 이 언약의 말씀을 지켜 행하라고 강조했다. 율법의 결론은 '행하라'는 것이다(9, 29절). 또 행할 때 모든 일이 형통하리라는 복의 약속이 있다.

〔10-13절〕 오늘날 너희 곧 너희 두령과 너희 지파와 너희 장로들과 너희 유사와 이스라엘 모든 남자와 너희 유아들과 너희 아내와 및 네 진중에 있는 객과 무릇 너를 위하여 나무를 패는 자로부터 물 긷는 자까지 다 너희 하나님 여호와 앞에 선 것은 너의 하나님 여호와의 언약에 참예[참여]하며 또 너의 하나님 여호와께서 오늘날 네게 향하여 하시는 맹세에 참예[참여]하여 여호와께서 이왕에 네게 말씀하신 대로 또 네 열조 아브라함과 이삭과 야곱에게 맹세하신 대로 오늘날 너를 세워 자기 백성을 삼으시고 자기는 친히 네 하나님이 되시려 함이니라.

이스라엘의 모든 사람들, 지도자들과 백성들, 남녀노소, 이방인들과 종들까지 다 언약에 참여했다. 구원은 개인적이지만, 또한 가족적인 성격이 있다. 우리의 어린 자녀들도 우리와 함께 하나님의 언약에 참여한다. 온 교회가 다함께 하나님을 섬기며 그 율법을 지켜야 한다. 또 언약의 목표는 우리가 하나님의 백성이 되고 하나님께서 우리의 하나님이 되시는 것이다. 즉 하나님과의 친밀한 관계가 맺어지는 것이다. 신약성경의 끝부분 요한계시록 21:7에서도 하나님께서는 "나는 저의 하나님이 되고 그는 내 아들이 되리라"고 말씀하셨다.

〔14-17절〕 내가 이 언약과 맹세를 너희에게만 세우는 것이 아니라 오늘날 우리 하나님 여호와 앞에서 우리와 함께 여기 선 자와 오늘날 우리와 함께 여기 있지 아니한 자에게까지니 (우리가 애굽 땅에 어떻게 거하였었는

지, 너희가 여러 나라를 어떻게 통과하여 왔었는지 너희가 알며 너희가 또 그들 중에 있는 가증한 것과 목석(木石)과 은금의 우상을 보았느니라.)

모세는 이스라엘 백성이 맺는 하나님의 언약과 맹세가 그들 뿐만 아니라 그들의 자손들에게도 적용됨을 강조하였다.

〔18-21절〕 너희 중에 남자나 여자나 가족이나 지파나 오늘날 그 마음이 우리 하나님 여호와를 떠나서 그 모든 민족의 신들에게 가서 섬길까 염려하며 독초와 쑥의 뿌리가 너희 중에 생겨서 이 저주의 말을 듣고도 심중에 스스로 위로하여 이르기를[말하기를] **내가 내 마음을 강퍅케 하여 젖은 것과 마른 것**(모든 사람)(BDB, 박윤선)**을 멸할지라도 평안하리라 할까 염려함이라. 여호와는**[께서는] **이런 자를 사하지 않으실 뿐 아니라 여호와의 분노와 질투의 불로 그의 위에 붓게 하시며 또 이 책에 기록된 모든 저주로 그에게 더하실 것이라. 여호와께서 필경은 그의 이름을 천하에서 도말하시되 여호와께서 곧 이스라엘 모든 지파 중에서 그를 구별하시고 이 율법책에 기록된 언약의 모든 저주대로 그에게 화를 더하시리라.**

모세는 특히 이스라엘 백성 중에서 강퍅한 마음을 가지고 다른 신을 섬기며 율법을 거역하는 독초와 쑥의 뿌리 같은 자들이 일어나지 않아야 할 것이라고 말했다. 만일 그런 자들이 일어나면 하나님께서는 이 책에 기록된 모든 저주, 곧 언약의 모든 저주대로 화를 더하실 것이며 그들은 용서함을 얻지 못하고 완전히 멸망케 될 것이다.

〔22-28절〕 너희 뒤에 일어나는 너희 자손과 원방에서 오는 객이 그 땅의 재앙과 여호와께서 그 땅에 유행시키시는 질병을 보며 그 온 땅이 유황이 되며 소금이 되며 또 불에 타서 심지도 못하며 결실함도 없으며 거기 아무 풀도 나지 아니함이 옛적에 여호와께서 진노와 분한으로 훼멸하신 소돔과 고모라와 아드마와 스보임의 무너짐과 같음을 보고 말할 것이요 열방 사람들도 말하기를 여호와께서 어찌하여 이 땅에 이같이 행하셨느뇨? 이같이 크고 열렬하게 노하심은 무슨 뜻이뇨 하면 그때에 사람이 대답하기를 그 무리가 자기의 조상의 하나님 여호와께서 그 조상을 애굽에서 인도하여 내실 때에 더불어 세우신 언약을 버리고 가서 자기들이 알지도 못하고 여호와께서 그들에게 주시지도 아니한 다른 신들을 섬겨 그에게 절한 까닭이라. 이

러므로 여호와께서 이 땅을 향하여 진노하사 이 책에 기록된 모든 저주대로 재앙을 내리시고 여호와께서 또 진노와 분한과 크게 통한하심으로 그들을 이 땅에서 뽑아내사 다른 나라에 던져보내심이 오늘날과 같다 하리라.

이스라엘 백성이 하나님의 율법을 지키지 않으면, 그 땅이 소돔과 고모라와 그 이웃 도시들같이 황폐하여지고 그 백성은 다른 나라들에 포로로 잡혀가게 될 것이다. 이방 사람들도 그들이 이 책에 기록된 모든 저주대로 재앙을 받은 것임을 알게 될 것이다.

〔29절〕 오묘한 일은 우리 하나님 여호와께 속하였거니와 나타난 일은 영구히 우리와 우리 자손에게 속하였나니 이는 우리로 이 율법의 모든 말씀을 행하게 하심이니라.

우리는 하나님의 깊은 뜻을 다 알 수 없다. 우리가 아는 것은 단지 드러난 일들뿐이며, 또 그 일들을 통해 우리가 알 수 있는 하나님의 뜻은 우리가 율법의 모든 말씀들을 행해야 한다는 것이다.

본장의 교훈을 정리해보자. 첫째로, 인류는 하나님의 저주 아래 있다(20절). 모든 율법을 항상 행하지 않는 사람들은 다 하나님의 저주 아래 있기 때문이다. 신명기 27:26, "이 율법의 모든 말씀을 실행치 아니하는 자는 저주를 받을 것이라 할 것이요 모든 백성은 아멘 할지니라."

둘째로, 하나님의 언약(12절) 속에는 피의 속죄가 있다. 그것이 제사 제도요 성막 제도, 성전 제도이었다. 예수 그리스도께서는 우리를 위해 십자가에서 대속의 죽음을 죽으셨고 하나님의 율법의 저주로부터 우리를 구원하셨다. 구원은 죄와 죽음과 율법의 저주로부터의 구원이다.

셋째로, 하나님의 뜻은 여전히 율법의 준행이다. 9절, "그런즉 너희는 이 언약의 말씀을 지켜 행하라. 그리하면 너희의 하는 모든 일이 형통하리라." 우리와 우리 자녀들은 언약의 책인 신구약성경의 모든 교훈을 믿고 행해야 한다. 비록 율법을 행할 능력이 사람 속에는 없지만, 예수님을 믿는 자들 속에 오신 성령께서는 우리를 도우시고 율법을 행하게 하시며 우리는 율법을 행할 때 복과 형통을 기대할 수 있는 것이다.

30장: 생명과 복을 택하라

〔1-4절〕 내가 네게 진술한 모든 복과 저주가 네게 임하므로 네가 네 하나님 여호와께 쫓겨간 모든 나라 가운데서 이 일이 마음에서 기억이 나거든 너와 네 자손이 네 하나님 여호와께로 돌아와 내가 오늘날 네게 명한 것을 온전히 따라서 마음을 다하고 성품을 다하여 여호와의 말씀을 순종하면 네 하나님 여호와께서 마음을 돌이키시고 너를 긍휼히 여기사 네 포로를 돌리시되 네 하나님 여호와께서 너를 흩으신 그 모든 백성 중에서 너를 모으시리니 너의 쫓겨간 자들이 하늘가에 있을지라도 네 하나님 여호와께서 거기서 너를 모으실 것이며 거기서부터 너를 이끄실 것이라.

비록 이스라엘 백성이 하나님의 계명들을 거역하고 이방나라들에 포로로 잡혀갔을 때에라도, 그들이 하나님의 말씀을 기억하고 하나님께로 돌아와 마음을 다하고 성품을 다하여 하나님의 말씀을 순종한다면, 하나님께서는 그들을 그 포로생활로부터 돌이켜 고국 땅으로 돌아오게 하실 것이며, 비록 그들이 하늘 끝에 잡혀가 있을지라도 그들을 모으시고 고국 땅으로 이끄실 것이다. 하나님께서는 능히 그렇게 하실 수 있고 또 그렇게 하실 것이다.

〔5-8절〕 네 하나님 여호와께서 너를 네 열조가 얻은 땅으로 돌아오게 하사 너로 다시 그것을 얻게 하실 것이며 여호와께서 또 네게 선을 행하사 너로 네 열조보다 더 번성케 하실 것이며 네 하나님 여호와께서 네 마음과 네 자손의 마음에 할례를 베푸사 너로 마음을 다하며 성품을 다하여 네 하나님 여호와를 사랑하게 하사 너로 생명을 얻게 하실 것이며 네 하나님 여호와께서 네 대적과 너를 미워하고 핍박하던 자에게 이 모든 저주로 임하게 하시리니 너는 돌아와 다시 여호와의 말씀을 순종하고 내가 오늘날 네게 명한 그 모든 명령을 행할 것이라.

하나님께서는 그들이 고국 땅으로 돌아오게 하실 뿐 아니라, 그들에게 복을 주시고 그들을 번성케 하시고 그들의 마음에 할례를 주셔서 마음을 다해 하나님을 사랑하고 그들로 생명을 얻게 하시고 또한 하나님의 모든 말씀을 순종하며 그 모든 명령을 행하게 하실 것이다. 그리고 하나님께서 경고하셨던 저주는 그들을 미워하고 핍박하였던 자들에게 내리실 것이다.

〔9-10절〕 네가 네 하나님 여호와의 말씀을 순종하여 이 율법책에 기록된 그 명령과 규례를 지키고 네 마음을 다하며 성품을 다하여 여호와 네 하나님께 돌아오면 네 하나님 여호와께서 네 손으로 하는 모든 일과 네 몸의 소생과 네 육축의 새끼와 네 토지 소산을 많게 하시고 네게 복을 주시되 곧 여호와께서 네 열조를 기뻐하신 것과 같이 너를 다시 기뻐하사 네게 복을 주시리라.

그들이 하나님의 말씀에 순종하고 성경에 기록된 명령을 지키면 그들의 모든 일들이 복될 것이며 그들의 자녀들과 그들의 가축들과 그들의 토지 소산이 복될 것이며 번창할 것이다.

〔11-14절〕 내가 오늘날 네게 명한 이 명령은 네게 어려운 것도 아니요 먼 것도 아니라 하늘에 있는 것이 아니니 네가 이르기를[말하기를] **누가 우리를 위하여 하늘에 올라가서 그 명령을 우리에게로 가지고 와서 우리에게 들려 행하게 할꼬 할 것이 아니요 이것이 바다 밖에 있는 것이 아니니 네가 이르기를**[말하기를] **누가 우리를 위하여 바다를 건너가서 그 명령을 우리에게로 가지고 와서 우리에게 들려 행하게 할꼬 할 것도 아니라. 오직 그 말씀이 네게 심히 가까와서 네 입에 있으며 네 마음에 있은즉 네가 이를 행할 수 있느니라**[행하게 함이니라].

하나님의 율법과 명령은 사람이 이해하기 어려운 것들이 아니다. 하나님께서는 우리가 다 알아들을 수 있는 방식으로 그의 모든 율법과 규례들을 주셨다. 물론 사람이 전적으로 부패되었고 무능해져서 악을 행하고 선을 행치 못하는 것이 현실이다. 예레미야 17:9, "만물보다 거짓되고 심히 부패한 것은 마음이라. 누가 능히 이를 알리요마는." 예레미야 13:23, "구스인이 그 피부를, 표범이 그 반점을 변할 수 있느뇨? 할 수 있을진대 악에 익숙한 너희도 선을 행할 수 있으리라." 그러나 그것은 하나님의 말씀의 내용 자체가 어려워서 그런 것은 아니고 사람의 무지와 뿌리깊은 죄성과 연약성 때문에 그러한 것이다. 그러므로 사람은 하나님의 계명에 대해 불평하면서 책임을 다른 것에 돌려서는 안 된다. 사람은 오직 겸손히 하나님의 은혜를 구하며 그의 모든 명령을 바르게 이해하고 순종할 수 있기를 구해야 한다.

〔15-18절〕 보라, 내가 오늘날 생명과 복과 사망과 화를 네 앞에 두었나니 곧 내가 오늘날 너를 명하여 네 하나님 여호와를 사랑하고 그 모든 길로 행하며 그 명령과 규례와 법도를 지키라 하는 것이라. 그리하면 **네가 생존하며**[살며] **번성할 것이요 또 네 하나님 여호와께서 네가 가서 얻을 땅에서 네게 복을 주실 것임이니라. 그러나 네가 만일 마음을 돌이켜 듣지 아니하고 유혹을 받아서 다른 신들에게 절하고 그를 섬기면 내가 오늘날 너희에게 선언하노니 너희가 반드시 망할 것이라. 너희가 요단을 건너가서 얻을 땅에서 너희의 날이 장구치 못할 것이니라.**

사람 앞에는 두 길이 놓여 있다. 하나는 생명과 복(福)의 길이며 또 하나는 사망과 화(禍)의 길이다. 하나님을 사랑하고 그의 모든 명령과 규례와 법도를 지키는 것은 생명과 복의 길이다. 하나님을 알고 그를 사랑하고 그의 모든 계명을 지키고 순종하는 자는 영원한 생명과 복을 얻을 것이다. 모세는 이스라엘 백성이 이 생명과 복의 길을 선택하기를 교훈하며 권면하는 것이다.

그러나 만일 이스라엘 백성이 생명과 복의 길을 택하지 않고 사망과 화의 길을 택하고 하나님을 알지 못하고 경외치 않고 그의 명령을 듣지 않고 이방신들을 섬긴다면, 그들은 비록 요단강을 건너서 가나안 땅에 들어간다 할지라도 반드시 망할 것이며 그들의 날은 길지 못할 것이다. 그들이 사망과 화(禍)의 길을 선택했기 때문이다.

〔19-20절〕 내가 오늘날 천지를 불러서 너희에게 증거를 삼노라. 내가 생명과 사망과 복과 저주를 네 앞에 두었은즉 너와 네 자손이 살기 위하여 생명을 택하고 네 하나님 여호와를 사랑하고 그 말씀을 순종하며 또 그에게 부종(附從)하라[꼭 붙잡으라]. [이는] **그는 네 생명이시요 네 장수(長壽)시니**[장수이심이니라.] **여호와께서 네 열조 아브라함과 이삭과 야곱에게 주리**

라고 맹세하신 땅에 네가 거하리라.

모세는 다시 강조했다. 그가 이스라엘 앞에 생명과 사망, 복과 저주를 두었으니 그들이 생명과 복을 택하여 하나님을 사랑하고 그 말씀을 순종하며 그를 꼭 붙잡으라고 교훈하며 권했다. 그들은 생명과 복의 길을 선택해야 한다. 왜냐하면 하나님께서는 우리의 영원한 생명이시며 장수(長壽)이시기 때문이다. 하나님 안에 영생이 있다.

본장의 교훈을 정리해보자. 첫째로, 우리는 마음의 할례를 받아야 한다. 마음의 할례는 심령의 변화를 가리킨다. 그것은 신약시대에 하나님께서 주시는 거듭남을 가리킨다. 그것은 전적으로 하나님의 은혜이며 성령님의 활동으로 이루어지는 일이다. 사람은 물과 성령님으로 거듭나는 것이며 그것이 구원이며 거듭난 자들만 하나님의 자녀가 될 수 있고(요 1:12-13) 복되고 영광스런 천국에 들어갈 수 있다(요 3:5).

둘째로, 우리는 생명과 복을 선택해야 한다. 우리 앞에는 생명과 복, 사망과 화, 이 두 가지 길이 있다. 주께서도 좁은 길과 넓은 길에 대해 말씀하셨다. 마태복음 7:13-14, "좁은 문으로 들어가라. 멸망으로 인도하는 문은 크고 그 길이 넓어 그리로 들어가는 자가 많고 생명으로 인도하는 문은 좁고 길이 협착하여 찾는 이가 적음이니라." 죄를 회개하고 예수 그리스도를 믿고 성경의 교훈에 순종하는 길이 생명과 복의 길이다. 사람이 구원을 얻으려면 이 길을 선택해야 한다. 그러나 이것은 하나님의 은혜로 되며 은혜로 믿은 자들은 성경 교훈에 순종해야 한다.

셋째로, 우리는 하나님을 꼭 붙잡고 그의 말씀을 지키고 순종해야 한다. 2절, "여호와의 말씀을 순종하면." 8절, "너는 돌아와 다시 여호와의 말씀을 순종하고 내가 오늘날 네게 명한 그 모든 명령을 행할 것이라." 16절, "그 명령과 규례와 법도를 지키라 하는 것이라." 20절, "네 하나님 여호와를 사랑하고 그의 말씀을 순종하며 그를 꼭 붙잡으라." 우리는 모든 성경을 읽고 듣고 배우고 묵상하고 믿고 지키고 행해야 한다.

31장: 모세가 율법책을 기록함

〔1-5절〕 모세가 가서 온 이스라엘에게 이 말씀을 베푸니라. 곧 그들에게 이르되[말하되] **내가 오늘날 1백 20세라. 내가 더는 출입하기 능치 못하고 여호와께서도 내게 이르시기를**[말씀하시기를] **너는 이 요단을 건너지 못하리라 하셨느니라. 여호와께서 이미 말씀하신 것과 같이 여호수아가 너를 거느리고 건널 것이요 네 하나님 여호와 그가 네 앞서 건너가사 이 민족들을 네 앞에서 멸하시고 너로 그 땅을 얻게 하실 것이며 여호와께서 이미 멸하신 아모리 왕**[왕들] **시혼과 옥과 및 그 땅에 행하신 것과 같이 그들에게도 행하실 것이라. 여호와께서 그들을 너희 앞에 붙이시리니 너희는 내가 너희에게 명한 모든 명령대로 그들에게 행할 것이라.**

120세된 모세는 자신이 이제 출입하기 편치 못함을 말하며 이스라엘 백성을 인도하는 중요한 일을 여호수아가 맡을 것을 말한다. 또 그는 자신은 하나님의 말씀대로 요단강을 건너 함께 가지 못하지만, 하나님께서는 친히 그들 앞서 건너가실 것이며 가나안 땅 족속들을 다 멸하실 것이며 그 땅을 그들에게 주실 것이라고 말한다. 하나님께서 그들로 하여금 요단강 이편에서 아모리 사람들의 왕들, 시혼과 옥의 땅을 정복케 하신 것은 가나안 땅 정복에 대한 증표이었다.

〔6-8절〕 너는 마음을 강하게 하고 담대히 하라. 그들을 두려워 말라. 그들 앞에서 떨지 말라. 이는 네 하나님 여호와 그가 너와 함께 행하실 것임이라. 반드시 너를 떠나지 아니하시며 버리지 아니하시리라 하고 모세가 여호수아를 불러 온 이스라엘 목전[눈앞]**에서 그에게 이르되**[말하되] **너는 마음을 강하게 하고 담대히 하라. 너는 이 백성을 거느리고 여호와께서 그들의 열조에게 주리라고 맹세하신 땅에 들어가서 그들로 그 땅을 얻게 하라. 여호와 그가 네 앞서 행하시며 너와 함께하사 너를 떠나지 아니하시며 버리지 아니하시리니 너는 두려워 말라. 놀라지 말라.**

모세는 이스라엘 백성에게 하나님께서 그들과 함께 행하실 것이며 그들을 결코 떠나지 않으시고 버리지 않으실 것이기 때문에 그들이 마음을 강하게 하고 담대히 하며 가나안 땅의 족속들을 두려워 말고 떨지 말라고 격려하는 말을 하였다. 또 그는 특히 인도자의 직분을 이어받아 이스라엘 백성을 이끌고 요단강을 건널 후계자 여호수아에게도 이스라엘 회중 앞에서 "너는 마음을 강하게 하고 담대히 하라," "너는 두려워 말라, 놀라지 말라"고 격려하는 말을 하였다.

〔9-13절〕 모세가 이 율법을 써서 여호와의 언약궤를 메는 레위 자손 제사장들과 이스라엘 모든 장로에게 주고 그들에게 명하여 이르기를[말하기를] **매 7년 끝 해 곧 정기 면제년의 초막절에 온 이스라엘이 네 하나님 여호와 앞 그 택하신 곳에 모일 때에 이 율법을 낭독하여 온 이스라엘로 듣게 할지니 곧 백성의 남녀와 유치(幼稚)**[아이들]**와 네 성안에 우거하는 타국인을 모으고 그들로 듣고 배우고 네 하나님 여호와를 경외하며 이 율법의 모든 말씀을 지켜 행하게 하고 또 너희가 요단을 건너가서 얻을 땅에 거할 동안에 이 말씀을 알지 못하는 그들의 자녀로 듣고 네 하나님 여호와 경외하기를 배우게 할지니라.**

모세는 이 율법을 써서 여호와의 언약궤를 메는 레위 자손 제사장들과 이스라엘 모든 장로들에게 주고 그들에게 명하기를, 이스라엘 백성이 율법책을 7년에 한 번씩 초막절에 모든 백성 즉 남녀와 아이들과 종들과 그 땅에 거주하는 외국인들에게 낭독하고 그래서 그들로 그것을 듣고 배우고 하나님을 경외하고 그 모든 말씀을 지켜 행하게 하라고 했다. 또 이 말씀을 알지 못하는 그들의 자녀들도 이 말씀을 듣고 하나님 경외하기를 배우게 하라고 명하였다. 하나님께서는 이런 목적으로 율법을 책에 기록하게 하신 것이었다.

〔14-18절〕 여호와께서 모세에게 이르시되[말씀하시되] **너의 죽을 기한이 가까왔으니 여호수아를 불러서 함께 회막으로 나아오라. 내가 그에게 명을 내리리라. 모세와 여호수아가 나아가서 회막에 서니 여호와께서 구름기둥 가운데서 장막에 나타나시고 구름기둥은 장막문 위에 머물렀더라. 여호와께서 모세에게 이르시되**[말씀하시되] **너는 너의 열조와 함께 자려니와 이 백성은 들어가 거할 그 땅에서 일어나서 이방신들을 음란히 좇아 나를 버리**

며 내가 그들과 세운 언약을 어길 것이라. 그때에 내가 그들에게 진노하여 그들을 버리며 내 얼굴을 숨겨 그들에게 보이지 않게 할 것**인즉 그들이 삼킴을 당하여 허다한 재앙과 환난이 그들에게 임할 그때에 그들이 말하기를 이 재앙이 우리에게 임함은 우리 하나님이**[께서] **우리 중에 계시지 않은 까닭이 아니뇨 할 것이라. 그들이 돌이켜 다른 신을 좇는 모든 악행을 인하여 내가 그때에 반드시 내 얼굴을 숨기리라.**

모세와 여호수아는 하나님의 명대로 나아가서 회막에 섰다. 여호와께서는 구름기둥 가운데서 장막에 나타나셨다. 구약시대에 그는 자주 구름 가운데 자신을 나타내셨다. 구름기둥은 장막문 위에 머물렀다. 하나님께서는 이스라엘 백성이 가나안 땅에 들어간 후 이방신들을 섬기며 하나님을 버리고 하나님과의 언약을 어기고 부패할 것이며 그때에 그는 그의 얼굴을 숨길 것이라고 말씀하셨다. 하나님께서 얼굴을 숨기신다는 말씀은 그가 그들의 기도를 듣지 않고 그들을 돕지 않고 그들을 재앙과 환난 가운데 버려두신다는 뜻이다.

〔19-22절〕 그러므로 이제 너희는 이 노래를 써서 이스라엘 자손에게 가르쳐서 그 입으로 부르게 하여 이 노래로 나를 위하여 이스라엘 자손에게 증거가 되게 하라. 내가 그들의 열조에게 맹세한 바 젖과 꿀이 흐르는 땅으로 그들을 인도하여 들인 후에 그들이 먹어 배부르고 살찌면 돌이켜 다른 신들을 섬기며 나를 멸시하여 내 언약을 어기리니 그들이 재앙과 환난을 당할 때에 그들의 자손이 부르기를 잊지 아니한 이 노래가 그들 앞에 증인처럼 되리라. 나는 내가 맹세한 땅으로 그들을 인도하여 들이기 전 오늘날에 나는 그들의 상상하는 바를 아노라. 모세가 당일에 이 노래를 써서 이스라엘 자손에게 가르쳤더라.

하나님께서는 모세와 여호수아가 이스라엘 백성에게 한 노래를 가르치라고 명하셨다. 본장에는 '이 노래'라는 말이 다섯 번 나온다(19, 19, 21, 22, 30절). 하나님께서 이스라엘 백성에게 한 노래를 가르치게 하신 목적은, 이스라엘 백성이 젖과 꿀이 흐르는 가나안 땅에 들어가 먹고 배부르고 살찌면 돌이켜 다른 신들을 섬기며 하나님을 멸시하고 그의 언약을 어길 것이며 그러면 재앙과 환난을 당할 것인데, 그 때 이 노래가 그들에게 증거가 되게 하기 위함이었다. 이 노래 가사는 이스라엘의 패역함과 하나님의 심판의 공의로움을 증거할 것이다. 모세는 당일에 그 노래를 써서 이스라엘 자손에게 가르쳤다.

〔23절〕 여호와께서 또 눈의 아들 여호수아에게 명하여 가라사대[말씀하시기를] **너는 이스라엘 자손을 인도하여 내가 그들에게 맹세한 땅으로 들어가게 하리니 마음을 강하게 하고 담대히 하라. 내가 너와 함께하리라.**

여호수아는 모세에게뿐 아니라, 하나님께도 직접 권면과 격려의 말씀을 들었다. 그때 여호수아에게 필요한 것은 강하고 담대한 마음, 즉 용기와 담력이었다. 그것은 하나님께서 함께하심으로 가능하였다.

〔24-30절〕 모세가 이 율법의 말씀을 다 책에 써서 마친 후에 여호와의 언약궤를 메는 레위 사람에게 명하여 가로되[말하되] **이 율법책을 가져다가 너희 하나님 여호와의 언약궤 곁에 두어 너희에게 증거가 되게 하라. 내가 너희의 패역함과 목이 곧은 것을 아나니 오늘날 내가 생존하여 너희와 함께 하여도 너희가 여호와를 거역하였거든 하물며 내가 죽은 후의 일이랴. 너희 지파 모든 장로와 유사들을 내 앞에 모으라. 내가 이 말씀을 그들의 귀에 들리고 그들에게 천지로 증거를 삼으리라. 내가 알거니와 내가 죽은 후에 너희가 스스로 부패하여 내가 너희에게 명한 길을 떠나서 여호와의 목전**[눈앞]**에 악을 행하여 너희의 손으로 하는 일로 그를 격노케 하므로 너희가 말세에 재앙을 당하리라 하니라. 모세가 이스라엘 총회에게 이 노래의 말씀을 끝까지 읽어 들리니라.**

모세는 이 율법의 말씀을 다 책에 써서 마친 후 여호와의 언약궤를 메는 레위 사람에게 명하여 여호와의 언약궤 곁에 두게 했고 또 이스라엘 총회에게 한 노래의 말씀을 끝까지 읽어 주었다. 그는 이 노래에서 이스라엘 백성의 패역함과 목이 곧은 것을 증거했다. 그것은 이미 신명기 9:6-7에 증거된 바이었다: "그러므로 네가 알 것은 네 하나님 여호와께서 네게 이 아름다운 땅을 기업으로 주신 것이 네 의로움을 인함이 아니니라. 너는 목이 곧은 백성이니라. 너는 광야에서 네 하나님 여호와를 격노케 하던 일을 잊지 말고 기억하라." 또 모세는 그가 살아 있을 때에도 이스라엘 백성이 패역하고 목이 곧았는데 그가 죽은 후에 얼마나 더 그러할지를 염려하였다. 그러므로 그는 모든 지파의 모든 장로들과 유사들을 모이게 하고 이 말씀을 그들의 귀에 말하고 하늘과 땅으로 증거를 삼으려 했다. 또 그는 그들이 하나님 앞에서 패역하게 행하면 재앙을 당할 것을 분명하게 경고하였다.

본장의 교훈을 정리해보자. 첫째로, 하나님께서는 이스라엘 백성과 모세의 후계자 여호수아에게 마음을 강하게 하고 담대히 하며 두려워하지 말라고 위로와 격려의 말씀을 주셨다. 그들이 두려워하지 말아야 할 이유는 하나님께서 그들과 함께하시고 그들을 떠나지 않으실 것이기 때문이다. 우리는 오늘날도 하나님께서 그의 백성된 우리와 함께하시고 우리를 떠나거나 버리지 않으실 것을 믿고 목사들과 장로들이나 기타 제직들과 교인들이 다 마음을 강하게 하고 담대히 해야 하고 이 세상이나 세상의 악의 세력들을 두려워하지 말아야 한다. 우리는 오직 주 예수 그리스도만 믿고 성경의 모든 교훈들만 붙들고 실천해야 한다.

둘째로, 하나님께서는 이스라엘 백성에게 율법을 책에 써서 매 7년 초막절에 온 회중이 모였을 때에 읽게 하셨다. 성경은 하나님의 뜻을 기록한 중요하고 복된 책이다. 오늘날 우리와 우리 자녀들은 주 예수님의 재림 때까지 성경책을 통해 하나님을 알고 그를 경외함을 배우고 그를 섬기며 그의 모든 계명들과 교훈들을 믿고 지켜 행해야 한다. 우리는 성경을 더욱 힘써 읽고 듣고 배우고 묵상하고 믿고 실천해야 한다.

셋째로, 사람은 무지하고 심히 죄악되어 목이 곧고 완악하기 때문에 늘 하나님의 은혜와 교훈 안에서 깨어 있지 않으면 하나님을 떠나 다른 신을 섬기고 다른 교훈을 따르기 쉽다. 우리는 특히 배부르고 평안할 때 조심해야 한다. 우리는 배교하지 말아야 한다. 우리가 범죄하고 배교하면 하나님께서는 우리에게도 진노하시고 재앙을 내리실 것이다.

32장: 교훈적 노래

본장은 모세가 하나님의 지시대로 이스라엘 백성에게 가르친 노래 가사이다. 그것은 이스라엘의 패역을 예언한 교훈적 내용이다.

〔1-6절〕 하늘이여, 귀를 기울이라. 내가 말하리라. 땅은 내 입의 말을 들을지어다. 나의 교훈은 내리는 비요 나의 말은 맺히는 이슬이요 연한 풀 위에 가는 비요 채소 위에 단비로다. 내가 여호와의 이름을 전파하리니 너희는 위엄(고델 גֹּדֶל)[위대하심](KJV, NASB, NIV)**을 우리 하나님께 돌릴지어다. 그는 반석이시니 그 공덕**(파올로 פָּעֳלוֹ)[그의 사역]**이 완전하고 그 모든 길이 공평하며 진실무망하신**[진실하시고 악이 없으신] **하나님이시니 공의로우시고 정직하시도다. 그들이 여호와를 향하여 악을 행하니 하나님의 자녀가 아니요 흠이 있는 사곡한 종류**[사악하고 비뚤어진 세대]**로다. 우매무지한 백성아, 여호와께 이같이 보답하느냐? 그는 너를 얻으신**[사신](NASB) **너의 아버지가 아니시냐? 너를 지으시고 세우셨도다.**

모세는 그의 말이 식물 위에 내리는 이슬이나 가는 비와 단비같이 이스라엘 백성에게 교훈과 유익이 될 것이라고 말한다. 그는 하나님의 위대하심과 완전하심, 특히 도덕적으로 공정하시고 진실하시고 악이 없으심, 의롭고 올바르심에 대해 증거한다. 그러나 반면에 사람은 도덕적으로 매우 악하다. 하나님의 자녀로 여겨졌던 이스라엘 백성일지라도 하나님께 악을 행하므로 하나님의 자녀라고 말할 수 없고 흠이 있고 사악하고 비뚤어진 자들이며 우매하고 무지한 자들이다. 하나님께서 그들을 창조하셨고 구속(救贖)하신 그들의 아버지이심에도 불구하고 그들은 하나님께 바르게 보답하지 못하였다.

〔7-9절〕 옛날을 기억하라. 역대의 연대를 생각하라. 네 아비[아버지]**에게 물으라. 그가 네게 설명할 것이요 네 어른들에게** 물으라. **그들이 네게 이르리로다**[말하리로다]. **지극히 높으신 자가 열국의 기업을 주실 때, 인종을 분정(分定)하실 때에 이스라엘 자손의 수효대로 민족들의 경계를 정하셨도다. 여호와의 분깃은 자기 백성이라. 야곱은 그 택하신 기업이로다.**

모세는 하나님께서 옛 시대에 이스라엘 백성에게 어떻게 은혜를 베푸셨는지에 대해 기억케 한다. 그는 자녀들에게 그들의 아버지들에게 물으라고 말한다. 그들은 하나님께서 어떻게 이스라엘 백성을 택하시고 자기의 기업으로 삼으셨는지 알려줄 것이다.

〔10-14절〕 여호와께서 그를 황무지에서, 짐승의 부르짖는 광야에서 만나시고 호위하시며 보호하시며 자기 눈동자같이 지키셨도다. 마치 독수리가 그 보금자리를 어지럽게 하며 그 새끼 위에 너풀거리며 그 날개를 펴서 새끼를 받으며 그 날개 위에 그것을 업는 것같이 여호와께서 홀로 그들을 인도하셨고 함께한 다른 신[이방신](KJV, NASB, NIV)**이 없었도다. 여호와께서 그로 땅의 높은 곳을 타고 다니게 하시며 밭의 소산을 먹게 하시며 반석에서 꿀을, 굳은 반석에서 기름을 빨게 하시며 소의 젖 기름과 양의 젖과 어린 양의 기름과 바산 소산의 수양**[숫양]**과 염소와 지극히 아름다운 밀을** 먹이시며 **또 포도즙의 붉은 술을 마시우셨도다.**

모세는 하나님께서 이스라엘 백성을 광야에서 어떻게 눈동자같이 보호하셨고 독수리 새끼가 스스로 날도록 하시고 인도하셔서 마침내 가나안 땅을 얻게 하셨고 그 땅의 좋은 소산물과 꿀을 먹고 우유와 포도주를 마시게 하셨고 가축들을 먹게 하셨는지를 기억시킨다. 이 모든 것이 하나님께서 이스라엘 백성에게 베푸신 은혜들이었다.

〔15-18절〕 그러한데 여수룬(정직한 자 곧 이스라엘)**이 살찌매 발로 찼도다. 네가 살찌고 부대**[비대]**하고 윤택하매 자기를 지으신 하나님을 버리며 자기를 구원하신 반석을 경홀히 여겼도다. 그들이 다른 신**[들]**으로 그의 질투를 일으키며 가증한 것으로 그의 진노를 격발하였도다. 그들은 하나님께 제사하지 아니하고 마귀**[귀신들]**에게 하였으니 곧 그들의 알지 못하던 신, 근래에 일어난 새 신, 너희 열조의 두려워하지 않던 것들이로다. 너를 낳은 반석은 네가 상관치 아니하고**[소홀히 하고] **너를 내신 하나님은 네가 잊었도다.**

모세는 이스라엘 백성이 배은망덕할 것을 증거한다. 그들은 가나안 땅에 들어가서 부유하고 윤택해지면, 자기를 창조하셨고 구원하신 하나님을 버리고 그를 경홀히 여기며 잊을 것이고 다른 신들을 섬기며 귀신들에게 제사 드림으로 하나님을 진노케 할 것이다.

〔19-22절〕 **여호와께서 보시고 미워하셨으니 그 자녀가 그를 격노케 한 연고로다. 여호와의 말씀에 내가 내 얼굴을 숨겨 그들에게** 보이지 않게 하고 **그들의 종말의 어떠함을 보리니 그들은 심히 패역한 종류**[사악한 세대]**요 무신(無信)한**[믿음 없는] **자녀임이로다. 그들이 하나님이 아닌 자로 나의 질투를 일으키며 그들의 허무한 것으로 나의 진노를 격발하였으니 나도 백성이 되지 아니한 자로 그들의 시기가 나게 하며 우준한 민족으로 그들의 분노를 격발하리로다. 내 분노의 불이 일어나서 음부 깊은 곳까지**[가장 낮은 지옥에까지] **사르며 땅의 그 소산을 삼키며 산들의 터도 붙게 하는도다.**

하나님께서는 이스라엘 백성의 패역을 미워하시고 진노하실 것이다. 그는 그 얼굴을 숨기실 것이다. 그것은 그들이 심히 사악한 세대이며 믿음이 없는 자녀들이기 때문이다. 그들은 하나님 아닌 것들과 허무한 것들 곧 우상들로 하나님을 격노케 할 것이다. 하나님의 분노의 불은 지옥 깊은 곳까지 사를 것이며 땅의 소산들을 삼킬 것이다.

〔23-27절〕 **내가 재앙을 그들의 위에 쌓으며 나의 살을 다하여 그들을 쏘리로다. 그들이 주리므로 파리하며 불같은 더위와 독한 파멸에게 삼키울 것이라. 내가 들짐승의 이와 티끌에 기는 것**[뱀]**의 독을 그들에게 보내리로다. 밖으로는 칼에, 방안에서는 놀람에 멸망하리니 청년 남자와 처녀와 젖 먹는 아이와 백발 노인**까지**리로다. 내가 그들을 흩어서 인간에서 그 기억이 끊어지게 하리라 하였다마는 대적을 격동할까 염려라. 원수가 오해하고 말하기를 우리 수단이 높음이요 여호와의 행함이 아니라 할까 염려라 하시도다.**

하나님께서는 그들에게 넘치는 재앙을 내리셔서 그들로 굶주리며 쇠잔하며 불같은 더위와 독한 파멸에 삼키우며 또 남녀노소를 불문하고 들짐승들과 뱀들에게 물려 죽게 하실 것이다. 단지, 그는 대적들이 오해하고 자기들이 행한 줄 알고 자랑할까 염려하셨다.

〔28-34절〕 **그들은 모략이 없는 국민이라. 그 중에 지식이 없도다. 그들이 지혜가 있어서 이것을 깨닫고 자기의 종말을 생각하였으면—그들의 반석이 그들을 팔지 아니하였고 여호와께서 그들을 내어주지 아니하셨더면 어찌 한 사람이 천을 쫓으며 두 사람이 만을 도망케 하였을까. 대적의 반석**

이 우리의 반석과 같지 못하니 대적도 스스로 판단[인정](NIV)**하도다. 그들의 포도나무는 소돔의 포도나무요 고모라의 밭의** 소산**이라. 그들의 포도는 쓸개 포도니 그 송이는 쓰며 그들의 포도주는 뱀의 독이요 독사의 악독이라. 이것이 내게 쌓이고 내 곳간에 봉하여 있지 아니한가?**

이스라엘 백성은 하나님의 은혜를 많이 체험하고서도 하나님께 대한 지혜와 지식이 없어서 자기들의 종말을 생각지 못할 것이다. 그러나 이스라엘의 하나님께서 이방인들의 신들과 다르다는 것은 이방인들도 깨닫고 인정하는 바이었다.

〔35-39절〕 보수(報讐)[원수 갚는 것]**는 내 것이라. 그들의 실족할 그때에 갚으리로다**[그들의 발은 때가 되면 미끄러지리라]. **그들의 환난의 날이 가까우니 당할 그 일이 속히 임하리로다. 여호와께서 자기 백성을 판단하시고 그 종들을 인하여 후회하시리니 곧 그들의 무력함과 갇힌 자나 놓인 자가 없음을 보시는 때에로다. 여호와의 말씀에 그들의 신들이 어디 있으며 그들의 피하던 반석이 어디 있느냐? 그들의 희생의 고기를 먹던 것들, 전제의 술을 마시던 것들로 일어나서 너희를 돕게 하라. 너희의 보장**[보호자]**이 되게 하라.**

하나님께서는 자기 백성의 무력함과 숨은 자나 버려둔 자가 없이 다 포로로 잡혀가 사람 없음을 보고 후회하실 것이며 그들에게 원수를 갚으실 것이다. 그는 이스라엘 백성에게 “너희가 섬기던 이방신들이 지금 어디 있느냐? 그들로 너희를 돕게 하라”고 말할 것이나 그것들은 실상 다 참 신이 아니며 아무런 도움이 되지 못할 것이다.

〔39절〕 이제는 나 곧 내가 그인 줄 알라. 나와 함께하는 신이 없도다. 내가 죽이기도 하며 살리기도 하며 상하게도 하며 낫게도 하나니 내 손에서 능히 건질 자 없도다.

이것은 이스라엘 백성과 온 인류가 알아야 할 중요한 진리이다. 온 인류는 이스라엘의 하나님 여호와께서 참 하나님이시며 그가 살아계시며 홀로 주권을 가지고 섭리하시는 하나님이심을 알아야 한다. 그는 사람을 죽이기도 하시고 살리기도 하시며 상하게 하시고 낫게도 하신다. 후에, 선지자 사무엘의 어머니 한나는 이 진리를 알고, “여호와는 죽이기도 하시고 살리기도 하시며 음부에 내리게도 하시고 올리기도 하시는도다"라고 말했다(삼상 2:6). 시편 115:3은 "오직 우리 하나님께서는 하늘에 계셔서 원하시는 모든 것을 행하셨나이다"라고 말하며, 또 시편 135:6은 "여호와께서 무릇 기뻐하시는 일을 천지와 바다와 모든 깊은데서 다 행하셨도다"라고 말했다.

〔40-43절〕 내가 하늘을 향하여 내 손을 들고 말하노라. 나의 영원히 삶을 두고 맹세하노니 나의 번쩍이는 칼을 갈며 내 손에 심판을 잡고 나의 대적에게 보수(報讐)하며[원수를 갚으며] **나를 미워하는 자에게 보응할 것이라. 나의 화살로 피에 취하게 하고 나의 칼로 그 고기를 삼키게 하리니 곧 피살자와 포로된 자의 피요 대적의 장관의 머리로다 하시도다. 너희 열방은 주의 백성과 즐거워하라. 주께서 그 종들의 피를 갚으사 그 대적에게 보수(報讐)하시고**[원수를 갚으시고] **자기 땅과 백성을 위하여 속죄하시리로다.**

하나님께서는 맹세하면서 그의 대적자들을 심판하고 원수를 갚고 보응할 것이라고 말씀하신다. 하나님의 공의의 심판과 보응은 그의 맹세로 선언된 진리이다. 주권적 섭리자이신 하나님께서는 이스라엘 백성의 원수를 갚으시고 그 땅과 백성을 속죄하실 것이다.

〔44-47절〕 모세와 눈의 아들 호세아가 와서 이 노래의 모든 말씀을 백성에게 말하여 들리니라[듣게 하니라]. **모세가 이 모든 말씀을 온 이스라엘에게 말하기를 마치고 그들에게 이르되**[말하되] **내가 오늘날 너희에게 증거한 모든 말을 너희 마음에 두고 너희 자녀에게 명하여 이 율법의 모든 말씀을 지켜 행하게 하라. 이는 너희에게 허사가 아니라. 너희의 생명이니 이 일로 인하여 너희가 요단을 건너 얻을 땅에서 너희의 날이 장구하리라**[길리라].

율법의 결론이 다시 증거되었다. 그것은 모든 율법의 말씀을 지켜 행하라는 것이다. 그것은 결코 헛된 일이 아니고 그들의 생명이 될 것이기 때문이다. 이것은 신명기에서 처음부터 계속하여 강조된 바이었다(4:1, 2, 6, 13-14, 40; 5:1, 29, 32-33 등). 하나님의 뜻은 우리가 하나님의 모든 율법의 말씀을 듣고 지켜 행하는 것이다.

〔48-52절〕 당일에 여호와께서 모세에게 일러 가라사대[말씀하시기를] **너**

는 여리고 맞은편 모압 땅에 있는 아바림산에 올라[올라가라. 또] **느보산에 이르러 내가 이스라엘 자손에게 기업으로 주는 가나안 땅을 바라보라. 네 형 아론이 호르산에서 죽어 그 조상에게로 돌아간 것같이 너도 올라가는 이 산에서 죽어**[죽으라. 또] **네 조상에게로 돌아가리니**[돌아가라.] **이는 너희가 신 광야 가데스의 므리바 물**가**에서 이스라엘 자손 중 내게 범죄하여 나의 거룩함을 이스라엘 자손 중에서 나타내지 아니한 연고라. 내가 이스라엘 자손에게 주는 땅을 네가 바라보기는 하려니와 그리로 들어가지는 못하리라 하시니라.**

원문 49절과 50절에는 네 개의 명령어가 나온다: '올라가라'(알레 עֲלֵה), '바라보라'(레에 רְאֵה), '죽으라'(뭇 מֻת), '돌아가라'(헤아세프 הֵאָסֵף). 모세의 시대는 이렇게 막을 내릴 것이다.

본장의 교훈을 정리해보자. 첫째로, 하나님께서는 도덕적 완전자이시다. 또 그는 홀로 천지만물을 지으셨고 우리도 만드신 자이시며 홀로 모든 일을 행하시는 주권적 섭리자이시다. 특히 그는 죄악에 대해 진노하시고 심판하시는 자이시다. 그는 공의로우시고 올바르시며 진실하시고 악이 없으시다. 그는 사람을 살리기도 하시고 죽이기도 하시며 상하게도 하시고 낫게도 하신다. 우리는 이 하나님께서 유일하신 신이시며 다른 신이 없다는 것을 알아야 하고 이 하나님 외에는 구원자도 없다. 어떤 신도, 마리아도 구주가 될 수 없다. 우리는 하나님을 알아야 한다.

둘째로, 우리는 이스라엘의 죄악됨을 통하여 사람의 심히 죄악됨을 알아야 한다. 사람은 사악하고 비뚤어진 존재이며 우매무지하고 믿음이 없는 자이다. 이제 사람은 하나님께로 돌아와야 한다. 그는 여호와께서 유일하신 참 하나님이시며 사람을 죽이기고 하시고 살리기도 하시는 주권자이심과 사람의 죄악에 대하여 진노하시는 자이심을 깨닫고 하나님께로 돌아와 하나님을 믿고 그가 보내신 구주 예수 그리스도를 믿고 하나님의 구원을 얻고 하나님을 섬기며 하나님께서 주신 성경의 모든 교훈을 귀히 여기고 그 말씀을 순종하는 자가 되어야 한다. 그것이 하나님의 뜻이며 성경의 요점이며 영생과 평안과 복의 길이다.

33장: 열두 지파에 대한 축복

〔1절〕 하나님의 사람 모세가 죽기 전에 이스라엘 자손을 위하여 축복함이 이러하니라.

모세를 '하나님의 사람'이라는 부르는 것은 그가 하나님께서 자기 사람으로 택하시고 사랑하신 자이며 하나님께 순종하고 충성한 자이며 하나님의 권위로 옷 입은 자라는 뜻일 것이다. 모세는 죽기 전에 이스라엘 자손들을 위하여 하나님께 복을 기원하였다.

〔2절〕 일렀으되[말하되] **여호와께서 시내에서 오시고 세일산에서 일어나시고 바란 산에서 비취시고 일만 성도 가운데서**[일만의 거룩한 자들과 함께](KJV) **강림하셨고 그 오른손에는** [그들을 위한](원문) **불같은 율법이 있도다.**

시내산과 세일산과 바란 산은 이스라엘 백성이 애굽에서 나와 광야 40년 동안 거쳐왔던 곳들이었다. 그들은 광야 40년간 시시때때로 하나님께서 그들 가운데 오셔서 말씀하심을 체험했다. 그들은 특히 시내산에서 하나님께서 내려오심을 보았다. 모세는 하나님께서 일만 성도 가운데 강림하셨다고 말한다. '성도'라는 원어(코데쉬 קֹדֶשׁ)는 '거룩한 자'라는 뜻이다. 그것은 천사들이나 이스라엘 회중을 가리킬 것이다. 하나님께서는 시내산에서 불과 구름 가운데서 필경 천사들과 함께 내려오셨고, 또 그는 이스라엘 회중 가운데 내려오셨다.

모세는 하나님 오른손에 불같은 율법이 있다고 말한다. 하나님께서는 불 가운데서 율법을 주셨다. 출애굽기 19:18-19, "시내산에 연기가 자욱하니 여호와께서 불 가운데서 거기 강림하심이라. 그 연기가 옹기점 연기같이 떠오르고 온 산이 크게 진동하며 나팔소리가 점점 커질 때에 모세가 말한즉 하나님께서 음성으로 대답하시더라."

〔3-4절〕 여호와께서 백성을 사랑하시나니 모든 성도가 그 수중에 있으며 주[님]**의 발** 아래**에 앉아서 주**[님]**의 말씀을 받는도다. 모세가 우리에게**

율법을 명하였으니 곧 야곱의 총회의 기업이로다.

하나님께서 이스라엘 백성을 택하시고 애굽에서 구원하시고 율법을 주신 것은 단지 그들을 사랑하셨기 때문이다. 또 이스라엘의 모든 성도들은 하나님의 손안에 있었고 그의 품안에 있었다. 그들은 하나님의 발 아래 앉아서 말씀을 받았다. 하나님께서는 우리가 그의 말씀을 듣고 배우는 것을 좋아하신다. 예수께서도 마르다와 마리아의 집에 방문하셨을 때 음식 대접으로 분주하였던 마르다보다 주의 발 아래 앉아 그의 말씀을 들었던 마리아를 칭찬하셨다. 그는 마르다에게 "네가 많은 일로 염려하고 근심하나 오직 한 가지가 필요하다. 마리아는 이 좋은 편을 택하였으니 빼앗기지 아니하리라"고 말씀하셨다(눅 10:42). 모세는 이스라엘 백성에게 율법을 명하였고 그것은 야곱의 총회의 기업 곧 소유물과 재산이었다. 이스라엘 백성의 재산 1호, 소유물 1호는 율법 곧 하나님의 말씀, 즉 성경이다. 성경 즉 하나님의 말씀과 비교할 수 있는 보물은 이 세상에 아무것도 없다.

〔5절〕 **여수룬에 왕이 있었으니**[그는 여수룬에 왕이었으니](KJV, NASB, NIV) **곧 백성의 두령이 모이고 이스라엘 모든 지파가 함께한 때에로다.**

여수룬의 왕인 '그'는 어떤 이는 하나님(NASB), 또 다른 이는 모세(Poole)를 가리킨다고 본다. 하나님께서는 이스라엘 백성의 왕이시며, 그의 대리자인 모세도 이스라엘 백성을 실제로 다스린 자이었다.

〔6절〕 **르우벤은 살고 죽지 아니하고**[죽지 않기를 원하노라]. **그 인수(人數)가 적지 않기를 원하도다**(위히 메사우 미스파르 וִיהִי מְתָיו מִסְפָּר)[그러나 그의 인수(人數)는 적을 것이라](MT, BDB).

르우벤에 대한 예언은 르우벤이 범죄하였으므로 내려진 말씀이라고 보인다. 그것은 야곱의 유언과 비슷하였다(창 49:3-4).

〔7절〕 **유다에 대한 축복은 이러하니라. 일렀으되 여호와**[시]**여, 유다의 음성을 들으시고 그 백성에게로 인도하시오며**[인도하옵소서.] [그는] **그 손으로 자기를 위하여 싸우게 하시고**[싸웠도다](원문, NASB) **주께서 도우사 그**

로 그 대적을 치게 하시기를 원하나이다[치게 하시옵소서].

모세는 유다 지파의 기도 응답을 기원한다. '그 백성에게로 인도하옵소서'라는 말은 유다로 이스라엘 백성을 위해 헌신하는 삶을 살게 해달라는 뜻 같다. 그것은 이스라엘을 다스리는 왕직을 기원한 것일 것이다. 또 모세는 유다가 용맹하여 자기를 위해 싸웠다고 말하며 또 앞으로도 하나님의 도우심을 얻어 대적을 이기게 해달라고 기원한다.

〔8-11절〕 레위에 대하여는 일렀으되[말하되] **주**[님]**의 둠밈과 우림이 주**[님]**의 경건한 자에게 있도다. 주께서 그를 맛사에서 시험하시고 므리바 물가에서 그와 다투셨도다. 그는 그 부모에게 대하여 이르기를**[말하기를] **내가 그들을 보지 못하였다 하며 그 형제들을 인정치 아니하며 그 자녀를 알지 아니한 것은 주**[님]**의 말씀을 준행하고 주**[님]**의 언약을 지킴을 인함이로다. 주**[님]**의 법도를 야곱에게, 주**[님]**의 율법을 이스라엘에게 가르치며 주**[님] **앞에 분향하고 온전한 번제를 주**[님]**의 단 위에 드리리로다. 여호와**[시]**여, 그 재산을 풍족케 하시고 그 손의 일을 받으소서. 그를 대적하여 일어나는 자와 미워하는 자의 허리를 꺾으사 다시 일어나지 못하게 하옵소서.**

우림과 둠밈은 대제사장이 하나님의 뜻을 분별하기 위해 쓰는 어떤 도구이었던 것 같다. 하나님께서는 아론과 모세를 맛사와 므리바에서 시험하셨고 그들은 하나님 앞에 잘못을 범했었다(민 20:6-13). 또 제사장들은 하나님의 일에 전념하여야 했고, 그것은 때때로 가족에 대한 의무보다 앞섰다. 하나님의 일보다 더 귀한 것은 없다.

제사장들과 레위인들은 하나님의 율법과 법도를 백성에게 가르치며 하나님 앞에 분향하며 또 제사 드리는 일을 했다. 그것은 그들의 직무이었다. 또 그들은 땅의 기업이 없는 자들이기 때문에 그들에게 물질적 부족이 없고 풍족함이 있기를 기원하였다고 본다. 또 그는 그들을 미워하는 자나 대적하는 자의 허리를 꺾으시기를 기원했다.

〔12절〕 베냐민에 대하여는 일렀으되[말하되] **여호와의 사랑을 입은 자는 그 곁에 안전히 거하리로다. 여호와께서 그를 날이 맞도록**[항상] **보호하시고 그로 자기 어깨 사이에 처하게 하시리로다.**

모세는 베냐민을 여호와의 사랑을 입은 자라고 말하며 그가 하나님 곁에서 안전히 거할 것이며 항상 하나님의 보호하심을 입을 것이며 또 그의 어깨 사이에 처하여 안전할 것이라고 말했다.

〔13-17절〕 요셉에 대하여는 일렀으되[말하되] **원컨대 그 땅이 여호와께 복을 받아 하늘의 보물인 이슬과 땅 아래 저장한 물과 태양이 결실케 하는 보물과 태음**[달]**이 자라게 하는 보물과 옛 산의 상품물(上品物)과 영원한 작은 산의 보물과 땅의 보물과 거기 충만한 것과 가시떨기나무 가운데 거하시던 자의 은혜로 인하여** 복이 **요셉의 머리에, 그 형제 중 구별한 자의 정수리에 임할지로다. 그는 첫 수송아지같이 위엄이 있으니 그 뿔이 들소의 뿔 같도다. 이것으로 열방을 받아 땅끝까지 이르리니 곧 에브라임의 만만이요 므낫세의 천천이리로다.**

그는 요셉에게 이슬과 물과 햇볕과 금은동철 등의 복을 기원하며 또 들소의 뿔 같은 힘이 있어 땅끝까지 열방을 이기기를 기원했다.

〔18-21절〕 스불론에 대하여는 일렀으되[말하되] **스불론이여, 너는 나감을 기뻐하라. 잇사갈이여, 너는 장막에 있음을 즐거워하라. 그들이 열국 백성을 불러 산에 이르게 하고 거기서 의로운 제사를 드릴 것이며 바다의 풍부한 것**[것과] **모래에 감추인 보배를 흡수하리로다. 갓에 대하여는 일렀으되**[말하되] **갓을 광대케 하시는 자에게 찬송을 부를지어다. 갓이 암사자같이 엎드리고 팔과 정수리를 찢는도다. 그가 자기를 위하여 먼저 기업을 택하였으니 곧 법 세운 자의 분깃으로 예비된 것이로다. 그가 백성의 두령들과 함께 와서 여호와의 공의와 이스라엘과 세우신 법도를 행하도다.**

모세는 스불론이 무역을 위해 나가고 잇사갈이 농업에 종사할 것이며 또 그들이 사람들을 불러 의로운 제사를 드릴 것이며 또 그들은 풍부한 수산물과 모래에 감추인 보물들을 얻을 것이라고 예언한다.

또 그는 갓이 광대케 되고 암사자같이 강하게 될 것을 말하며 그들이 하나님의 공의와 법도를 행할 것을 말한다. 하나님의 율법을 지키며 공의를 행하는 자들은 심신으로 강건할 것이다.

〔22-25절〕 단에 대하여는 일렀으되[말하되] **단은 바산에서 뛰어나오는**

사자의 새끼로다. 납달리에 대하여는 일렀으되[말하되] **은혜가 족하고 여호와의 복이 가득한 납달리여, 너는 서방과 남방을 얻을지로다. 아셀에 대하여는 일렀으되**[말하되] **아셀은 다자(多子)한**[아들들보다 더](NASB) **복을 받으며 그 형제에게 기쁨이 되며 그 발이 기름에 잠길지로다. 네 문빗장은 철과 놋이 될 것이니 네 사는 날을 따라서 능력이 있으리로다.**

단이 바산으로 진출할 것을 말한 것은 그들이 갈릴리 호수 북쪽의 레셈을 취하고 단이라고 부르게 될 것을 내다본 예언이라고 본다. 납달리에 대해서는 그가 서쪽과 남쪽으로 번창할 것을 보이는 것 같다.

모세는 아셀에게 풍족함과 견고함의 복을 기원한다. 아셀에 대한 말에 '아들들'은 그의 형제들을 가리킬 것이다.

열두 지파 중, 시므온이 빠졌다. 시므온에게는 야곱의 저주가 있었고(창 49:7) 미디안 여자들과의 관계에서 실수도 있었다(민 25:6, 14). 후에 그 지파는 유다 지파의 기업 중에서 기업을 얻었다(수 19:1). 아마, 이런 점들이 시므온 지파의 생략과 관계가 있는 것 같다(Poole).

〔26-29절〕 여수룬이여, 하나님 같은 자 없도다. 그가 너를 도우시려고 하늘을 타시고 궁창에서 위엄을 나타내시는도다. 영원하신 하나님이[께서] **너의 처소**[피난처](KJV, NIV)**가 되시니 그 영원하신 팔이** 네 **아래 있도다. 그가 네 앞에서 대적을 쫓으시며 멸하라 하시도다. 이스라엘이** [홀로](KJV, NIV) **안전히 거하며 야곱의 샘은 곡식과 새 포도주의 땅에 (홀로) 있나니 곧 그의 하늘이 이슬을 내리는 곳에로다. 이스라엘이여, 너는 행복자로다. 여호와의 구원을 너같이 얻은 백성이 누구뇨? 그는 너를 돕는 방패시요 너의 영광의 칼이시로다. 네 대적이 네게 복종하리니**(익카카슈 יִכָּחֲשׁוּ)[굽실거리리니] **네가 그들의 높은 곳을 밟으리로다.**

26절의 우리 본문은 히브리어 본문(마소라 본문)의 액센트에 맞는 것 같다(ASV, RSV). 그러나 "여수룬의 하나님과 같은 자 없도다"라고 읽기도 한다(KJV, NASB, NIV, NEB).

'여수룬'은 '정직한 자'라는 뜻으로 이스라엘 백성을 가리킨다. 영광의 하나님께서는 이스라엘을 도우신다. 영원하신 하나님께서는 그의 처소가 되신다. 모세는 시편 90:1-2에서, "주여, 주는 대대에 우리의 거처가 되셨나이다. 산이 생기기 전, 땅과 세계도 주께서 조성하시기 전 곧 영원부터 영원까지 주는 하나님이시니이다"라고 말했다.

또 그는 하나님의 영원하신 팔이 이스라엘을 보호하시고 하나님께서 이스라엘 앞에서 그 대적들을 쫓으시며 멸하신다고 말한다. 이스라엘 백성은 홀로 안전히 거할 것이다. 또 그들은 곡식과 새 포도주의 부족이 없을 것이다. 이스라엘 백성은 행복자이다. 하나님께서는 그들을 구원하시고 돕는 방패가 되시고 영광의 칼이 되신다. 그 대적들은 이스라엘 백성 앞에 굽실거릴 것이다.

본장의 교훈을 정리해보자. 첫째로, 이스라엘 백성은 하나님의 발 아래 앉아서 말씀을 받았다. 3절, "여호와께서 백성을 사랑하시나니 모든 성도가 그 수중에 있으며 주의 발 아래에 앉아서 주의 말씀을 받는도다." 하나님의 발 아래 앉아서 말씀을 받는 것이 사람에게 가장 복된 일이다. 성경은 기록된 하나님의 말씀이다. 그 말씀 속에 우리의 구원과 온전함, 우리의 위로와 소망을 위한 하나님의 교훈과 말씀이 있다. 우리는 개인적으로 또 교회적으로 성경말씀 앞에 시시때때로 앉아야 한다.

둘째로, 하나님께서는 우리의 영원한 처소이시다. 27절, "영원하신 하나님께서 너의 처소가 되시니 그 영원하신 팔이 네 아래 있도다." 하나님께서는 영원토록 우리 하나님이시며 대대로 우리의 거처이시다(시 90:1-2). 영원하신 하나님의 팔이 우리를 보호하시므로 우리는 그 품 안에서 안전히 거한다. 하나님께서는 우리의 구원과 방패와 칼이 되신다.

셋째로, 하나님께서는 우리의 복이시다. 돈이나 세상 권세나 육신의 쾌락은 꽃과 같이 잠시 누리다가 시들어버리는 헛된 것이다(전 1:2; 벧전 1:24). 이 세상은 다 지나간다(요일 2:7). 우리의 돌아보는 것은 보이지 않는 것이다. 보이는 것은 잠깐이요 보이지 않는 것은 영원하다(고후 4:18). 우리는 하나님만 우리의 참된 복인 줄 바르게 알아야 한다.

34장: 모세의 죽음

〔1-6절〕 모세가 모압 평지에서 느보산에 올라 여리고 맞은편 비스가산 꼭대기에 이르매 여호와께서 길르앗 온 땅을 단까지 보이시고 또 온 납달리와 에브라임과 므낫세의 땅과 서해까지의 유다 온 땅과 남방과 종려의 성읍 여리고 골짜기 평지를 소알까지 보이시고 여호와께서 그에게 이르시되[말씀하시되] **이는 내가 아브라함과 이삭과 야곱에게 맹세하여 그 후손에게 주리라 한 땅이라. 내가 네 눈으로 보게 하였거니와 너는 그리로 건너가지 못하리라 하시매 이에 여호와의 종 모세가 여호와의 말씀대로 모압 땅에서 죽어 벧브올 맞은편 모압 땅에 있는 골짜기에 장사되었고**[그가 그를 장사하셨고] (KJV, NASB, NIV) **오늘까지 그 묘를 아는 자 없으니라.**

모세가 모압 평지 느보산에 올라 여리고 맞은편 비스가산 꼭대기에 이르자, 여호와께서는 요단강 동북쪽 길르앗 온 땅을 단까지 보이시고 또 요단강 서쪽의 온 납달리와 에브라임과 므낫세의 땅과 서해까지의 유다 온 땅과 사해 서쪽의 남방과 종려의 성읍 여리고 골짜기 평지를 소알까지 보이시고, 모세에게 "이는 내가 아브라함과 이삭과 야곱에게 맹세하여 그 후손에게 주리라 한 땅이라. 내가 네 눈으로 보게 하였거니와 너는 그리로 건너가지 못하리라"고 말씀하셨다.

하나님께서 모세에게 보이신 땅은 하나님께서 아브라함과 이삭과 야곱에게 그 후손에게 주리라고 맹세하셨던 땅이었다. 창세기 12:7, "여호와께서 아브람에게 나타나 말씀하시기를 내가 이 땅을 네 자손에게 주리라 하신지라." 그러나 하나님께서는 그 땅을 모세에게 보여주기만 하시고 들어가지 못하게 하셨다. 그것은 모세가 신 광야 가데스에서 물이 없다고 그를 대적하는 백성들 때문에 노하여 반석을 명하여 물을 내라는 하나님의 명령을 어기고 반석을 두 번 친 잘못 때문이었다(민 20:2-13). 실수의 대가는 컸다.

모세의 죽음은 아쉬움을 가진 죽음이었다. 그것은 그리던 약속의 땅 가나안을 눈앞에 두고 들어가지 못한 아쉬움이었다. 그러나 그의 죽음은 오늘날 성도가 소망 중에 죽는 죽음의 모형을 보인다. 성도는 이 세상에서 여러 가지 아쉬움을 남기며 죽음을 맛본다. 성도는 하나님의 약속하신 영광의 천국을 보지 못하고 죽는다. 그러나 성도에게는 죽을 때에도 영광의 천국에 대한 확실한 소망이 있다.

여호와의 종 모세는 이와 같이 모압 땅에서 죽었고 하나님께서는 벧브올 맞은편 모압 땅에 있는 느보산의 비스가산의 한 골짜기에 그를 장사하셨다. 신명기 34장, 특히 모세의 죽음과 장사(葬事)에 대한 기록은 여호수아가 기록했을 것이다. 하나님께서는 모세의 죽음의 때와 장소를 이와 같이 작정하셨다.

사람의 죽음은 하나님의 정하신 바이며 그의 작정하신 때 작정하신 장소에서 이루어진다. 그러므로 우리는 하나님께서 정하신 죽음을 감사히 받아들여야 한다. 죽음의 시간이 찾아오면 우리는 그것을 거부하지 말고 또 당황하거나 두려워하지도 말고 하나님의 처분에 우리 자신을 맡겨야 한다. 우리는 하나님만 의지해야 한다.

하나님의 종 모세이었지만, 그의 묘는 알려지지 않았다. 이 일도 우리에게 교훈이 된다. 우리는 장례식이나 묘를 중시하지 말아야 한다. 하나님을 믿고 내세를 믿는 자들은 호화로운 장례식이나 묘 단장을 하지 않는다. 그런 것은 그렇게 중요한 것이 아니다. 또 사람은 죽은 부모를 섬기려 하지 말고 산 부모를 공경하며 섬겨야 한다.

〔7-12절〕 모세의 죽을 때 나이 1백 20세나 그 눈이 흐리지 아니하였고 기력이 쇠하지 아니하였더라. 이스라엘 자손이 모압 평지에서 애곡하는 기한이 맞도록[마치도록] **모세를 위하여 30일을 애곡하니라. 모세가 눈의 아들 여호수아에게 안수하였으므로 그에게 지혜의 신이**[영께서] **충만하**[시]**니 이스라엘 자손이 여호와께서 모세에게 명하신 대로 여호수아의 말을 순종하였더라. 그 후에는 이스라엘에 모세와 같은 선지자가 일어나지 못하였나니 모세는 여호와께서 대면하여 아시던 자요 여호와께서 그를 애굽 땅에 보**

내사 바로와 그 모든 신하와 그 온 땅에 모든 이적과 기사와 모든 큰 권능과 위엄을 행하게 하시매 온 이스라엘 목전[눈앞]에서 그것을 행한 자더라.

모세는 건강하다가 죽음을 맞이했고, 백성들은 그의 죽음을 아쉬워하며 30일간이나 애곡하였다. 또 모세는 후임자를 잘 세우고 죽었다. 끝으로, 모세는 좋은 자취를 남겼다. 모세는 하나님께서 대면하여 아시던 자이었고, 애굽 왕 바로와 그 백성 앞에서 또 이스라엘 백성 앞에서 많은 기적들을 행한 자이었다. 그는 구약성경의 기초가 되는 5권의 책을 쓴 인물이었다. 그는 하나님의 말씀을 밝히 전하고 책들에 기록한 큰 선지자이었다. 사도 바울은 죽음을 앞두고 쓴 서신에서 "내가 선한 싸움을 싸웠고 나의 달려갈 길을 마쳤고 믿음을 지켰으니 이제 후로는 나를 위하여 의의 면류관이 예비되었다"고 말했다(딤후 4:7-8). 우리도 선한 생을 마치고 복된 죽음을 맞이하기를 원한다.

본장의 교훈을 정리해보자. 첫째로, 모세는 하나님의 정하신 때 모압 땅의 느보산 위, 비스가산 꼭대기에서 죽었다. 하나님께서는 사람의 호흡을 주장하시고 그의 모든 길을 작정하신다(단 5:23). 그러므로 우리는 사람의 죽음이 하나님의 정하신 바임을 알고 우리에게 죽음이 닥쳐올 때 당황하거나 두려워하거나 피하려 하지 말고 오직 하나님만 의지하고 속죄 신앙과 천국 소망을 굳게 가지고 그 죽음을 맞이해야 한다.

둘째로, 모세는 비록 그리던 가나안 땅에 들어가지 못하고 모압 땅에서 죽었지만 그의 눈으로 가나안 땅을 바라보았다. 주님의 재림 전까지 성도는 이 땅에서 죽지만 그가 죽을 때에라도 확실히 천국 소망을 가지고 죽는다. 성경에 증거된 영생의 나라인 복된 천국은 확실히 있다!

셋째로, 모세는 죽을 때까지 그의 몸의 기력이 쇠하지 않았고 건강하게 살았고 그의 사명을 완수했고 좋은 발자취를 남겼고 이스라엘 백성이 아쉬워함 속에서 죽었다. 우리도 모세처럼 죽을 때까지 건강하고 우리의 사명을 다하고 좋은 발자취와 아쉬움을 남기고 죽기를 원한다.

저자 소개

연세대학교 문과대학 철학과 졸업 (B.A.).
총신대학 신학연구원[신학대학원] 졸업 (M.Div. equiv.).
미국, Faith Theological Seminary 졸업 (Th.M. in N.T.).
미국, Bob Jones University 대학원 졸업 (Ph.D. in Theology).
계약신학대학원 교수 역임, 합정동교회 원로목사.
〔**역서**〕 J. 그레섬 메이천, 신약개론, 신앙이란 무엇인가? 등 다수.
〔**저서**〕 구약성경강해 1, 2, 신약성경강해, 조직신학, 기독교교리개요, 기독교 윤리, 현대교회문제, 자유주의 신학의 이단성, 교회연합운동 비평, 복음주의 비평, 현대교회문제자료집, 기독교신앙입문, 천주교회비평 등.

신명기 강해

2007년 9월 28일 1판
2019년 1월 25일 2판
2025년 10월 3일 3판

저 자 **김 효 성**

발행처 **옛신앙 출판사**
Old-time Faith Press
www.oldfaith.net

서울 마포구 독막로 26 (합정동)
합정동교회 내
02-334-8291, 팩스 02-337-4869
oldfaith@hjdc.net

등록번호: 제10-1225호

ISBN 978-89-98821-08-1 03230 값 4,000원

♣ '**옛신앙**'이란, 옛부터 하나님의 선지자들과 주 예수 그리스도의 사도들이 가졌던 신앙, 오직 정확 무오(正確無誤)한 하나님 말씀인 신구약성경에만 근거한 신앙, 오늘날 배교(背敎)와 타협의 풍조에 물들지 않는 신앙을 의미합니다.

"여호와께서 이같이 말씀하시되 '너희는 길에 서서 보며 **옛적 길** 곧 **선한 길**이 어디인지 알아보고 그리로 행하라. 너희 심령이 평안을 얻으리라' 하나, 그들의 대답이 '우리는 그리로 행치 않겠노라' 하였으며"(렘 6:16).

옛신앙 출판사 서적 안내

1. 김효성, **현대교회문제**. [7판]. 198쪽. 4,000원.
2. 김효성, **자유주의 신학의 이단성**. [2판]. 170쪽. 4,000원.
3. 김효성, **교회연합운동 비평**. [2판]. 146쪽. 4,000원.
4. 김효성, **복음주의 비평**. [2판]. 166쪽. 4,000원.
5. 김효성, **천주교회 비평**. [2판]. 97쪽. 3,000원.
6. 김효성, **이단종파들**. [7판]. 88쪽. 2,000원.
7. 김효성, **공산주의 비평**. [4판]. 44쪽. 2,000원.
8. 김효성, **조직신학**. [3판]. 598쪽. 10,000원.
9. 김효성, **기독교 교리개요**. [11판]. 126쪽. 3,000원.
10. 김효성, **기독교 윤리**. [7판]. 240쪽. 5,000원.
11. 김효성, **신약성경 전통본문 옹호**. 166쪽. 4,000원.
12. 김효성, **기독교 신앙입문**. [11판]. 34쪽. 2,000원.
14. 김효성, **창세기 강해**. [4판]. 356쪽. 7,000원.
15. 김효성, **출애굽기 강해**. [3판]. 205쪽. 4,000원.
16. 김효성, **레위기 강해**. [3판]. 164쪽. 4,000원.
17. 김효성, **민수기 강해**. [3판]. 179쪽. 4,000원.
18. 김효성, **신명기 강해**. [3판]. 186쪽. 4,000원.
19. 김효성, **여호수아 사사기 룻기 강해**. [3판]. 216쪽. 4,000원.
20. 김효성, **사무엘서 강해**. [3판]. 233쪽. 5,000원.
21. 김효성, **열왕기 강해**. [3판]. 217쪽. 5,000원.
22. 김효성, **역대기 강해**. [3판]. 255쪽. 6,000원.
23. 김효성, **에스라 느헤미야 에스더 강해**. [3판]. 132쪽. 4,000원.
24. 김효성, **욥기 강해**. [3판]. 190쪽. 4,000원.
25. 김효성, **시편 강해**. [3판]. 703쪽. 10,000원.
26. 김효성, **잠언 강해**. [3판]. 623쪽. 10,000원.
27. 김효성, **전도서 강해**. [3판]. 84쪽. 3,000원.
28. 김효성, **아가서 강해**. [3판]. 88쪽. 3,000원.
29. 김효성, **이사야 강해**. [3판]. 406쪽. 8,000원.
30. 김효성, **예레미야 및 애가 강해**. [3판]. 360쪽. 7,000원.
31. 김효성, **에스겔 다니엘 강해**. [3판]. 295쪽. 6,000원.
32. 김효성, **소선지서 강해**. [2판]. 318쪽. 6,000원.
33. 김효성, **마태복음 강해**. [3판]. 350쪽. 7,000원.
34. 김효성, **마가복음 강해**. [4판]. 224쪽. 5,000원.
35. 김효성, **누가복음 강해**. [3판]. 363쪽. 7,000원.
36. 김효성, **요한복음 강해**. [3판]. 281쪽. 5,000원.
37. 김효성, **사도행전 강해**. [3판]. 236쪽. 4,000원.
38. 김효성, **로마서 강해**. [4판]. 145쪽. 4,000원.
39. 김효성, **고린도전서 강해**. [3판]. 120쪽. 4,000원.
40. 김효성, **고린도후서 강해**. [3판]. 100쪽. 3,000원.
41. 김효성, **갈라디아서 에베소서 강해**. [3판]. 170쪽. 4,000원.
42. 김효성, **빌립보서 골로새서 강해**. [2판]. 143쪽. 4,000원.
43. 김효성, **데살로니가전후서 빌레몬서 강해**. [2판]. 92쪽. 3,000원.
44. 김효성, **디모데전후서 디도서 강해**. [2판]. 164쪽. 4,000원.
45. 김효성, **히브리서 강해**. [3판]. 109쪽. 3,000원.
46. 김효성, **야고보서 베드로전후서 강해**. [3판]. 149쪽. 4,000원.
47. 김효성, **요한1,2,3서 유다서 강해**. [2판]. 104쪽. 3,000원.
48. 김효성, **요한계시록 강해**. [3판]. 175쪽. 4,000원.

☆ 주문: oldfaith.net/07books.htm 전화: 02-334-8291
☆ 계좌: 우리은행 1005-604-140217 합정동교회